和合统一 多元包容

京津冀文化基因探索

冯石岗　贾建梅 ◎ 主编

上海三联书店

目　录

第一编　和合统一思想之源，重智善谋韬略先河
——冀域古代军事文化研究

第二编　法治德治相谐相融,华夏民族夷汉并用
——冀域古代法律文化研究

第三编　宗教文化源远流长,世代传承多元包容
——冀域宗教文化研究

第四编　宏观协调综合治水，协同发展保护利用
——冀域津门古代水文化

序　言

1　冀、冀域与京津冀

"冀"源于古代冀州。由于古冀州曾经是大于今日河北省的行政区划,尽管5000年来其区划多有变化,但居于今日河北省核心区域则始终未变,冀之名称也经久未息,所以成为河北省的简称。

"冀域"主要是指古代社会京津冀尚未确切划分之前的整个冀州区域,包括今日河北省、北京市和天津市。冀州历史悠久,上古时期,黄帝划野分州,冀为"九州之一";大禹治水后,重新划分九州,冀为"九州之首"。而京津是后来才分化出去的。公元前1045年,北京成为蓟、燕等诸侯国的都城。天津则因漕运而兴起,1404年才正式筑城。研究京津冀古代文化不可避免地要寻根溯源到古代冀州区域,但是,由于文化同源、区域交织,很多文化现象很难截然分清,因而,用古代冀域概念挖掘京津冀的文化现象具有合理性。

现在的"京津冀"是指北京市、天津市和河北省三个省级区划,均处于古代冀域范围内,为了行文方便,本书正文的"冀域"就是指的京津冀区域。京津冀三地如同双黄鸡蛋,河北省相当于蛋清,北京和天津类似于两个蛋黄,三者构成一个有机生命共同体。习近平在2014

年 2 月 26 日听取京津冀协同发展工作汇报会的讲话中指出："京津冀地缘相接、人缘相亲,地域一体、文化一脉,历史渊源深厚、交往半径相宜,完全能够相互融合、协同发展。"京津冀作为中华文明五千年活化石级区域,具有丰厚的历史文化资源,涵盖了人类起源、军事战争、游牧文明、农耕文明、海洋文明,古代赵国、燕国,封建王朝首都,近代洋务、现代革命等几乎人类文明的方方面面。京津冀协同发展已经上升为重大国家发展战略,研究京津冀区域的文化认同应该是其协同发展的重要组成部分。

2　冀文化研究与京津冀文化融合创新研究

河北工业大学是地处天津的河北省属重点高校,为河北省经济社会发展和文化繁荣服务责无旁贷。2010 年成立河北工业大学冀文化研究所,确定了以"冀"为服务对象,以"冀域"古代文化为重点范围的研究规划。研究所依托马克思主义理论学科建立冀文化研究平台,着眼于挖掘河北文化资源,服务河北文化建设,培养冀文化研究人才。每年组织青年教师和冀文化研究方向硕士研究生、思想政治教育专业本科生,有计划地开展社会实践和文化普查调研活动。

2014 年京津冀协同发展上升为国家重大发展战略,河北省高校人文社会科学重点研究基地——河北工业大学京津冀文化融合与创新研究中心成立。中心"立足京津冀协同发展前沿,锐意一体化文化融合创新",将京文化、津文化、冀文化比较研究作为研究重点,以文化认同和融合创新为京津冀一体化服务为宗旨,策划开展三个方向的研究:(1)京津冀"元文化"研究;(2)京津冀文化比较研究;(3)京津冀文化融合与创新研究。本成果是京津冀"元文化"研究的部分内容。

3　传统文化与文化基因

关于"文化基因"的假设最早是由美国人类学家克罗伯和克拉克洪提出,他们借用生物遗传这一概念,认为不同地方文化存在像"生物基因"一样的遗传因子,在一定地理隔离的条件下,逐渐累积形成,从而文化特征变得更加明显。什么是文化基因? 文化是一个大概念,有一种学说认为,凡是人为的而非自然产生的东西都是文化,包括物质的和非物质的。文化因素浩如烟海,不是所有的因素都能起基因作用的。能担此重任的有三个:语言文字、宗教信仰、生活习惯。这些因素越是成熟,就越稳固,力量也就越大。

文化基因存在于传统文化之中。中国传统文化,是中华民族所创造的物质财富和精神财富的总和,源远流长、博大精深。但博大精深并非庞杂无章,我们可以从中总结出一种中国传统文化的基本精神,就是文化基因。

关于中国传统文化的基本精神,学者们有不同的说法,如张岱年先生认为刚健有为、和与中、崇德利用、天人协调等。也有人概括为相互联系的四个方面:理性精神,自由精神,求实精神,应变精神。英国学者李约瑟曾在剑桥大学的寓所说过:从五世纪到十五世纪,中国古代科学技术曾经对人类做出伟大的贡献,绝不是四大发明,而是阴阳协调、整体和谐、直觉顿悟、有机论的思维模式。英国历史学家汤因比说,避免人类自杀之路,在这点上现在各民族中具有最充分准备的,是两千年来培育了独特思维方法的中华民族。这种"独特思维方法",就是天人合一、允执厥中、仁者爱人、以和为贵、和而不同、众缘和合,其核心是"和","礼之用,为贵,先王之道斯为美。"

冀域是中华文明的重要发祥地,文化基因的发端可追溯到炎黄两大部族在冀域的冲突和融合中播下的和合统一、多元包容精神。

冀域文化既有价值观念的稳定性,又有内部构成的多元性。中华文化基因库中的阴阳协调、整体和谐、多元包容、仁爱、忧患意识、天人合一、以民为本、团结统一、爱好和平、勤劳勇敢、刚健有为、革故鼎新、厚德载物、创新等都能在这里找到渊源和踪迹。

我们是世界民族之林中具有最充分准备的民族,有五千年培育的独特思维方法,记载和传承在我们的集体记忆里,积淀成中华民族最深沉的精神基因,代表着中华民族独特的精神标识。

文化基因既有精华也有糟粕,深深隐藏于语言文字、宗教信仰、生活习惯之中,需要我们去提取、挖掘、提炼和筛选。通过对传统文化的去粗取精、去伪存真,创造性转化和创新性发展,激活我们的优秀文化基因,格物致知、知行合一,经世致用、古为今用,有效增强我们整个民族内心的动力、强身壮体的抗体和慎终追远的定力。

文化是精神的载体,精神是民族的灵魂。纵览世界史,一个民族的崛起或复兴,常常以民族文化的复兴和民族精神的崛起为先导。一个民族的衰落或覆灭,往往以民族文化的颓废和民族精神的萎靡为先兆。中华民族的文化传统,因应着促进新的文明复兴的时代要求。中华民族的伟大复兴,要在现代化的艰难进程中实现,要靠民族精神的坚实支撑和强力推动。现代化呼唤时代精神,民族复兴呼唤民族精神。

4　京津冀文化具有"和合统一,多元包容"的基因特质

京津冀"元文化"研究,需要通过对京津冀的历史考察,凝练概括地域一体、文化一脉的共性特色、优良传统、文明结晶,从而提取共同的文化基因。本书撷取了四个相关课题,挖掘京津冀"元文化"和合统一、多元包容的精神意蕴。

"和合统一"是中华民族的核心文化基因,是中华始祖炎帝、黄帝

和蚩尤为我们留下的富贵精神财富。冀域古代军事文化,透过古代纷纷扰扰的军事战争提取了中华民族最古老的和合统一文化基因。战争和和平是迄今为止人类历史发展相伴而生的两种社会现象,似乎体现了分久必合、合久必分的历史规律。聪明的民族目的是和平稳定,战争只是争取和平的手段。距今五千年的轩辕黄帝就深谙此中精髓。涿鹿之战战胜蚩尤,阪泉之战打败炎帝后,赢得了广阔领域。作为胜者,他不把自己本部族的意志强加于他人,而是在空前强大的历史背景下,在涿鹿县的釜山举行政治大会盟,即司马迁所说的黄帝"合符釜山",创造了中华民族的和合统一精神。"合符釜山"既是一种融合统一的文化,又是团结稳定共同发展的思想理念。表现了中华祖先的博大胸怀,撼山动地的伟大魅力以及高度的包容和民主。"合符釜山"还展现了一种统一意志、服从大局的文化,万众一心、坚忍不拔的精神。

冀域古代法律文化继承发扬了和合统一精神,成为民族融合的重要内容。中华民族自古以来就是一个多民族的大家庭,很早以前便建立了统一的多民族中央集权国家。中华法律文化的发展融合了以汉族为主体的各民族的法律意识和法律成果,是以汉族为主体,各民族共同缔造的,它凝聚着少数民族的法律智慧,吸纳了少数民族优秀的法律文化成果,是各民族的法律文化与法制经验相交流与吸收的结果。在中华民族几千年的发展进程中,"夷汉并用"原则是汉族和各少数民族建立政权所共同奉行的法律原则。同时,在中华民族的发展史上,以儒家文化为代表的"德治"和以法家文化为代表的"法治"思维也呈现出相辅相成、相谐相融的基本状态,这些优秀传统也成为我们今天重大的治国方略。

冀域宗教文化突出体现了和合精神和多元包容。"和合"思想贯穿于冀域宗教文化发展的整个脉络,冀域不仅有主流儒家思想,还有本土宗教道教和外来的佛教、伊斯兰教、基督教以及一些民间宗教，多神崇拜的形式体现了冀域宗教文化多元化，构成了其和合特点。多元性和包容性特点通过儒释道三教合一集中体现出来。自从佛教大规模传入冀域的南北朝时期起，儒释道三教在思想上的逐渐合流，对宗教文化的认同也无须固执地坚守一种宗教，而可以出入于多教之间，使得冀域宗教思想少有排他性。这种多元包容、共同发展的特点鲜明的体现了冀域文化的精神特质。

水不仅是民族之源，也是文化和文明之源。治水讲求和合统一的大局观，冀域津门水文化，反映治水、用水过程中的河渠桥堤等物质文化建设；处理水事纠纷事件需要多元包容的理念指导。管水用水，处理水事纠纷中的制度文化建设，诸如：建立流域基本水权制度，确保有效防御、调节省际水事纠纷；加大力度建设流域水法制度，保证在行政、治水的时候有法可依；在治水问题上做到团结一心；实施重点河流水量统一调度等等。治水、用水生产实践中的精神文化传统，如：大禹在冀域治水，与水旱灾害斗智斗勇，孕育了水文明和水文化。这种宏观协调、统一治理的治水用水理念也为中国治水事业提供了精神指导和科学管理的借鉴。妈祖信仰是水文化的重要部分。妈祖的美德影响了一代又一代天津人，铸造了天津人豁达乐观，光明磊落，讲义气、对人真诚相待、乐意帮助别人的性格特征。

冯石岗　贾建梅

2017 年 3 月于河北工业大学

京津冀文化融合与创新研究中心

第一编　和合统一思想之源，
　　　重智善谋韬略先河
——冀域古代军事文化研究

第一章 为什么研究冀域古代军事文化

冀域历史悠久,文化同源,加强文化共同体建设,深化文化产业协同发展是其协同发展的有效路径之一。冀域古代军事文化是京津冀文化中重要的一部分,军事实践历史悠久,战事频发,形成了丰富而深刻的军事文化。系统整理冀域古代军事实践活动,深入挖掘冀域古代军事文化内涵,提炼冀域古代军事文化特质,对于服务京津冀文化传承、融合与创新具有重要意义。

1.1 研究冀域古代军事文化的意义

1.1.1 研究冀域古代军事文化的目的

(1) 增强京津冀文化认同感、自信心、凝聚力。在京津冀协同发展的背景下,为了从文化层面推动京津冀一体化进程,丰富京津冀一体化协同发展中文化领域的理论建设,并形成指导思想与理论纲领,促进区域文化发展和社会进步,理论研究理应走在实践前面。在多学科、多层次、多角度聚焦京津冀协同发展的学术背景下,从文化层面对京津冀区域进行考察,进一步揭示京津冀地域文化的联系与融合,理清京津冀文化发展脉络,寻找京津冀文化发展规律,构建京津冀文化共同体,是服务京津冀协同发展的关键举措。冀域古代军事文化研究是京津冀区域文化研究的重点项目之一,其和合中统一、战略谋划、改革创新等深层次文化贡献,是增强京津冀文化认同感、自信心、凝聚力的文化源头。

(2)营造京津冀文化研究氛围,弘扬京津冀文化优良传统。京津冀文化是中华民族悠久历史传统在京津冀地区的反映,也是中华民族优秀传统文化的重要组成部分。冀域古代军事文化特质研究是区域文化研究的深化,有利于从军事文化视角继承和弘扬中华民族优秀传统文化,充实爱国主义教育的内容。冀域古代军事文化特质,虽然特色明显,意义重大,但至今少有学者问津,开展对京津冀文化和古代军事文化研究,激发人们的兴趣,有利于营造浓厚的京津冀文化研究氛围,多方位弘扬京津冀文化的优良传统。

(3)传承和发扬古代军事文化传统,助力现代文化建设和社会发展。我国古代军事历史悠久,军事实践丰富,古代军事文化是我国古代军事实践的直接反映,是我国古代军民战争经验的总结,是各民族人民智慧的结晶,孕育着伟大丰盛的文化沉淀,文化价值巨大。冀域古代军事文化特质研究,不仅是传承和发扬我国古代军事文化传统的重要路径,而且对于现代文化建设和社会发展都有借鉴意义。

1.1.2　研究冀域古代军事文化的意义

冀域古代军事文化特质研究结合当下社会经济条件和我国发展形势,更注重对内涵特质的阐释和对价值影响的探讨,冀域古代军事文化是京津冀地区几千年形成的军事战争文化和区域文化的精华所在,其文化特质不可磨灭地融入到京津冀人民乃至中华民族的文化基因和血脉之中,研究意义重大。

(1)研究冀域古代军事文化特质的理论意义。第一,从军事视角研究冀域区域古代文化基因。冀域古代军事文化研究是京津冀文化融合与创新工作的重要内容,其研究有利于扩展京津冀文化研究维度,丰富和补充京津冀文化的内涵。通过冀域古代军事文化特质研究,探索和挖掘京津冀文化基因,解读京津冀文化密码,为京津冀文化认同和文化融合与创新提供理论支持。第二,丰富我国军事文化研究的内容。我国古代军事历史久远,军事实践丰富,军事文化独特,通过对古代军事文化载体和表现形式的深入分析和探讨,概括冀域古代军事文化特质,从文化内涵的视角探讨古代冀域经济、政治、军事之间的关系;从古代军事战争从实兵硬战向军事谋略转变中的地位;从军事改革和军事创新等等,探索冀域古代军事文化发展脉络,丰富我国军事文化研究内容。第三,助力军事文化和古代兵学文化传承延续,对我国现代强军文化建设提供支持。军事科学院战争理论与战略研究部部长寿晓松将实践视为"源",理论比作"流"。要努力做到源流结合,必须从战争历史中撷取有益的东西,在不断发展的军事实践中从深层次上汲取以往的经验。对冀域古代军事文化特质进行归纳、总结、研究,是军事文化和古代兵学文化传承延续的重要途径,可以为我国现代强军文化建设提供支持。

（2）研究冀域古代军事文化特质的现实意义。第一,为京津冀文化认同打基础,为京津冀协同发展提供比较具体的文脉同宗、血脉相连的实证资料。第二,促进京津冀文化产业的发展。深厚的冀域古代军事文化是现代文化产业的重要开发方向。包括通过著书立说、制作多媒体影视等现代手段,研究开发冀域古代著名军事人物、军事事件、军事战役、军事贡献等学术、文学、文艺作品,并形成军事文化品牌;发掘、研制古代军事战争的战场、战役展览,开办旅游景点,为传播传统文化服务;制作与古代军事相关的手工制品、饰品、玩具、游戏等,发展古代军事文化体裁的文化产品。

1.2　国内外古代军事文化研究概述

1.2.1　国外对冀域古代军事文化的研究

对于冀域文化和冀域军事文化,国外研究乏善可陈,但国外对于我国古代军事文化的研究历经了三个阶段。通过对国外军事文化研究三个阶段的梳理研究可以大致了解国外相关研究的发展脉络。

(1) 第一阶段——"无兵文化"论。根据文献的阅读和研究,在国外长期以来的军事文化研究中存在这样的阶段——即"无兵文化"论断占据研究界的时期。缘由来自于西方汉学家们,他们认为中国文化中存在并不重视战争的观念,对于军事问题的研究不过是作为政治的辅助和延续。美国西密歇根大学王元纲(Yuan-kang Wang)认为,尽管反对军国主义的儒家文化在中国文化中是主流,并已经形成了一套由防御性的、不侵略的长城象征着中国的安全战略,但战争在中国并不少见[1]。实际上中国古代军事战争的数量并不在少数,长城所代表的战争符号在另一种程度上看也是战事频繁的一种体现。但限于研究的理论基础,汉学对国外的研究影响颇深,在研究中国古代军事的时候更容易受到文化传统、政治体制等因素的干扰,这体现了一种代表性的趋势,即对中国军事的研究完全建立在中国汉学、儒学等传统文化和古代政治制度学说的基础之上,这也侧面印证了国外研究对汉学的倾向和对中国古代军事研究的匮乏。又由于中国古代发展过程中受宗教因素的影响较弱而受民族因素影响过盛的特征,以民族融合为基础的中国古代战争研究中开始展露头角,于是进入国外对中国古代军事文化研究的第二个阶段。

(2) 第二阶段——文明冲突论。"文明冲突论"是新军事变革研究中形成的另一个重要思想流派,其代表人物是美国著名未来学家阿尔文·托夫勒和海迪·托夫勒夫妇,他们在《未来的战争》一书中紧紧抓住"文明"这个核心范畴,认为文明之间的冲突是影响新军事变革形成的决定力量。中原农耕文明和北方游牧民族的文化融合构成了中国军事文化的特质,在多政权碰撞中的文化交流融合无疑影响着中国军事文化的发展。戴维·格拉夫(David A. Graff)认为战争塑造了中国历史,中世纪中国战争孕育了军事战略、机构和战争,这促使了中华帝国的重构,因而进入了新的时期[2]。

(3)第三阶段——多方面、多视角、多层次的研究。1980 年代美国历史学家柯文在《在中国发现历史》中的核心观点提到:中国历史发展有它的内在结构和趋向,将中国的变化与欧洲相类比,显然是毫无意义的[3]。彼得则对中国古代战争理论提出了很多问题,并认为战争是建立和巩固帝国政权最重要的工具,围绕具体的军事事件,展开军事和政治之间关系的论述,并认为军事能力决定了领土的扩张和各个朝代的政治影响;斯卡夫(Jonathan Karam Skaff)、卫周安(Joanna Waley-Cohen)和濮德培(Peter C. Perdue)所写的论文中,都描述了军事文化在政策制定、边境管理与军队精英自我表现出的显著特征;社会思潮和宗教信仰对军队的影响,在拉尔夫·索耶(Ralph D. Sawyer)和吉尔伯特(S. R. Gilbert)的论文中有所体现;叶芝(Robin D. S. Yate)通过对先秦军事刑法的长时期的研究,考察了军法与民法之间的那种深刻的和充满活力的联系,有效地论证了军事刑法在古代中国对刑法典的影响,揭示了军事文化在古代中国是如何渗入社会以及如何影响军事组织的建立[4]。这充分说明国外研究学者尤其是西方汉学家在中国古代军事文化研究开始向多方面、多视角、多层次方向发展。

1.2.2　国内对京津冀古代军事文化的研究

(1)对军事文化概念的研究。刘邦凡在《军事文化略论》中认为军事文化是与人类军事活动相关联的那些特殊的思想观念、现象[5]。

徐长安在《军事文化论纲》中认为军事文化是人们在军事实践中所形成的军事创新能力、军事活动方式以及创造的精神成果（所有精神产品以及武器装备等物质产品中的精神因素）[6]。另外，也存在更为宏观广义的定义，即认为军事文化包括涉及与军事活动有关的一切方面及其历史发展，内容十分丰富，定义较为广泛。

（2）对京津冀军事战役的研究。戴长江等人在《论河北历史文化的阶段和地位》中表述了以河北地区为主体的京津冀地区古称四战之地，在地缘上起到了沟通南北的作用，战略地理地位重要，成为古代兵家必争之地。因此结合政治角度和军事角度两个立场考量，京津冀地区在中国历史发展进程中都占据着关键的地位[7]。朱绍侯在《官渡之战与赤壁之战双方胜败原因试探》中详细论述了以京津冀地区为主体的北方战场的战争情况，认为官渡、赤壁两战为曹魏统一北方奠定了基础，同时也为三国鼎立创造了条件[8]；刘文建也在《试论宋金之战中的"燕云因素"》中就燕云十六州区域宋金战争的战略地位、政治倾向、汉人作用等方面进行了研究[9]；康华在《金戈铁马，烽火硝烟——历史节点之上的山海关之战》中也对明末清初政权更迭战争做了探讨[10]；军事科学院战争理论与战略研究部的《中国古代经典战争战例（第一、二、三卷）》（北京：解放军出版社，2012，1），张晓生、刘文彦的《中国古代战争通览》（北京：长征出版社，1988，5）和罗琨、张永山的《中国军事通史》（北京：军事科学出版社，1998，10）都对发生在京津冀的战役有详尽的描述[11][12][13]。

（3）对京津冀军事人物的研究。京津冀地区悠久的军事历史中涌现出了以大批杰出的军事人物，鼓舞和激励着一代代人民的精神，也传承着京津冀地区优秀的军事文化。崔向东在《试论赵武灵王军事改革》一文中对赵武灵王的军事改革进行了详细的分析研究[14]；侯英梅、谢清志在《赵国名将李牧及其军事思想》也对李牧的军事活动和军事思想做出了系统的归纳和研究[15]；郑铁生在《〈鬼谷子〉谋略思想及学术价值》中对鬼谷先生的著作《鬼谷子》中其思想及价值做了阐述[16]；马静茹在《戚继光镇守蓟镇前后境遇的变化》中对戚继光在京津冀地区镇守进行防务的前后历程进行了论述[17]，赵国华在《戚继光军事思想探论》中分析研究了戚继光的军事思想及其兵儒合一的思想观念[18]。

（4）对京津冀军事谋略的研究。刘新有、雅真在《围魏救赵与退兵减灶——桂陵、马陵之战的逻辑分析》中对发生在桂陵、马陵之战中的"围魏救赵"、"退兵减灶"思想进行了分析[19]；同样以桂陵之战为例，张洪久在《〈孙膑兵法·擒庞涓〉篇反映的军事思想》中则对孙膑在"围魏救赵"、"退兵减灶"两战中的军事谋略思想给予了很高的评价，他认为在我国战国中期，朴素、直观、辩证的作战形式和谋略思维实属进步，价值巨大，是我国古代军事史上的重大发明和进步[20]。

（5）对京津冀军事精神的研究。军事活动通过对社会发展、政治环境、民俗风气等方面影响，最终对区域人文精神产生重要影响。张川平在《战争激发成的河北人文精神》中深入分析阐释了军事战争行动对于河北地区人民精神风貌的影响，高度概括提炼了京津冀地区古代战争影响下形成的河北地区人文精神。既自强不息、不甘受辱、力拒外侮，又颇有救人于危难的慈心善行。同时他认为战争更催生和强化了燕赵人开放的心态，吸纳的姿态和选择的自觉、自信[21]。赵朕在《冀东文化圈的历史特质》中则认为京津冀地区是兵家必争之地，人们饱受兵燹战乱之苦，渴望和平安定的生活，就十足地表现了安于现状的顺民心态[22]。

（6）对京津冀军事文艺的研究。军事文学艺术是军事活动的反映，军事文艺研究是对军事文化研究的重要组成部分。袁君瑄、肖华在《宋辽战争：宋初军旅诗的内核》一文对军旅诗歌是军事实践和现实社会的反映做了分析[23];郑宁在《中国古代军事文艺》一书中按照历史进程分朝代对军事诗词、诗歌、书法、演艺、戏剧、文学作品等方面进行了归纳和梳理[24];王鹏在《元杂剧中的北方少数民族文化审美特色研究》中对民族文化下军事杂剧进行了研究[25],马潇婧也在《杨家将地方戏研究》中对战争戏剧文化进行了探讨[26]。

1.2.3　国内外研究述评

通过对国外研究的归纳发现,国外对中国军事文化有一定研究,对中国古代军事文化研究经历了复杂的发展过程,但对冀域古代军事文化的整体性研究几乎为空白。

国内对军事文化的研究有很多成果,现代军事文化、古代军事文化都有研究,并且对京津冀区域的军事文化,从概念到内容,从战略、战役到军事文艺都有所涉及。但是,关于本课题研究方向——京津冀古代军事文化的特质,在国内外都缺乏系统性的研究。本编侧重对京津冀古代军事文化特质的研究,希望为中国军事文化的研究,为京津冀协同发展加强文化认同作出自己的贡献。

第二章 冀域古代军事文化研究相关概念

在马克思主义唯物史观视阈下探讨古代军事文化特质,必须遵从社会存在与社会意识的辩证关系原理。本章将从马克思主义文化观和军事观相关理论基础出发,对冀域古代军事文化相关概念进行详细阐释。同时,本章将对冀域古代军事文化从时间和空间两个维度进行界定。

2.1 军事观、文化观相关理论阐释

2.1.1 马克思主义文化理论

马克思主义的文化观,就是辩证唯物主义和历史唯物主义的文化观。由马克思、恩格斯创立,历代马克思主义者与时俱进的传承发展。

(1)回答了文化是什么的问题。文化是一种社会现象,是人们长期创造形成的产物,同时又是一种历史现象,是社会历史的积淀物。明确了文化的性质、功能、作用,文化与经济、政治、社会、政党的关系,文化与其他意识形态的关系,揭示了人类社会中文化发展的一般规律。毛泽东概括说,一定的文化(当作观念形态的文化)是一定社会的政治和经济的反映,又给予伟大影响和作用于一定社会的政

治和经济。

（2）以人为本的文化观，解决了文化与人的关系，文化与人全面发展的关系，同时强调了在阶级社会中，文化与阶级的关系，与阶级斗争的关系，与无产阶级革命的关系，文化为现实斗争服务、为无产阶级的阶级斗争服务问题，无产阶级的"人性观"。

（3）马克思主义"精神生产"理论，从生产、再生产的独特角度研究精神、研究文化，揭示了精神生产与物质生产的共性与个性，揭示了精神生产的独特规律。

（4）文化本体观，揭示了文化自身发展的一些规律和作用，文化本体发展中的相互关系，如文化自身的继承、创新和各民族文化的相互影响等问题，关于创作规律问题，文艺的形象、典型和创作方法，文艺作品内容与形式的构成因素及相互关系，文学的鉴赏、评论的一般规律，研究如何鉴别、评论文艺作品的成败得失，美学规律。

（5）也是最根本的是贯穿在马克思、恩格斯、列宁、毛泽东等经典著作中研究文化问题的立场观点和方法，也就是辩证唯物主义和历史唯物主义的立场观点和方法。马克思主义具有丰富的内涵，仅涵盖了哲学、政治学、经济学、历史学等领域，并且在这些领域内都实现了理论创新和突破，其中，最具突破意义和革命意义的是历史唯物主义。"马克思恩格斯关于文化的理解具有深刻而丰富的内涵，既包含了近现代关于文化的各种有影响的理解范式，又超越了各种文化理论的局限性，对文化问题形成了全面的、总体性的理解"[27]。马克思主义文化观并不拘泥于某一具体的文化现象，而是利用文化现象与社会生活方式、文明形态结合，完善对社会历史领域理论的研究。总的来说，马克思主义研究的侧重点并不在于单纯的文化理论建设或者是对文化体系嬗变的研究，马克思主义文化观更多地作为一种社会意识，准确把握并透过这些文化现象来研究人类历史的发展模式和道路,最终为改造社会历史的活动服务。

马克思主义文化观为冀域军事文化研究指导了方向,只有用唯物史观的观点和方法,站在经济、政治、文化相互作用的高度,才能准确把握冀域军事文化的特质。

2.1.2　军事理论

（1）军事概念

军事是一种特殊的社会现象,在军事活动的进行过程中,其与政治、经济、社会、文化的互相作用与影响贯穿始终。虽然一定程度上,军事功能的体现依赖政治、经济、社会、文化的需要和表现,但对于社会阶层的变动产生的政权更迭和民族政权争夺中的存亡或融合(存亡与融合,都是民族政权军事交往活动的结果,实际上是三个概念,存亡体现为显性,或兴或败,都是军事活动产生的必然结果;而融合不易量化考察,在我国历史上,即便政权倾覆,无论出自统治需要还是进步需要,战败方民族政权的风俗习性都或多或少地被战胜方民族政权汲取。从宏观的意义上说,无论政权的迅速更迭,还是民族间文化习俗的隐形融合,都离不开军事活动所发挥的载体作用),军事活动似乎都承担着重要作用,是导致政治社会结构和经济社会环境发生变化的质变因子。正如孙子所言:"兵者,国之大事,死生之地,存亡之道,不可不察也。"(《孙子兵法·计篇》)

认识军事的社会作用,首先要考察对军事概念的理解。对于军事概念的界定,存在两种不同的归类。一种观点认为军事即战争,战争即军事,这种归类仅将军事简单地划定为战争活动;另一种观点则将军事战备、国防建设、多形式的战争(如20世纪中后期美苏冷战)等统一归结为军事。

曾志平将军事一词的概念分为两层含义:"军事的第一层含义,系指比较单纯地从技术或者科学的角度指称战争的准备与实施,或者说主要是围绕着战斗、战役与战略这些概念谈论武装力量的组织、训练与使用的理论与实践……。军事的第二层含义,是指国家或者其他的类似于国家的共同体运用军事手段解决争端的一种活动。此处的军事,是作为一种与政治紧密相联的……此处的军事其实包括了两个层次的活动,一是作为政治的延续或者说极端形式的政治,即以军事手段解决政治争端。二即是军事手段本身,即第一层含义所指的军事"。[28]这个定义符合人们对于军事的通俗理解,即军事为一切与军人、军队、军务相关的事物的总和。

军事定义的历史性较强、学科交叉多、语意丰富又使用频度高,很难简单地将其与政治、经济、社会、文化等现象拆分进行单独讨论,因此,理清军事的理论要义和功能效用,探讨其与政治、经济、社会、文化等方面的关系就显得尤为重要。

（2）军事与经济

第一,军事属于上层建筑,军事行为和结果从根本上说由经济基础所决定。经济基础决定上层建筑,上层建筑对经济基础具有反作用,这是马克思主义唯物史观的基本原理,也是马克思主义文化理论的基石与出发点。军事作为维护统治阶级政治统治的重要手段,首先是受特定的经济基础所决定的。

军事包括对内和对外两个方面,对内通过军事手段镇压影响经济和社会发展、危及统治地位的被统治阶级反抗。一般说来,统治阶级维护国内秩序,通过行政、法院、警察、监狱等法制手段就解决了,不到万不得已不必采取军事平乱的方式。统治再也不能维持下去时才不得不对内采用军事手段,社会矛盾、阶级斗争的激烈暴发,说到底是经济搞不好所致。

国家的军事手段主要是对外的。一是军事防御,利用军事手段维护国家安全,阻止外敌侵略;二是军事进攻,通过军事手段向外扩张。军事防御的起因,可能是本国经济强盛,外敌前来掠夺侵扰;也可能是本国经济落后,列强弱肉强食分而食之。前者如中国古代相对富足的中原农耕民族,经常被北方落后的游牧民族侵扰现象;后者则是近代中国落后被西方列强瓜分的战争。都应该从经济基础寻找根源。

军事进攻也有两种情况,一是落后,被动情况下的对外用兵。古代游牧民族侵扰掠夺农耕民族的战争;近代西方国家经济危机或国内矛盾激化时,通过向外用兵转嫁国内危机的现象也时有发生。二是经济强大国家的侵略扩张,最为常见。近代以来的两次世界大战就是如此。资本主义经济发展到一定程度,出现了大量的资本积累和生产剩余,导致的最终结果将会是开展国外贸易和抢夺殖民地,当国外贸易与殖民地发展都受到阻碍时,军事活动便成为了最优选择,通过军事的强制力量迫使其他国家打开国门。英法等资本主义国家之于印度、非洲、中国等殖民地、半殖民地的军事活动便体现了这种战争的性质。

同时,从发动军事活动的基础上考量,经济基础也是关键因素,所谓"兵马未动,粮草先行"就是这个道理。在古代,发达的自然经济和充足的战争物资储备是发动战争的必要条件,否则,即使存在具有极大吸引力的军事目标,碍于经济基础薄弱,统治者也往往不得不采取"休养生息"的政策,通过发展生产,招募士兵,充足粮、饷、武器、马匹等军备,从经济上为发动战争打好基础,以保证军事目的的实现。在近现代更是如此,经济条件的发展和科学技术的进步使得军事活动更加依赖于军事活动主体的经济实力和科技水平。信息化时代的到来也使得军事活动更加依赖于高新技术行业的发展,新型科技水平和经济结构的合理性越来越成为决定现代战争成败的关键因素。绝大多数情况下,雄厚的经济基础可以从一定程度上代表良好的军事条件。经济基础的薄弱,军事活动主体进行军事活动的规模、军事威慑力、战争方式、武器装备等因素会大打折扣。经济实力对军事直接或间接的影响会体现在军事活动的全过程之中。

"因为社会形态不同,人们在经济关系以及由此所决定的政治关系中的地位不同,人们的创造能力、活动方式以及价值观念、思维方式、思想观念、社会心理等也就会发生相应的变化,这种文化的变迁也会反映到军事文化中来"[29]。在军事文化的内生机制中,经济以及经济带来的社会形态和社会阶层划分是重要的因素,不同的经济社会结构对于军事的决定作用能够在军事文化的表象中得到体现。

第二,上层建筑对经济基础的反作用,有时通过军事行为而放大。国内危机时期,通过发动对外战争,国家进入战争状态而拉动国内经济,实现经济的好转。纳粹德国发动第二次世界大战就是如此。反侵略战争,调动爱国热情,增强社会凝聚力,二战中中国抗日战争就是如此。通过战争扭转国际局势,取得新的国际格局平衡,最终促进世界经济发展,往往是基本规律。所以,军事与经济的关系是辩证的,有条件的,既要认识经济的决定作用,又要充分认识军事手段即战争对经济发展的反作用。过分强调经济决定作用,易演化为"经济决定论"。"在马克思主义发展过程中,以第二国际理论家为代表的经济决定论的思维方式,对唯物史观作了庸俗的和形而上学的理解,从根本上忽视文化的特殊性和丰富内涵,从而遮蔽掉了文化在经济社会发展中的多重作用,把人类历史理解为一种'无主体'的自然历史过程"[30]。在马克思主义唯物史观下正确理解经济对军事文化的决定作用,就要准确把握经济决定性,正确看待文化现象产生的特质,避免陷入经济决定论。

经济与军事的辩证关系是考察京津冀古代军事文化,分析古代社会发展和用兵规律的重要理论基础。

2.1.3　军事与政治

（1）军事是政治的延续，是政治的暴力形式。在古今中外，历朝历代的军事活动中，为适应政治统治的需要而进行的战争占据了军事历史的绝大部分比例。克劳塞维茨在《战争论》中多次提到战争的本质属性及其政治性："战争无非是扩大了的搏斗"[31]、"战争是一种暴力行为，而暴力的使用是没有限度的。因此，交战的每一方都使对方不得不像自己那样使用暴力，这就产生一种相互作用，从概念上讲，这种相互作用必然会导致极端"[32]、"战争无非是政治通过另一种手段的继续"[33]。

讨论军事本质属性中的政治性，要回归到上文曾志平对军事定义的两层划分，首先第一层意思接近克劳塞维茨的"搏斗"意味，从更宏观的视角上考虑，军事应该是一定区域内组织（一般以国家为单位）"搏斗"力量的最高级，是该区域（国家）范围内所有"搏斗"力量的有机整合（在一定区域内，按照政治统治的要求，国家军队的军事实力和战斗实力应属地区之最，以确保其政治统治，但我们并不能确定在一定历史时期相应国家机器力量是否具备足够把握镇压地方军事及非军事力量，其他力量是否与中央政权对立，中央军队纯粹战斗力高低、制度是否完备、精神面貌高低、意志力强弱都不能具体考量，但军队在统治政权统治下具备观念上的正统意义和包括武器制造、兵源征召的延续性，因此我们说军事应该是区域内"搏斗"力量的有机整合而非绝对集合），是具备组织性的斗争主体，组织力量进行区域间统一斗争，即政权之间的政治斗争。这个组织性，正是蕴含了一定政治性或者说是一种政治诉求和表达。第二层意思中明确提出军事概念中包含军事手段作为政治的延续或者说极端形式的政治存在。两层意思正是说明了军事与政治的紧密联系。

（2）战争是一个历史范畴，是私有制的产物。从军事的起源上看,最早的军事战争实际上是开始于阶级社会的形成。斯塔夫里阿诺斯在《全球通史》中提到:"战争的发生不是因为人类的本性,而是因为人类社会"[34]。战争之所以产生,是农业革命后生产力得到提高,人类摆脱食物采集方式而形成以私有制为基础的生产关系,不同政治统治之间出现因私有造成的利益矛盾。列宁指出:"私有制引起了战争,并且会永远引起战争"[35]、"战争同私有制基础并不矛盾,而是这些基础的直接的和必然的发展"[36]。生产资料私有制的形成,阶级、国家的出现,使人类进入了阶级社会。"凡是部落以外的,便是不受法律保护的,在没有和平条约的地方,部落和部落之间便存在战争,而且这种战争进行得很残酷,使别的动物无法和人类相比"[37]。奴隶社会以来发生的战争,彻底改变了原始社会的战争性质,使战争开始转变成政治的工具,土地、居所、食物、奴隶的争夺在战争中凸显出明显的政治因素。列宁指出:"战争的性质及其胜利主要取决于参战国的国内制度,战争是该国战前所实行的国内政策的反映。[38]"

(3)军事为政治服务。军事属于政治上层建筑,与思想上层建筑一起为统治阶级服务。政治因素是军事中的重要方面,甚至有的时候出于维护政权的需要,经济条件不具备也要进行战争,政治的目的性超过经济的条件性。军事活动不能单纯停留在军事技术、军事方法层面,一定包含了某种政治导向,或者说军事的性质由政治决定。现代社会更加明显,美国发动两次伊拉克战争,不是因为没有中东的原油就生存不下去,主要是萨达姆政权不听话,影响其控制中东,为争霸世界不惜抛开联合国悍然发动战争。可以说,军事是政治的延续,其中既包含作为政治措施的继续和延伸,又包含了作为政治载体的利益方向交锋。这种延续易通过结果进行考察,也易从军事目的上体现。作为政治手段,即使军事活动不出现,政治交往也会以其他形式进行,随着生产制造条件发展的辅助,使得军事成为解决政权间问题最直接有效的方式。

经济、政治和军事的关系是社会基本矛盾的有机整体。经济基础决定上层建筑,政权是社会的核心,其存在的条件和基础是经济。而政治和军事都属于上层建筑,都是被经济基础决定并为经济基础服务的。在政权与军事关系中,军队是为政权服务的,强大的军事实力是政权存在的保障,为了防止政权的颠覆,统治者往往加强军事上的准备,无论从建造城池到征兵纳粮,从铸炼兵器到战略布防,军事实力的提升是对政权统治最好的保障。军事是政治的直接保障和最终依靠。因此,政治和军事绝不能分开来看,二者内在联系紧密,并且不能绝对分割。总而言之,从军事的本质、起源、结果和最终效用中都体现出浓厚的政治因素,甚至可以说,在漫长的历史进程中,军事实践活动都表现出了强大直观的政治功能性。

2.1.4　唯物史观下的军事文化

根据马克思主义唯物史观的观点,军事文化既反映社会经济基础和政治目的,又不仅仅是社会存在简单的附属现象,它内生于政治经济的社会变革,具备从深层和内部对经济、政治、社会活动产生影响和变革的能力,这种能力体现在军事文化的反作用中。

(1)军事战争是政治的延续,它在一定程度上体现了国家的政治需要和民族的价值诉求,代表着国家和民族的整体利益。因此军事文化代表了当时时期内国家和民族利益的整体性呼吁,绝大多数情况下能够代表民族和国家的要求,具备强大的感召力和共同的吸引力,因而可以是国民产生共鸣,形成代表性的时代文化和时代精神,同时军事文化整合了国民心态与斗志,众志成城、同仇敌忾、万众一心,都使得民族凝聚力加强。

(2)军事文化不仅仅对军队军人的思想产生了规范和引导,其释放和提倡的道德价值和纪律准则会影响到国家社会内部文化价值和道德规范的构建,民族精神和国民性格便有部分为军事文化所塑造。战争时期,军队是国家的中流砥柱,是民族的脊梁,其代表的国家立场和民族态度融入了军事文化,也为人民所记住,加之军人的道德标准往往成为一国内规格最高也最为严肃的伦理标准,因此可以产生强大的社会影响力。在我国,长期的政权战争与反击外国侵略战争经历的背景下,中华民族的思维方式、思想品质、精神气质、道德情操、社会规范等方面都被军事文化所感染,形成了自立自强绝不参与战争、积极战备但不挑起战争、崇尚和平但不惧怕战争的战争观念。在军事文化渗透进民族精神的形成和国民性格的塑造两方面之外,也加深了国民对于军事战争的认识,形成了一定共识的战争观。

(3)军事文化是文化大领域下重要的分支和组成部分,由于军事活动在社会生活领域的重要性和军事活动产生的频繁性,军事文化也成为区域内文化机制产生、形成、发展的重要动力。区域文化的历史演变过程中不可避免地融合了军事文化的渗透与融合,伴随着其他文化要素的产生和演变,军事文化也随之变化、融合、渗透、升华。结合整个历史进程,军事文化给区域文化注入了丰富的内容和鲜明的特色。

2.2 冀域古代军事文化概念阐释

冀域古代军事历史悠久,文化内涵丰富,冀州在先秦时期就已经是九州之首,占据我国古代北方大部疆域,同时囊括今日京津冀行政区划大部分区域,京津冀区域范围的演变不仅是京津冀文化产生的地理依据,也是伴随军事历史发展演变的产物。本节将根据目前国内外研究资料和冀文化研究现状,对冀域古代军事文化相关概念如区域划定、军事文化理论基础等内容做出详细阐释,以方便后文论述。

2.2.1　军事文化的概念界定与内涵解析

目前,关于文化的研究较为普遍,但关于文化一词的概念界定却仍然是众说纷纭。由于文化受到历史、政治、经济、社会等一系列复杂的背景影响,关于"文化"究竟是什么也经由不同领域的学者在不同研究背景下给出了迥异的定义,因此,在各个学科领域都有着相应的"文化"概念定义。但较为大众化的理解主要有两种,即广义的文化和狭义的文化。

广义的文化是指与自然相对立的概念,"是人类社会中创造并保存的内容之总和",马林诺夫斯基著、费孝通译的《文化论》一书中,也提到"文化是那一群传统的器物、货品技术、思想、习惯及价值而言的,这概念实包容着及调节着一切社会科学"[39]。这种说法包涵了人类创造的物质成果和精神成果;狭义的文化则只局限于相对社会存在而对立的社会意识方面,包括政治、法律、思想、道德、艺术、宗教、哲学等社会意识形态。

军事文化是文化概念中的一部分,有了对文化概念的理解,军事文化就不难界定。狭义的军事文化定义就是"围绕军事、关于军事的文化"、"军事文化是与人类军事活动相关联的那些特殊的思想观念"[40]。《军事文化学》中则对军事文化定义为"社会文化的一部分,使人们在军事实践中所形成的军事创新能力、军事活动方式以及创造的精神成果(包括武器装备等物质成果中的精神因素)"[41]。

军事文化作为军事学、历史学、文化研究等多领域交叉研究,至今未有明确的独立学科方向界定,研究多依附于军事理论研究或历史研究,因此京津冀古代军事文化特质研究有必要对军事文化的概念进行明确界定。马克思主义文化观则倾向于把文化界定为文明形态,把关于文明形态的理解同关于人类社会发展的总体理解结合在一起,因此,在唯物史观的文化理论中,不仅包含有物质因素和精神因素,社会的制度因素是重要的一部分。根据马克思主义历史唯物主义对于文化的理解,本节对军事文化的定义更加倾向于具备物质因素、精神因素、制度因素的广义概念。即军事文化是人类在军事历史实践中创造的一切军事物质成果、军事精神成果与军事制度成果的总和。

2.2.2　京津冀古代区域空间概念界定

中国古代地域由地理概念到行政区划有一个演变过程,但行政区划究竟从何时何代开始,学界并没有准确的说法,大多依据《尚书·禹贡》上的记载开始。即在大禹时期,划分九州,冀州是九州之首,"西、南、东三面都以黄河为界"[42]。如今的北京市、天津市、河北省的大部分从属于当时的古冀州,这也是河北省简称冀的缘由。

冀州:既载壶口,治梁及岐。既修太原,至于岳阳;覃怀底绩,至于衡漳。厥土惟白壤,厥赋惟上上错,厥田惟中中。恒、卫既从,大陆既作。鸟夷皮服,夹右碣石入于河[43]。

同时,《周礼·职方》有言:"河内曰冀州",河内指黄河中下游以东、以北的较大区域;《尔雅·释地》云:"两河间曰冀。"所谓两河间,据考证指清河(辽河)和西河(黄河)之间的广阔地带。这些都佐证了《禹贡》中关于古冀州的基本描述,自周朝起,延至春秋时期、战国时代,冀州作为行政区域的概念性基本确立,汉朝时期西部区域略有减少,东部区域有所扩张。在三国时期,由于冀州牧曹操的政治地位和军事实力,北方地区大部为其所占,冀州所辖范围也随之逐渐扩大。到了西晋时期,冀州区划略有缩小。唐朝行政制度则实行三级制,将区划范围划分为道、州、县,由于唐朝经济实力雄厚,社会稳定,政治经济发展繁荣,因此冀代表河北的基本地理概念和行政区划基本形成。"公元前2146至公元907年,3000多年间,虽然行政区划多有变化,但冀域核心区未变——今日之冀州,在全国的中心地位未变——华夏文化发源地,全国政治经济文化腹地"[44]。

综上所述,京津冀古代区域自古以来的基本区位可以断定在西河以东、东河以西、南河以北,即囊括了今河北、北京、天津、山西、河南等省市的区域范围。本章中"京津冀"的区位概念界定则以此范围为基础,具体指以古冀州为区域核心地带和文化圈发祥地,包括我国现行政区划内北京市、天津市和河北省的区域范围。

2.2.3　冀文化缘起与京津冀文化融合创新

就当前看,京津冀地域的覆盖面基本定位于北京市、天津市和河北省的全部区域,从历史演变上看,山西东部、河南北部、山东北部的部分区域具备很大可能包含在古冀州边缘区域。但关于京津冀文化的学术研究虽然存在一定历史,但基本上比较分散,且多局限在燕赵文化之内。但燕赵仅仅作为河北省内曾经的部分区域,缺乏历史的连续性,且文化体系和价值结构存在模糊性和不完善性,区域文化共同体亟待慎重研究和科学建构。经过近年来的资料收集整理和实践调查研究,冀文化应该是一个优于用燕赵文化标志河北文化的的概念。燕赵文化是以战国时期的燕国和赵国行政区划来划分的,而冀文化是以文化内涵的历史统一性进行的划分,也就是说,燕赵文化是一种"历史点文化",冀文化是一种"历史传承文化"。尤其在京津冀一体化协同发展背景下,"提出'冀文化'概念有深层挖掘河北文化内蕴并向区域延伸形成大区域新文化的意义"[45]。

冀文化内容博大精深,相传不断,沿革清晰。京津冀地区是孕育、创造、发展华夏文明的摇篮。在地域上考量,其包含了京(都)文化、津(埠)文化、燕文化、赵文化(冀南赵文化——平原农耕文化,冀北满蒙文化——多民族游牧文化,冀东汉蒙文化——滦河文化)等;从内容上看其内涵包括在京津冀地区产生的政治文化、经济文化、军事文化、民俗文化、商帮文化、法制文化、陶瓷文化、水文化、金融文化等等。在京津冀区域整体概念提出的背景下,京津冀文化融合与创新刻不容缓,冀文化的提出便是京津冀文化融合与创新的一种探索。京津冀军事文化是冀文化的重要组成部分。

冀文化研究的重要意义实际上正是寻找京津冀文化基因,挖掘京津冀文化特质,梳理京津冀文化脉络,构建京津冀文化共同体,加强京津冀文化认同感,做好理论建设,服务于京津冀一体化协同发展。同时,冀域文化圈内发掘的大量新旧石器时代文化遗址,及原始族群的大量活动遗迹表明冀文化的产生源于华夏族群的长期共生,是中华文化的源头[46]。从这个角度上看,冀文化研究不仅是京津冀文化融合与创新的重要基础研究,更是进一步加强中华民族传统文化研究,扩大文化研究的广度和深度的关键路径。

2.2.4 京津冀军事文化地位与影响

(1)京津冀古代战争频发之地。据不完全统计,古代在京津冀地区产生的军事实践活动占据了北方军事实践活动半数以上,若以秦岭—淮河一线划分南北,北方发生战役 644 例,占战役总数的 77%;南方 196 例,占 23%,北南战争大致呈三比一的比例。在北方,战事又以河南、河北、陕西、山西四省居多[47]。频繁的战事印证了政治因素、地理地形因素和民族交往等多重因素的融合使得京津冀地区成为古代兵家必争之地。

(2)京津冀古代经典战役重地。京津冀地区囊括了北京、邯郸、保定等我国古代多朝政治中心,政令多出于此,军事决策活动频繁,是军事家的摇篮;同时由于其政权更迭与都城防卫,军事实践活动在此多发,诸如"围魏救赵"、"马陵、桂陵战役"、"宋、辽、金三国战事"、"明抗击瓦剌"等著名历史战役均发生在京津冀古代地区,其军事实践之丰富与影响力之广泛远远超过北方其他区域。

（3）京津冀宜于军事用兵之地。从地理地形上看，京津冀地区内地形复杂多样，北接蒙古草原，东临渤海之湾，西靠三晋群峰，南通平原腹地，中以太行山脉为脊，东北连通辽西走廊，西北沟通张库大道，东南可攀齐鲁山峰，西南遥望黄河孟津，平原开阔，山区险要，在客观意义上满足各种战争环境。长城盘踞，关隘林立，诸如山海关、卢龙关、居庸关、紫荆关、常山关、井陉关等关口多于此营建，军事重镇多设于此，历来为兵家必争要地，由此产生了数量庞大的军事战役、军事要塞、军事器物，军事实践内涵丰富。

同时，京津冀地区处在游牧民族与农耕民族地区交汇区域，是中原民族与边塞少数民族文化交融的前沿地带，长期的民族政权交往也造就了频繁复杂的军事活动。自古以来，京津冀地区都是农耕民族与游牧民族争斗来往的前沿阵地和主战场。

（4）京津冀古代军事文化秉持亟待研究。京津冀古代军事文化是从原始部落时期到 1840 年近代史开端时期，京津冀区域军事实践中创造的一切军事物质成果、军事精神成果与军事制度成果的总和。长期的军事实践活动造就的京津冀军事文化内涵，在一定程度上塑造了京津冀地区人民的精神气质和性格特征，自古即有"燕赵多慷慨悲歌之士"的美誉，能征善战、勇武彪悍又不失农耕文化精神特质，是时至今日京津冀地区人民精神特征中重要的一部分。同时，丰富的古代军事文化对京津冀地区古代长期经济社会发展产生了一定程度的影响，其文化影响覆盖范围和辐射力都不容忽视，有待深入挖掘研究，为京津冀协同发展服务。

第三章 冀域军事文化"和合统一"内核

原始社会时期部落间的军事活动形式较为单一、规模相对集中，从原始部落转向阶级社会期间的战争是最早的军事活动，古代军事文化也因此而萌芽。京津冀地区产生的涿鹿之战、阪泉之战是奴隶制社会部落战争的代表，不仅代表了古老的奴隶制战争文化，也促使了中华民族的形成，由此衍生的军事文化不仅代表了部落战争的政治与经济意图，反映了社会与文化现状，更是奠定了我国军事文化的基础。以京津冀地区为主体的古燕云十六州多民族政权军事交流更是促进了民族文化的融摄。由于京津冀地区多为历朝首都，多种军事制度的诞生也体现了多元民族融合的痕迹，加之军事文学艺术的反映和影响，形成了京津冀"和合统一"军事文化内核，以和合为导向的军事文化特色有别于宗教本位下的西方古代军事文化。

3.1 阪泉之战、涿鹿之战奠定融合统一

部落冲突与征伐是我国付诸文字记载发生在华夏大地上最早的军事活动，其中阪泉之战、涿鹿之战作为发生在京津冀地区规模较大、人数较多、影响较远的两次集团战役，不仅仅形成了华夏部落间最早的政治组织形式，也产生了以华夏族为主体的中华民族文化

基础。涿鹿和阪泉两战中的创造无论对于军事文化的奠基和区域文化的形成都影响颇深,其军事文化价值尤其突出。在战争实践中产生出的军事文化奠定了我国古代军事文化的基调,成为我国古代军事文化特质形成的重要因素。

3.1.1　华夏部落一统——集团部队初显

原始部落时期,部落之间由于生存和生产的需要,结成了若干规模不一、人数不等的部落联盟,相近的生产方式、风俗习惯、交往模式使得这种部落联盟基本上摆脱了血缘关系的结合形式,更加地倾向于地域联合、生产联盟等形式。部落间针对部落集团中的领导地位的争夺逐渐成为主流。神农时代末期,中华文明核心区域主要由华夏、东夷、苗蛮三个部落集团控制,炎帝部落与黄帝部落首先打响阪泉之战,最终形成以黄帝部落成为主导的炎黄部落;炎黄部落与蚩尤部落在涿鹿(今河北张家口市涿鹿县)遭遇,打响了涿鹿之战。《史记・五帝本纪》载:"蚩尤作乱,不用帝命。于是黄帝征师诸侯,与蚩尤战于涿鹿之野,遂擒杀蚩尤。"[48]《山海经・大荒北经》载:"蚩尤作兵伐黄帝,黄帝乃令应龙攻之冀州之野。"[49]击败蚩尤之后,黄帝成为了我国历史上第一个一统九州大地的领袖。

阪泉、涿鹿两战的直接战争结果是黄帝对于九州大地的一统和华夏民族的形成,从此开始,三大部落走向联合,逐渐发展成为一个有国家组织形式的统一体,战争则成为服务国家政权的有力政治手段,军队开始走向正规化、规模化、集团化,军队领导者也从部落首领演化为一元领导核心即王权,军队的性质也由部落争夺演化成为具备强烈政治性的国家机器。

战争的主要目的也由食物、地盘的争夺演化为民族利益、政治利益的角斗。在华夏大地上出现了为国家政权服务的集团军事部队,这种军事团体的出现对于民族精神的形成与塑造、民族力量的聚合与升华有着巨大的意义。

3.1.2 文武结合治军——战备文化首创

《史记·五帝本纪》载:"轩辕氏乃修德振兵,治五气,艺五种,抚万民,度四方,教熊罴貔貅貙虎以与炎帝战于阪泉之野。三战,然后得其志。"[50]从阪泉之战的军事作战准备上可以看出黄帝的备战方略和作战思路,即采取"文治"与"武治"相结合,政治、经济、社会治理、军事全面筹划的备战思路。首先,"修德振兵"经营政治统治。黄帝加强巩固部落联盟间部落的联系和团结,形成稳定可靠的联盟统治基础。其次,"艺五种"发展经济生产。黄帝重视部落生产,不仅使日常生产成为部落人民的稳定保障,同时为随时面临的战争做好充足的准备和给养。再次,"抚万民"加强社会治理。黄帝安抚万民,采取一系列亲民政策方略,注重培养良好的群众基础。最后,"度四方"营造战争环境。黄帝振兴作战部队的同时不忘开拓四方、考量部落周边形势,营造有利战争环境。可以说,黄帝的备战与作战思路采取了"文治"与"武治"结合的手段。

"修德振兵",一方面重视文化统治,用良好的政治理念和治民方略稳定社会形势,巩固群众基础,另一方面,通过政治与经济带来的军事效益做好贮备,兵马未起,预战在先,未雨绸缪,时刻准备,这种军事治理理念在奴隶制社会并不易形成。可以说,涿鹿之战中黄帝展示的军事战备理论直接开启了我国古代军事战备文化的形成和发祥。

3.1.3 天地人全局观——指挥思想集成

涿鹿之战中,黄帝借以取胜的天时、地利、人和的作战准备和方针极具统筹思想。《山海经·大荒北经》载:"有人穿青衣,名曰黄帝女魃,蚩尤作兵伐黄帝,黄帝乃命应龙攻之冀州之野。应水畜水,蚩尤请风伯,雨师从,大风雨。黄帝乃下天女曰魃雨止,遂杀蚩尤。魃不得复上,所成下雨,叔均言之帝,后置之赤水之北。叔均乃为田祖。魃时亡之。所欲逐之者,令曰:'神北行,先除水道,决通沟渎'。"[51]虽然在千百年口耳相传的战争叙述中添加了丰富虚幻的神话演绎色彩,但我们仍然可以看出黄帝在涿鹿之战中精妙绝伦的战争指挥。华夏民族对于黄帝军事作战能力的夸大也说明了人民对黄帝充分运用兵种协调、调度派遣的用兵方略的作战大局观的颂赞。黄帝在涿鹿之战初期并未占据战场上的主动地位,从军事实力上看,蚩尤部落胜过炎黄部落,但黄帝凭借丰富战备和军事指挥反败为胜,不硬拼军队数量而采取"智谋"迎战,我们可以看到其中以少打多,以弱胜强,邪不压正(根据神话记载,涿鹿战事初期蚩尤部落呼风唤雨,调动神兽魑魅魍魉和山精水怪,颇有非正义的倾向,相反对炎黄的描述略显正义高大,但从军事文化角度评判,这体现古代人民对于军事基本价值取向的认定,即邪不压正。但我们并不能否认历史上蚩尤部落代表的苗族文化为中华文化做出的卓越贡献,各民族共同创造中华民族文化是客观史实,不容忽略)的我国古代军事价值观初显。

黄帝懂得运用战场因素和颇具神话色彩的"风雨雷电"等天时因素,同时黄帝看重战场地理地形因素,遵循自然规律,实施正确的政治、军事措施,将天时、地利和人和巧妙地联系起来,展露了一定的整体性、协同性和普遍联系的哲学观念和孟子"制天命而用之"、"人定胜天"的思想观点,也是我国古代朴素唯物辩证的军事韬略思想的最早范例,是庙算(庙算,是古代开战前在庙堂举行军事会议,商讨与谋划战争的一种方式。其结晶是《孙子兵法》的庙算制胜论,主张战前要算,要对战争全局进行计划和筹划,定出可行的战略方针)的思想萌芽。

3.1.4　和合统一导向——文化基调形成

阪泉之战使得炎帝部落与黄帝部落趋于联合,涿鹿之战使得炎黄部落与蚩尤部落分别代表的古代农耕文明和游牧文明正式交锋，炎、黄两个部落联手，结成部落大联盟并在此基础之上打败蚩尤部落巩固了华夏集团中的核心地位。

实际上，不论炎帝部落、黄帝部落还是蚩尤部落都是为了争夺部落群族生存、繁衍的基本地域空间，但其目的不仅仅是为了争夺适于大面积放牧和精耕细作的中原地带，同时也蕴含着一定意义上的延伸、征服和文化输出。从战争结果的角度上考量，自涿鹿战后，中华民族主体的华夏族基本确立，取得了中原地区暂时的和平；从文化融合的角度上考量，部落之间的差异已经在战争中有所缩小，文化带来的相互渗透和融合并不能够体现在战争结果上。国家的一统使得公共管理、社会教化、治理方式、行为风俗等方面逐渐形成了现今中华民族文化的雏形。

黄帝部落统一中原地区不仅在当时社会意义上顺应了社会生产力发展的要求，顺应了部落扩大地盘、发展生产的历史发展要求，实现了部落私有制扩大生产的目的，同时，社会治理、礼法、祭祀、度量衡等社会文化上也逐渐趋于同化，从这个意义上看，阪泉之战、涿鹿之战不仅奠定了京津冀区域古代军事文化的基调，甚至决定了中华文化日趋一统的趋势。斯塔夫里阿诺斯在《全球通史》中曾说过："与印度文明的分裂和间断相反，中国文明的特点是统一和连续。"[52]古代军事战争带来的军事文化积淀在很大程度上影响着整体文化的特质。

自阪泉之战、涿鹿之战起，京津冀古代军事文化开始形成，其标志性体现在阪泉之战、涿鹿之战不仅是京津冀古代军事物质文化的杰出代表，更是奠定了京津冀古代军事文化的特征，即多元统一、兼容并包(尤以其特殊地理位置决定其农耕文明与游牧文明的不断碰撞并最终演化出整体性，彼此吸收，相互促进)，并在同一性包含的多样性中逐渐走向繁荣的和谐文化特质,京津冀地区这种在多元性军事活动影响下产生的军事文化特质奠定了我国古代军事文化基调——即多民族、多区域军事文化共同构成军事文化,整体上多元统一、和谐稳定且彼此间求同存异、彼此吸收、相互促进、共同创造的军事文化特质;是我国文化具备多区域共同创造性、多民族兼容并包性的典型代表和突出表现。

3.2　燕云战事、民族交流促进文化融摄

3.2.1　辽宋时期燕云军事价值

(1)燕云地区的地理位置。辽宋时期的燕云地区是指由石敬瑭割让给辽朝的幽(辽称为南京,也称燕京,今北京)、涿(今河北涿州)、瀛(今河北河间)、莫(今河北任丘)、檀(今北京密云)、蓟(今天津蓟州)、顺(今北京顺义)、蔚(今河北蔚县)、新(今河北涿鹿)、妫(今河北怀来)、儒(今北京延庆)、武(今河北宣化)、朔(今山西朔县)、云(今山西大同)、应(今山西应县)、寰(今山西朔县),合计十六州。史称燕(幽)云十六州,又称"山前代北十六州"。纵观我国历史和燕云地区发展历史,燕云地区在北方多民族交往的历史过程中起到了重要的作用,其地理位置重要,是历代兵家必争之地;同时又是中原王朝保护农业耕作区、抵御游牧民族入侵的天然屏障,燕云地区长城及五关在漫长的历史时期发挥着巨大的国防功能,"长城也是农耕与游牧两大部类文明形态的分界线,起着护卫先进的农耕文明,使其不致在游牧人无止境的袭击中归于毁灭的历史作用。"[53]同时也不可避免地成为中原王朝经略北方、少数民族南下中原的必经之地。

(2)燕云地区的军事战略地位。北宋叶隆礼《契丹国志》中提到"幽、燕诸州,盖天造地设以分藩、汉之限,诚一夫当关,万夫莫前也"[54]。这段话足以阐释燕云地区战略位置的重要性;同样,蒙古进

入中原选择都城的时候,木华黎曾建议说:"幽燕之地,龙蟠虎踞,形势雄伟,南控江淮,北连朔漠,且天子必居其中以受四方朝觐,大王果欲经营天下,驻骅之所,非燕不可。"[55]由此说明,燕云地区在当时的战略地位举足轻重。从地理位置和气候条件因素考虑,燕云地区季风气候温暖湿润,大部分地形平坦,适宜农业生产,经济战略地位显要,同时其北靠燕山,中穿桑干,南依拒马,山水地貌适宜各种条件下的军事作战活动,"占尽兵家之地利优势,是易守难攻之所在"[56]。在辽宋时期处在民族接壤的前沿地带,成为多民族互为经略的重点区域,成为重要的军事战略要地。后晋天福三年即公元938年,石敬瑭割让燕云十六州给辽国,此后历代政权、多朝皇帝组织军事力量进行收复。这些因素都间接证明了燕云地区的战略重要性。

3.2.2 石敬瑭献燕云的历史影响

契丹族是发源于我国东北的少数民族,公元907年,耶律阿保机在统一契丹各部落之后,建立了统一领导的政权。在耶律阿保机死后,耶律德光继立首领位置,改国号为辽。随着辽政权的日益强盛,其不断向南侵扰着五代时期诸王朝的北部边境。早在后梁时期,契丹就对燕云十六州心生觊觎。后梁贞明三年(917年),耶律阿保机利用降将卢为进作为向导引兵三十万进围幽州,李存勖命李嗣源反击,以少胜多,大胜契丹军。但此后契丹仍然时常南下入塞侵扰,石敬瑭与其部下桑维翰、刘知远心存叛逆,决定主动投靠契丹,争取契丹的援兵,在契丹的支持下夺取后唐中原天下。石敬瑭草拟文书致契丹,表达了称臣献贡的愿望,同时向契丹皇帝行父子之礼,就此割让卢龙区域以及雁门关以北各州,即献出燕云十六州的统治治理权。

石敬瑭献出燕云十六州之后,契丹耶律德光册封石敬瑭为晋帝,结成父子之邦契约,明确进献岁贡。石敬瑭对燕云十六州的"割弃"成为影响中国政治格局和历史进程的一件大事,在中原民族的角度上被树立为叛逆的典型,历史评价并不高,但从民族融合大一统的角度上考虑,石敬瑭向契丹进献燕云十六州直接导致了北方游牧民族政权对中原王朝在军事政治上的优势地位,也致使后期辽宋战争的军事格局的发展和变动。燕云十六州割让给契丹之后,草原游牧文明和中原农耕文明在军事实践斗争中进行了激烈的冲击和碰撞,促进了我国历史上的又一次民族大融合。

3.2.3　多朝代政权逐鹿十六州

后周时期,"十年开拓天下,十年养百姓,十年致太平"成为宏观政策,后周二主在经历了一系列改革进取之后日益强大,在政治、经济、社会文化、农业生产、朝纲治理、军事备战等方面取得了很大进步,领跑中原王朝各政权,于是统一北方、收复失地便成为了后周的发展要务。经过一系列的战备调整,显德六年(公元959年),周世宗率军大举北伐,很短的时期内攻取了瀛、莫二州,收复了瓦桥(今河北雄县)、淤口(今河北霸州)、益津(今河北霸州)三关,史称"周世宗北取三关"。从此燕云十六州中瀛、莫二州即关南十县地回归中原政权。契丹则丧失了对燕云十六州中瀛、莫二州的控制权。但此时周世宗身患重疾无奈撤兵,而后病故。北周对于燕云十六州的收复计划也就此搁浅。

宋朝开国时期对于燕云十六州的收复也一直在日程之上,通过在河北大名府(今河北大名)建立"北京"作为基地完成争取燕云十六州的任务,与契丹族形成对立抵抗的态势。太平兴国四年(公元979年)宋太宗赵光义曾率军以幽州方向,希望收复失掉的燕云河山。宋辽在高梁河(今北京)打响战争,但此役宋军失败。之后北宋与辽进行了长期的战争,一直未能占领此地,直至景德元年(公元1004年)辽宋在澶州进行和谈,签订停战协议,史称"澶渊之盟"。在之后宋辽民族交往时期京津冀地区便进入相对稳定的时期。

宋金于宣和四年(公元1122年)订立"海上之盟",约定联合灭辽后,金归还宋燕云十六州。金灭辽之后确实于公元1123年将太行山以南的燕京、涿州、易州、檀州、顺州、景州、蓟州如约归还给宋。宣和七年(公元1125年),金复占燕京地区。随后金大军南下中原,掠走北宋徽钦两位皇帝,即"靖康之变",中原地区实际管辖权落入金手中。

公元1213年,蒙古国占领燕云十六州地区。公元1215年,成吉思汗率军夺取金中都,改名为燕京。在经历公元1234年蒙古灭金和公元1276年元灭南宋之后,元统一了燕云十六州地区。公元1264年,元世祖忽必烈改燕京(今北京)为中都。1267年,忽必烈迁都中原,将中都改名为大都。

历经多民族多朝代统治、征战,燕云十六州在各民族政权战争中起到了"桥头堡"的作用,上演着多民族逐鹿沙场的壮观图景。

3.2.4 多民族治理下的文化融合

燕云十六州地区对北方游牧文明和中原农耕文明的融合具有着重大的历史意义,尤以辽、金等占据统治燕云十六州之后,中原汉族与少数民族的交流日益频繁紧密。北方游牧民族政权虽然具备强大的军事实力,但其文化制度与中原文明存在较大的差异,在军事取得胜利之后文化的相互渗透融合是不可避免的,少数民族文化传入中原与少数民族文化汉化同时存在。通过燕云十六州频繁的军事征战,当地军民形成了紧密的联系,少数民族政权通过这一窗口逐步接触中原文明,从生产方式、风俗习惯、语言文字等方面都形成了互融互通。

首先是服饰文化。燕云地区由于大量契丹、后金等少数民族的迁入,形成了多民族的杂居、聚居,汉人的服饰文化逐渐吸收融入北方少数民族服饰的文化特色。契丹男子的服饰上衣为窄袖圆领的长袍衫,下衣则一般为长筒裤和靴子。女子上装外衣为直领长袍衫。当时燕蓟汉人的服饰便吸收了契丹民族服饰的特点,既有本民族的特色,又吸收了一些契丹人的服饰文化。

其次是饮食文化。燕云地区的契丹等少数民族和汉人多民族杂居、聚居过程中,饮食文化既有中原文化特色,又吸收了少数民族的习性,加之燕云地区的气候条件和地理特征,牛羊畜牧业发达,燕云地区的饮食习惯逐渐变成既主食粮谷,又开始"食肉饮酪",呈现出多元化特色。

最后,辽代的石雕艺术在军事战争的背景下更具有多元化的特点。佛教在辽代经历了高速的发展,尤以燕云地区受佛教的影响最大,在长期征战的环境下形成了多种风格和主题的宗教雕刻艺术作品,呈现出明显的多元化特征。燕云地区在地域文化上所显现出的多元性主要是由于该地区长期受少数民族文化的影响,各民族间杂居相处、相互交流学习,中和了多种民族文化的结果。

3.3　兵民分合、军事治理体现多元融合

3.3.1　贵族集权、胡汉分治的前燕鲜卑军府制度

(1) 五代十国少数民族汉化典范——前燕。慕容鲜卑一族作为五代十国北方的重要力量,经历了辽东时期的发展和慕容皝的西进,与后赵在幽州一带的征讨厮杀,于 337 年,慕容皝自立为燕王,后于342 年打败后赵,定都龙城(今辽宁朝阳)。龙城时代之后,慕容儁于公元 352 年在蓟都(今北京附近)称帝,也标志着前燕从两晋时期的一支少数民族势力进化为参与中原争霸的大国之一。由龙城向南到蓟城的政治中心的迁移,也使前燕开始了一系列的中原统治。早在前燕辽东时期,慕容廆就制定下了著名的"尊晋勤王"的对外策略,"上则兴复辽邦,下则并吞二部,忠义彰于本朝,私利归于我国。"[57]

后期在定都蓟城之后,鲜卑一族对于汉族文化的认同仍然指导着其治理。魏晋时期南北战乱不断,南方的大量难民为了躲避战乱,大规模移民北上,进入以蓟城为首都的前燕政区,处在鲜卑族控制下的中原地区。在处置移民问题上,前燕利用了一系列的安置政策接纳了避难的汉民,在政治、经济、社会、文化等多方面的政策意图上展现了前燕对于汉民治理的合理性。

"慕容鲜卑由游牧经济向农耕经济的过渡,为慕容部逐渐汉化打下了基础。也正是在此基础上,慕容部建立的前燕才对中华民族的进步作出了比较大的贡献。"[58]前燕政权建立的基础和主要活动范围在农耕文明与游牧文明交界的区域,其政权活动基础处在五代十国期间民族交往的前沿阵地,统治者政策上并没有出现歧视性或者暴戾性的民族政策,同时也没有对汉族人民的迫害措施。在前燕征服高句丽过程中,曾出现"掘钊父利墓,载其尸并其母妻珍宝"[59]的现象,说明前燕在对待汉民的政策上是宽松的。在一定程度上保留汉文化也正是由于前燕统治者对汉文化具有很大的热情,积极主动地在政治、经济、社会、文化等方面实行了汉化措施,并且由上而下进行落实,使其境内的鲜卑族、汉族和其他少数民族能够和平生活和生产,加之一定的杂居共处和军事交流,最终促进了各民族的文化融合,其中积极影响不容忽视。及至五代十国后期,鲜卑一族基本完成了汉化,在生活习俗、文化观念等方面已经与汉人无异。在民族融合的角度上考虑,蓟都中原时期的前燕为五代十国时期民族文化融合做出了巨大的贡献。

(2)合治与分治:蓟都中原时期军府制度。所谓胡汉合治与分治,是指统治阶级对胡人和汉人所采取不同的统治方法,也称作民族合治或分治。历史上,在国家政权的基本制度中,采取不同的治理方法,往往会达到不同的社会影响。针对军事制度上,基本考量目标是官职设置、部队数量占比、军事将领分配等等因素。我国在五代十国这一历史时期,政权更迭频繁,人口流动速率快,"关中之人百余万口,率其多少,戎狄居半"[60],不同的统治者采取的军事制度也不尽相同。前燕,公元 352 年,慕容儁于蓟都(今北京附近)称帝,一直到公元 370 年前燕被前秦灭国,其军事制度也在不断的调整过程之中。由于前燕由辽东地区进入中原地区,定蓟为都,其面临的处境步履维艰,在频繁的战斗中生存,并扩大势力,其军事建制则必然随着扩张而吸纳汉人,使得前燕部队中鲜卑兵的数量与汉兵的数量都存在不小的比例。在前燕鲜卑的统治下,其军事备战、部队训练都融入汉兵思想和理念。前燕正式在中原地区争霸之后,基本保留了辽东时期的军户制,以部落为基础,军士在日常生活中从事生产,家属随行,在战斗时期直接作战。而部落的领导人既从事人民管理,又指挥军事作战,军政合一,集权于一身。另外,在官职设置上也能够看出前燕军事制度的基本思路。根据高然在《五燕史研究》中对《晋书·职官志》《宋书·百官志》《通典·职官典》等史籍整合出的五燕官职表统计,前燕时期,担任军事职官的有 91 人,慕容氏一族占 37%,其他鲜卑人占 9%,其他少数民族占 8%,汉人占 46%(其中 60%不能确定族属,有 71%为参军、长史一类的职务)[61],可以明显看出,鲜卑族在部队中担任的多为将领,即使汉民没有明显地被排除在官职体系之外,但其职位都不高,并不能够对军事决策和部队指挥产生决定性的影响。"从表面看,前燕取消了胡汉分治机构,不实行胡汉分治。但实际上,前燕军队内部仍实行胡汉分治,保留了鲜卑原来的部落组织"[62]。因此可以说,在整体军士制度上看,前燕没有将汉人分开制度进行管理,但在军队上层和管理机构上面,仍然采取了胡汉分治的策略。

　　(3)军府制度下民族文化的自然融合。前燕在蓟城定都,进军中原时期的军府制度在婚丧、户籍、田地、军礼、冠服等方面都使得鲜卑与汉族的民族文化产生了自然的碰撞和交融。在思想观念上：军事制度的胡汉共事使鲜卑族官僚与汉族官僚同住一个屋檐下,在鲜卑族统治阶级主动汉化的助推下,两个民族的风俗文化迅速流通,在思想观念上相互影响,如慕容德曾经希望女儿改嫁他人,但他女儿说道,"我闻忠臣不事二君,贞女不更二夫。段氏既遭无辜,已不能同死,岂复有心于重行哉。今主上不顾礼义嫁我,若不从,则违严君之命矣"[63],于是其女自杀明志,成为鲜卑族汉化的重要历史典故。在衣着服饰上：辽东时期的鲜卑一族常年游猎,以骑兵为主要作战方式的前提下,加之北方天气寒冷,衣服极具民族特色,"又有貂、豹、貙子,皮毛柔蠕,故天下以为名裘"[64]。自鲜卑族进入中原地区之后,见汉人"乃敛发袭冠"[65],鲜卑一族"于是渐慕诸夏之风矣"[66];在食物及生产方式上：在兼具胡兵与汉兵的前燕军户制下,士兵和家属全部隶属于部落军府,集中在军营居住,闲时鲜卑人一样要从事生产以备军需,鲜卑族统治阶级制定教民农桑国策,共同的生产过程中鲜卑族在生产方式和食物上逐渐汉化,前燕也逐渐确立了"以农业为主体的混合型经济结构"[67]。

五代十国时期,军事交流频繁,军事征战复杂,多民族政权林立,由军事实践带来的制度变革过程中,不同民族文明频繁地相互碰撞,互相影响,自然融合。在这一角度上考虑,前燕开放的军事制度为北方胡汉多民族共同开创五代十国的历史奠定了基础。

3.3.2　规范有序、防御为主的明朝九边、卫所制度

（1）九边镇戍制度。明代初期,为了抵御北方游牧民族的侵扰,加强防卫,采取了镇戍兵制,在各战略要地和军事重镇重点布防,同时把北长城沿线划分为九个重点防区,历史上称为九镇,包括辽东镇、蓟州镇、宣府镇、大同镇、太原镇（也称山西镇或三关镇）、延绥镇

(也称榆林镇)、宁夏镇、固原镇(也称陕西镇)、甘肃镇。其中三镇分布在古代京津冀区域。九镇直接进行长城沿线的军事备战活动,调度协调长城沿线的军事力量。明代中叶之后,出于加强防务的考虑,在九边的基础上增设了昌镇和真保镇,合称为九边十一镇。九边镇戍制度依附于被长城军事防御工程的重要基础,同时与长城防御工程共同组成为九边防御体系,土木堡之变后,戚继光等军事将领又在长城防线上增加了各种军事设置和防御措施,进一步巩固了九边镇戍制度。基本上在很长一段时间内阻止了蒙古等游牧民族的南下进攻,保卫了首都北京的安定,同时也使得九边地区沿线生产繁荣,军民安居乐业,刀兵之争减少。

　　九镇戍边制度的兵源基本上比较稳定,以嘉靖时期为例,都司卫所和直接招募作为主要的两项来源,前期为九镇戍边制度提供了稳定的保障,在明代后期,直接招募则成为最为稳定可靠的招兵方式。嘉靖九边的营兵基本上是依营建置,每营的军士数量较为固定,一营大约三千人[68],营兵包括总兵、副总兵、参将、游击所直辖的兵马,即正兵、奇兵、援兵和游兵,隶属于不同的将领,在任务分工上面也比较明确,依营建制使得部队分工较为齐整;后期在军事防御活动的不断开展过程中,又设置了标兵,嘉靖以后除了总兵正兵改称标兵以外,营兵的构成并无变化,只是奇、援、游兵的战略地位被标兵取代。丰富了明代九边防御体系,一遇战事,标、营、守、了等兵马密切配合,小警各该城堡抵御,中警合镇截杀,大警诸镇合力剿杀,再大则九边共同对抗,形成了一整套防御体系。[69]

　　总体上看,明代九边镇戍制度比较有效地发挥了战略防御作用,以营兵建制,标兵与营兵为主干力量的军事部队在抵御北方游牧民族的侵扰方面起到了重要作用,包括蒙古骑兵直至明代后期的满清八旗军在内,从军事层面上考虑,在九边镇戍体系下都没有占到太多便宜,满清直至顺治时期才顺利入关。规范有序的军事备战文化也巩固了古代京津冀区域内的军事防御力量,在军事制度层面具有丰富的价值。

(2)都司卫所制度。明朝初期,为了巩固统治,在全国范围内推行卫所制度,最基层单位为百户所,基本建制为一个县,每个州设千户所,由十个百户所组成。全国范围内的武装力量按人头编入卫所。每五个千户所设立一卫,设立一个卫指挥使司,长官称作指挥使,卫的上一级军事机构是都指挥使司,官职称为都指挥使,基本上可以管辖一个省的军务。都指挥使司隶属于全国最高军事指挥机关——中央五军都督府,直接由兵部管辖,发布军事命令,统一协调全国军务。日常管理中,军队以卫所为基本单位生活,从事农务备军,同时军人与百姓严格分籍管理。军户统一承担全部兵役,且较为固定,父死子承,世代为军。每当战事发生,由皇帝个人临阵任命军事将领和总兵指挥军队作战,到战争结束的时候,将士又将回归各卫所。作为地方军事组织,卫所制有自己的管理层级。且这个层级在洪武初稳定后,一直到明末二百余年间未发生过改变。

都司卫所制对于军事制度的创新和发展整合了全国范围内的兵力,在日常务农以备军需,基本上可以实现自己自足,寓兵于农、兵农合一。同时,日常军制和战争全部分开,战争时候由兵部临时抽调将领指挥作战,避免了地方拥兵自重。可以说,卫所制很好地延续和吸收了唐宋兵制的优点又克服了短板,管理体系基本清晰合理,在明朝前期维护了全国的稳定团结,保障了国家的安定和发展。使得明军在其前期保持精兵强将,有力地保障了社会的稳定和国家的安定。但在土木堡之变后,明朝大肆推行募兵制,直接招募的兵源使得明军战斗力下降,军备训练等方面皆走向衰弱。

(3)军屯军牧制度。作为军事活动的重要支撑,军粮马匹等要素在明朝初期很受重视,九边镇戍制度自给自足的军粮军牧政策一度为明朝军事实力的发展奠定了坚实的基础。在"九镇"大力发展农垦,同时借助军屯军牧发展边疆地区经济,加强军备,完善军事设施。为补给战事所需,明前期洪武、永乐二帝先后强推在边疆地区发展农牧,达到强兵富国的目的。明太祖朱元璋早在南京称吴王时就曾明确提出"兴国之本,在于强兵足食","若其食尽资于民,则民力重困","诸将宜督军士及时开垦,以收地利,庶几兵食充足,国有所赖"[70]。朱元璋深刻地思考了前朝覆亡的经验教育,将国内财政与军费开支区分清晰,保证不会因为军事需求给人民生活造成压力,同时强调轻徭薄赋,养民生息,军队自给自足。在军屯军牧的实施上,以屯田令保证实施,"按中央的规定,每个军士耕种 50 亩地,在一些边远地区,每个军士可以屯耕 70 至 100 亩土地。每名军士所种者称为 1 分,每分田要定例征收 18 石粮食。其中以 12 石作为月粮供屯耕者(士兵)本人外,剩余的 6 石粮上缴军仓,充作杂项军费开支之用"[71],使得军粮军饷的供应得到了有效的保障,在一定意义上解决了财政的困难,恢复和发展了九边的农业生产生活。同时,边镇驻守地区的军牧也在明朝前期得到了重视,以长城沿线为基准,在附近牧养官马和军马,"许多戍防官兵是一身而三任:他们往往既为军人,而又要务农、务牧"[72]。于是,军屯与军牧成为一套系统的军事制度,使得明朝"九边"地区的兵士、农业、牧业三者有机配合,互为一体,使战争前线就地成为后勤给养供应地,对军事防御起到了极大的作用。

　　九边镇戍制度与都司卫所制度共同构成了明朝九边防御体系,加之军屯军牧制度的支撑,为明朝以首都北京为中心的军事防御制度奠定了基础,军事组织结构导致的经济结构与社会结构有层次、有边界、有规范,以军事带动生产,生产反作用于军事的制度体系,成为京津冀古代军事制度创新发展的重要组成部分。

3.3.3　兵民分离、遗风深重的清朝八旗绿营制度

（1）从牛录到八旗：满清入山海关的重要保证。明朝后期，后金势力逐渐强大，与明在东北经历了具有战略意义的萨尔浒之战，基本占得东北地区的主动权。明朝则在李自成大军的打击下寿终正寝，北京城由李自成大顺军占领。在萨尔浒之战和决定性意义的山海关之战中，除去吴三桂在战争中的引导作用，满清八旗军确实显示出了强大的军事力量。在山海关石河大战之后，李自成农民起义军开始从胜利走向失败，满清多尔衮率领清军大队人马进入山海关，从此正式开始了满清的全国一统局面。其中满清八旗军与明朝后期军队和李自成农民军相对比，显示出了强大的军事实力和突出的作战优势，这其中满清八旗军事制度在其中的优势显露无疑。从后金努尔哈赤时代开始，满清部落氏族的军队组织方式便开始改变，最早的时候女真族"照依族寨而行"，每十人归为一个牛录，牛录作为最基层的军事组织设置首领官职称为牛录额真。随着女真族势力和军队的不断扩大，每一牛录组织的人数又整编扩充为300人；而后又设旗为更高一级军事组织，初期设立四旗，用黄、白、红、蓝四种颜色作为每一旗的标志，称为黄旗、白旗、红旗、蓝旗；随着部队军士人数的进一步增加，又增设镶黄、镶白、镶红、镶蓝四旗（在旗子四周镶边），没有镶边的黄、白、红、蓝四旗，便称为正黄旗、正白旗、正红旗、正蓝旗。皇太极时期，在军事组织上增加了汉八旗和蒙八旗，整体上为二十四旗，但仍然保留原有称谓，即八旗。八旗各有旗主，旗主下设固山额真总管部队行政事务和军事作战，皇帝作为八旗的最高军事统帅指挥全面军务。女真初期每一户部族的人民全部整编进牛录，平时从事游牧生产，作战时整合为部队。既吸收了蒙古军制的优点，又借鉴了明代军事制度的有益经验。在满清入关的诸多战役中，八旗军事制度所

带来的优势全面压制了明军和李自成农民军,组织有序,行动迅速,兵力集中,也为满清顺利开创全国一统大业奠定了基础。

(2)兵民开始分离:八旗制度颓败致清军衰弱。顺治时期,由于八旗兵力有限,军队数量在全国治理下渐渐难以满足,驻防各省的八旗兵毕竟数量有限,同时满清贵族出于以汉治汉的政策考虑,建立起一支绿营兵,"八旗驻防兵由于世籍,绿旗各营兵由于招募"[73]。但绿营兵也作为世袭部队构成清朝的重要军事力量。

由于在满族地主阶级的统治下八旗军的地位比较高,并且战功卓著,从社会分层的角度上看,八旗军成为社会中具备较高地位的阶层,加之政府的各种政策优待和民间的各种资源占有,兵民合一的性质发生了根本转变,使得军事制度的优越性荡然无存。清中期以后,八旗军的训练废弛,将领拉帮结派,战斗力严重下降,八旗兵"渐染习俗,惟好安逸,不务勤操……以致技艺渐劣,迥不如前"[74]。清廷的作战任务则完全依靠绿营军即汉兵,作为主要作战力量的来源完全募兵。晚清,由于社会因素,绿营军队也逐渐废弛失去战斗力,湘军、淮军等势力成为主要作战力量,清军整体作战能力下降。八旗军整日骄奢淫逸,吃喝嫖赌,侵扰百姓,成为社会紊乱的因素。

(3)八旗遗风深重:影响京津冀民俗文化发展。清军入关之后,八旗制度作为清朝主要的军事制度施行,旗兵分京城和地方驻防,由此大量旗人开始融入汉族聚集地,促进了民族融合和民族文化交流,尤以京城地区旗人聚集,满族文化在北京、天津、河北地区盛行,至今河北地区存在好几个满族自治县,其中承德地区便存在许多满族聚集区。旗人带来的社会风俗也深深地融入京津冀民俗文化之中。八旗军制度将"骑射"作为军事训练的重要部分,注重传统骑射民风习俗文化的保持、调整牧政、民族间骑射交流与合作活动等措施,使得满族文化与汉文化的交流日益深入。同时,不能否认的是在满清后期八旗制度给八旗军队战斗力带来的衰落,八旗子弟由骁勇善战的游骑逐渐演化为沉溺享乐的特权阶层,拥有极高的优越感,其刚健剽悍的民族性格退化为好逸恶劳、颓靡软弱[75],当然不论八旗制度作为军事制度的进步之处与内在顽疾造成的军事水平进步、退步,从民族文化的角度考虑,八旗军事制度促成了满汉民族文化的融合趋势。

八旗军事制度在清朝的 200 多年的统治过程中功不可没,不仅成为民族文化融合的重要载体,也构成了京津冀古代军事制度文化多元包容的内涵。同时,有学者认为,八旗制度为发展和巩固多民族统一国家的形成,保卫边疆防止外来侵略等方面都作出了重要的贡献[76]。

3.4 军事文学、艺术创作展现爱国包容

我国古代历史长河中,涌现出一大批爱国将领和文人墨客,他们在丰富的军事实践中创造出了如星河般璀璨的军事文艺,这些文学艺术闪烁着军事领域独特的光辉,在精神层面承载、体现着优秀军事文化传统,鼓舞和激励着一代代爱国卫国、戍边安邦的将士,也为我国古代军事文化留下了宝贵的遗产。京津冀地处民族融合前沿地带,多民族政权更迭和混战带来的军事文艺创作通过诗词歌赋、书画戏曲生动形象地表达了当时战况激烈、戍边远征的场景和爱国忠诚、帷幄四方的气质等,孕育出主题鲜明、形式多样、内涵丰富的军事文艺。

3.4.1 边塞诗词展现护国兴军愿望

在我国诗词歌赋的历史上,由于政权争夺与更替的复杂性,地理地貌的多样化,边塞诗无疑占据着诗词歌赋中重要的地位。广义的边塞诗是指和边塞相关的诗歌。它包括边塞战争、边塞生活、边塞风光等。而京津冀地处中原民族地区与少数民族地区的交界地带,其

中边塞战争频发,且涵盖了多个时期的边塞地区。其中各个时期创造出的边塞诗词内涵丰富、独具特色。

远古战争时期,在《史记·五帝本纪》中记载的炎黄阪泉之战,《山海经·大荒北经》中记载的炎黄与蚩尤涿鹿之战,都反映了以简单歌谣形式记录战争的先例;先秦时期,《诗经》中"风"包括了十五个地方的民歌,包括今天山西、陕西、河南、河北、山东、湖北北部一些地方,被称为"十五国风",其中包含京津冀地区的燕、赵、卫等地,展示出诗歌在军事战争影响下人民生活的写照作用,存在许多反映民族交流、冲突、战争相关的主题。京津冀战争生态的描述尤以燕国慷慨侠士的诗歌为主,著名的《易水歌》中描写"风萧萧兮易水寒,壮士一去兮不复还",实际上表达了荆轲义无反顾、慷慨捐躯的基本精神特点,又藉荆轲之身形象诠释并礼赞了流行于先秦时代的武侠豪士和北方民族的侠义精神[77],在很大程度上表达了简单的爱国赴难思想。秦汉时期,随着长城的修筑,防御意识开始在诗歌中展现,筑城为塞、以塞固边成为边塞文化的基本思想,长城的长期分隔使得胡汉两侧的交流存在障碍,但也催生了独特的边塞戍卫文化,这也为后代京津冀地区军事文艺作品的风格奠定了历史特色。残酷严峻的边塞自然风光、频繁激烈的军事征战、加之戍边将士的孤苦思想,共同创造了秦汉边塞诗的鲜明文化特色。

魏晋南北朝时期之后,京津冀边塞诗歌的特点进一步发展。曹操在《苦寒行》中写到"北上太行山,艰哉何巍巍"、"行行日已远,人马同时饥"[78],反映了在严寒时期行军在太行山的艰辛。其子曹植也在《白马篇》中写到"借问谁家子,幽并游侠儿"、"父母且不顾,何言子与妻? 名编壮士籍,不得中顾私。捐躯赴国难,视死忽如归",赞颂了幽并两州(今河北、山西、内蒙部分区域)少年奋勇御敌、视死如归的侠义之气,可以看到,出塞征战者通过诗歌的呐喊,家乡人民通过诗歌对边塞军士的鼓励，均可谓众心思边，一心忧国，慷慨赴疆，舍小家顾大家的精神，甚至可以说，这种精神的形成促使了今天中华民族爱国主义的形成。

《出塞》中描写的“尘沙塞下暗，风月陇头寒。转蓬随马足，飞霜落剑端。凝云迷代郡，流水冻桑干。烽微桔槔远，桥峻辘护难”，气势磅礴，场面宏大，独特的边塞自然风貌起到了推波助澜的作用。独守边疆的凄苦基调的气氛烘托下，边塞将士杀敌护国的精神品质更加闪亮；而在《渡北河诗》中写到的“连旗映淑浦，迭鼓拂沙洲。桃花长新浪，竹箭下奔流。塞云临远腮，胡风入阵楼。剑拔蛟将出，骏惊鼍欲浮。雁书终立效，燕相果封侯。勿恨关河远，且宽边地愁”又侧重于纪实，对战场实况的记录和描写独具风格，同样能够感受到诗人对边塞生活的关切和抒情；裴让之在《从北征诗》中写到“沙漠胡尘起，关山烽涟惊。皇威奋武略，上将总神兵。高台朔风驶，绝野寒云生。句奴定远近，壮士欲横行”，其中孕育着北方游牧民族的独特诗歌风格。唐朝时期王维在《少年行》中写到“出身仕汉羽林郎，初随骠骑战渔阳出身”、“偏坐金鞍调白羽，纷纷射杀五单于”描写了渔阳（今河北蓟县）少年慷慨戍边的思想。岳飞在《送紫岩张先生北伐》中也描写了燕幽（今北京）之地的战况：“号令风霆迅，天声动地陬。长驱渡河洛，直捣向燕幽。马蹀阏氏血，旗袅可汗头。归来报名主，恢复旧神州”。明代于谦著名的《石灰吟》中写到“千锤万凿出深山，烈火焚烧若等闲；粉骨碎身全不惜，要留清白在人间”，充分展现了土木堡（今河北怀来）之变中抗击瓦剌进攻北京的意志取向。北方边塞诗人在诗歌风格上与南方诗歌作者存在截然不同的风格，比较偏重于宏大战场气氛的深刻描写和建功立业的直抒胸臆。在诗歌中歌颂舍身为国、不怕牺牲、英勇善战的英雄气概，逐渐形成了京津冀边塞诗歌的独特风格，诗歌中充满着护国兴军的愿望。

3.4.2 汉调胡琴显示民族文化交汇

京津冀地区作为战争频发地带,在历朝历代的军事活动中创造出了极具特色的军事文学戏剧。作为民间百姓对战事文化的一种情感的表达,军事戏剧无疑在很大程度上展示了战争之于民间的影响和民间之于战争的看法。其中,以宋辽战争中创造的京剧《四郎探母》广为盛行,流传至今,充分反映了宋辽战争时期民族文化的交融,也在我国古代军事戏剧史上占据着重要的地位。

在既定史实上加以文艺演变和虚构是文学作品的特征,军事文学戏剧也不例外,正因如此,《四郎探母》中人物的创造、情节的设置、结局的摆布等方面都相对客观地反映了当时百姓对于战争的基本感情诉求和看法,在整体戏剧的安排上体现了几个主题:"孝子的拳拳之心、母爱的伟大、爱国主义情怀、夫妻的相濡以沫、手足的难舍难分、和平的夙愿"[79]。

从人物设定上,可以看到杨延辉这一角色虽然身背叛逆的角色设定,但在最终仍然体现出了一种对宋朝的爱国之情和对辽国人性光辉一面的敬意。"杨延辉是怀着一种感激之情而留在辽国的。当然,他也并不是死心塌地的愿意忠于辽国,而是身在辽营心在宋,时刻思念着自己的祖国和家人"[80]。我们将其放在历史史实中考虑,也可以看出当时军事戏剧创作者的一种思想愿景。两国交战,民族文化产生了激烈碰撞,在战乱纷飞的时代背景和创作基础上,不排除艺术创作的需要,杨延辉的忠、孝、礼、义展现了民族文化在战争中的体现和弘扬,体现了军事活动本身带来的人性本真的一面。

同样,在情节的设置上,《四郎探母》也展示了民众对于战争本身的一种情绪表达,爱国尽忠、忠奸斗争、正邪较量、战场拼杀等等情节安排恰恰在一定程度上反映了百姓普遍追求的正统思想和文化价值观。

而在结局的设计上,也体现了民族文化交汇的部分趋向。在宋辽战争历史上,公元 1004 年,宋辽两国经过长期的征伐战争和和议谈判,最终结成澶渊之盟,暂时停战,使宋辽两国的民间经济、文化交流和百姓的休养生息提供了暂时安稳和平的环境。但在《四郎探母》军事戏剧的结局设置上,萧太后与佘太君结成亲家,增加了很多演义情节,这也在一方面说明民间百姓对于和平的基本向往,同时,社会意识是社会存在的反映,多民族文化由于频繁的交流开始逐渐消弭,从这个角度考虑,军事戏剧也是民族文化逐渐开始融合的客观反映。

3.4.3　北朝混战致京津冀书家创新

南北朝时期,政权林立,军事征伐不断,其中各民族混战成为主要特征,百姓民不聊生,饱受战乱磨难。鲜卑族的拓跋氏经过不断的讨伐征战,统一了我国北方地区,建立政权,国号为"代",后改为"魏",史称"北魏"。北魏太武帝拓跋焘时代,经历了与匈奴、北燕、北凉等国的征战,统一包括京津冀地区的北方地区。但由于战争频繁,粮食连年不兴,百姓饥荒严重,经济颓败不堪,人口数量锐减,导致文化受到很大程度的影响。北魏上层统治者在统一北方之后开始缓和民族矛盾,主动进行汉化,禁用鲜卑语、禁穿胡服,并身体力行改胡姓为"元"等一系列改革政策。经历频繁的军事实践活动和北魏统治者自上而下的改革,文化日益繁荣,书法艺术进入北碑南帖时代,北魏的碑刻书法艺术得到巨大的发展。

在魏碑书法形制上,一方面受到少数民族征战的影响,融入了鲜卑部落马背上生活所独有的雄武威猛、强悍豪爽的个性特征,同时,源自中原深厚的汉族文化基底深深的影响着整体书法审美标准,书法由之前繁杂的隶书逐渐向简单、朴素古拙的楷书方向发展。京津冀地区书法名家辈出,清河(今河北邢台清河)崔氏、范阳卢氏书法已经树立了河北书坛的领导地位。陈寅恪曾说:"清河崔氏书法在北方,与琅邪王氏书法在南方,具居最高地位。"[81]京津冀地区社会长期战争导致的尚武精神,人们质朴豪放的性格,威武强健的体魄,加之自然地理风貌的影响,都对魏碑这一书法艺术的发展产生了一定程度的影响,在艺术追求上产生着巨大的影响,北魏碑刻拙朴雄浑,坚实有力的艺术风格成为京津冀地区军事实践活动的重要反映,成为京津冀古代军事文艺重要的组成部分。

第四章 冀域军事文化"重智善谋"特色

在以发生在京津冀地区的桂陵、马陵之战,长平、邯郸之战等战役创造出的军事谋略为基础,加之战国时期发展起来的纵横术、兵法谋略等兵学文化的提炼总结,京津冀古代军事谋略文化基本形成。在京津冀历史发展过程中,城池烽燧防御体系的建立确立了京津冀地区重守轻攻思维的形成,黄巾农民起义凝结了战备智慧。丰富的军事实践活动不仅创造了独特的军事价值和文化,也奠定了我国古代基本的军事谋略特点,形成了"不战而屈人之兵"、"四两拨千斤"等重智善谋的东方战术谋略思维特点,开启了我国重谋略重战术的古代军事文化特点,不仅是我国传统文化的重要部分,也成为日益形成京津冀古代军事文化的重要文化基因。

4.1 围魏救赵、退兵减灶彰显军事谋略

军事活动参与者通过对军事活动的实践——认识——再实践——再认识的闭环调整过程,由琐碎、零散的认知逐渐积累成为系统、丰富的经验,并经过全面的总结和深入的思考,逐渐由感性认识上升为理性认识,最终形成了深邃的军事文化理论。其中以战国时期发生在河北南部齐、赵、魏领土范围(今河北省邯郸市以南)内的桂

陵、马陵之战为代表,成为古今中外战史上的经典。在战役中孕育而成的"围魏救赵""退兵减灶"军事谋略文化享誉至今,兼备军事价值和文化价值,对我国现代军事文化建设仍有借鉴意义。

4.1.1　"围魏救赵"——军事谋略文化的代表

(1)"批亢捣虚"作战思维方式的突破。战国时期,受制于中原地区广阔平原地貌和战车的广泛使用,战争方式往往采取多兵力集结大规模集团性作战,军队规模和战士数量往往成为决定胜利的关键。占据战役优势时机,采取速度快、势头猛的正面强攻是诸侯国常用的进攻方式,这便经常使战争进入到消耗巨大的阵地战,双方对峙,待一方出现将士士气下降或战略给养缺乏等情况,另一方采取一鼓作气的方式取得胜利。春秋时期主要作战形式基本为车战,并围绕战车进行战斗人员分配,比较注重系统化配比和阵法调度。商周牧野之战与齐鲁长勺之战等战役普遍都采取两军阵法对垒的方式。

"批亢捣虚"的运用明显有别于一般阵地战的原因在于其改变了直接的斗争意识,其令单一的作战思维变得更加丰富,更加多元化。"围魏救赵"战术中齐军面对军事实力和军队数量优于自己的情况下,孙膑提出"君不若引兵疾走大梁,据其街路,冲其方虚,彼必释赵而自救。是我一举解赵之围而收弊于魏也"[82]。避免与魏军直接正面冲突,采取迂回的运动方式,避敌锐气,调整作战节奏与方向,事实证明更加具备杀伤力。

"曲线救国"往往能够收到奇效的原因在于避其锋芒,出其不意。桂陵战役中孙膑娴熟的用兵技巧充分展现了运动战的强大优势,"围魏救赵"运动作战方式不仅一改阵地战的陈旧套路成为我国古代军事史上的突破,更开启了我国古代军事作战思维的发展、丰富和演变进程。

(2)集中优势兵力各个击破战法初显。在军事战争中兵力优势往往能够决定战争的胜败,而兵力偏弱的一方并非全然没有机会,至少在"围魏救赵"中体现出,兵力较弱的一方在战场特定区域集中优势兵力对兵力较强的一方形成局部优势,再围而歼之的策略是一种有效的办法。"围魏救赵"展示了集中优势兵力形成局部战略优势的做法,尽管一般情况下最好的优势应该体现在总兵力上,但在局部空间上的兵力集中是在以弱战强时应该考虑的作战技术。在桂陵之战中,不论齐军还是魏军战争区域范围较广,空间跨度大,齐军"批亢捣虚"使得魏军处在齐军的"调度"之中,充分牵制了魏军的作战节奏。同时,孙膑"围魏救赵"充分运用了伏击和侧翼的各个击破战术,在面对兵力优于自己的对方部队,根据战争形势变化,合理进行部署,掌握战争主动权,体现出了运动战条件下局部击破和围歼的军事谋略。

(3)军事谋略运用日趋成熟。桂陵一战之后,魏国势力大受打击,齐、魏在东方战场分庭抗礼。而其中"围魏救赵"军事思想的闪现更使得桂陵之战作为我国军事史上以弱胜强的典型战役载入史册。"围魏救赵"中孙膑的战略筹划重点不仅仅体现在攻大梁使魏军回撤,其利用庞涓心理特点攻击平陵,"吾将示之疑"、"吾将示之不知事",给魏军以破绽并巧妙部署作战方针,并不急于直接冲突解决邯郸的保卫,虚实结合,出其不意,闪现出其朴素的辩证思想和高超的军事谋略。以"围魏救赵"为代表的军事谋略文化也充分体现着我国在"文化轴心"时代——德国学者雅斯贝尔斯将从周平王迁都(公元前722年)到秦始皇统一中原(公元前221年)这500多年间称为中国文化的"轴心时代"诸侯纷争重要的军事思想特点,在这期间我国军事活动参与者开始逐渐掌握冷兵器时代军事活动的特点和章法,善于运用军事战争开展政治活动,在战争中对军事谋略的发展有了更深的理解,并不拘泥于简单直接的作战方式,更加注重采取谋略而非硬拼,作战策略更加丰富,我国古代"运筹帷幄之中,决胜千里之外"的谋略文化特点也逐渐形成;在战争中懂得用礼、法、德多种观念结合治军,用军作战的方式都逐渐达到经验的累积,由感性的认识上升为理性的策略,军事策略文化日趋成熟。从这种意义上说,"围魏救赵"战术可以成为我国冷兵器时代军事韬略文化的代表。

4.1.2　"退兵减灶"——军事谋略实施的范本

（1）全局观念制胜。毛泽东说过:"没有全局在胸,是不会真的投下一着好棋子的。"[83]对于战争来说,全局性的战略意识和宏观层面战略决策非常关键,对战局的总揽是军事决策者进行军事部署的第一步。我国古代素有"不谋全局者,不足以谋一域"的军事哲学思想。首先,统领全局者必须着眼全面;其次,整体目标的取得来源于局部作用的充分实现,兼顾局部必不可少;再次,整体与局部间的辩证统一,在整体谋划中充分协调好整体与局部的关系。我国古代军事谋略一直有着辩证的哲学思维,因此作为军事统帅,战场整体与部分的关系是做出决策的基础,在明确作战目标时,既要考虑到下一步的行动,又要协调好整个战局的态势,整体系统观念和宏观全盘的运筹能力自古以来就成为我国军事将领必备的素质。马陵之战中"退兵减灶"战术应用充分体现了孙膑军事思想的全局观。"减灶诱敌"的基础是全面洞悉战争局势,孙膑在对战争局势有着充分全面的了解后,对战事保持高度敏感和掌控,在做出指挥的时候充分考虑下一步的敌我双方的位置与态势,减灶示弱,并精确掌握魏军追击的速度及进程,巧妙把握减灶后退的节奏,在马陵设下重兵诱敌入伏,充分展示了军事战略全局性思考在军事活动中的重要性。因此,"减灶诱敌"是我国古代军事韬略文化中运用全局性战争思维制胜的典型代表。

（2）心理战的运用。我国古代心理战的历史十分悠久,我国古代军事家对于心理战的理论和实践也十分丰富。《孙子兵法》中曾记载："百战百胜,非善之善者也;不战而屈人之兵,善之善者也","攻心为上,攻城次之"[84]。诸葛亮也曾提到"夫用兵之道,攻心为上,攻城为下;心战为上,兵战为下"[85]。韩信楚歌攻心败项羽,赵奢抛梁轻取麦丘,张巡"蒿人得箭,死士砍营"等均证明心理战往往能够取得奇效。而将帅是军队的最高组织者和直接指挥者,往往军事决策的下达完全依赖于军事统帅的作战思维和对局势的判断,孙膑在马陵之战中抓住魏军轻敌和庞涓急于建功的心理特点,制定战略规划,制造假象,能而示不能,充分利用了魏军将士和庞涓的心理特点,对魏军统帅庞涓的心理产生影响,使魏军认为齐军军心大乱、节节败退,因而一步一步滋生求胜心切的心理,最终陷入齐军设下的包围。中国古代战争历史进程中,历朝历代将士临战用计用兵,以心理战获取战争胜利的例子,数不胜数。"退兵减灶"战术成为其中经典战术不仅显示了善于利用对方部队尤其是对方最高军事指挥官特点和弱点是制胜的关键因素,也是我国古代心理战术制胜的典型。其重要作用在于对我国古代军事价值观的塑造和对军事思维方式的创新。可以说,马陵一役孙膑确立了心理战的在我国古代军事韬略文化中的重要地位,攻敌于心的谋略方法也给京津冀古代军事文化发展注入了新的活力。

(3)"设伏歼敌"的军事预测文化。限于信息传递的距离和速度,在古代战争中,情报工作往往并不能够发挥出占得"先机"的优势。《孙子变法》中曾有言"知己知彼,胜乃不殆",充分显示了只有在充分了解地方部队情况的基础上才能取胜的道理,了解地方部队的最简单的途径就是掌握其第一手军事讯息,但在古代军事科技发展水平有限的情况下,熟悉对方部分基本情况,很大程度上依赖于军事指挥者的判断。这种判断既要符合古代战争基本作战规律,又要基于具体战争条件,因此军事预测的准确程度取决于军事指挥者战争经验的积累和对瞬息万变的战争条件的捕捉和反映。我国古代军事预测作为军事活动中不可或缺的条件早已被诸多军事家总结成理论系统,并在实践中逐渐丰富完善。马陵之战中,孙膑知己知彼,在基本战争形势的观察下精确判断魏军的动向,使其在最合适的时间、地点陷入齐军的伏击。在佯装后退的过程中孙膑需要对魏军的进攻方向、时间、路线、速度有着相对精确的拿捏,才能够在准确的时间和地点保证战略战术的实施及争取最大的战争效益,这就是军事预测对于战术实施的重要作用。马陵之战中"退兵减灶"战术体现了高超的军事智慧和军事指挥上的主动性、灵活性和先进性,突出了孙膑战术巧妙且灵活性极强的特点,其对军事预测的重视也逐渐发展成为我国古代军事谋略文化的重要特点之一。

4.1.3　策略至上——东方战术思维的特点

"围魏救赵""退兵减灶"战术的启迪作用在于其能够运用丰富且变化多样的军事谋略将战争局势控制住,因利制权、为势于外,在不断的思想战术交锋中取得的战争的最终胜利,军事预测、心理战术、避实击虚、运动作战、迂回包抄等战术谋略的产生构成了古代军事谋略文化的丰富内涵,也直接影响了我国古代军事谋略文化的发展。

(1)创造实战性谋略文化。从军事技法层面上考量,桂陵之战、马陵之战无疑是京津冀地区范围内古代军事思想的杰出代表,其孕育的"围魏救赵""退兵减灶"思想也是我国重要的兵法战略。在桂陵、马陵战役过程中,齐国孙膑分别通过重视军事预测、采取心理战术、巧妙"批亢捣虚"、创造性地采用运动战模式、对追击敌军进行伏击等等一系列战术谋略,在实践中构成了,最终结局也证明孙膑这一套"组合拳"十分具备成效。无论"围魏救赵"还是"退兵减灶"都在一定程度上融入了先秦时期我国古老的哲学内涵,在无数军事实践中产生的诸如"伐谋""伐交""不战而屈人之兵""运筹帷幄之中,决胜千里之外""攻心为上、攻城次之""尚智重谋"等等军事谋略文化构成了完整的军事谋略理论系统,在这种谋略文化中我们可以看到兵家、道家、法家、纵横家等等谋略文化学派的理论,充满着全局着眼、奇正相生、遵从规律、智圆行方的辩证思维方式。在桂陵之战、马陵之战孕育出的"围魏救赵""退兵减灶"谋略战术充分展现了我国古代"不战而屈人之兵"的军事思想文化。其中"尚智重谋,慎战节武"的观念已经深深地融入在我国古代哲学中。同时,基于京津冀地区丰富的军事活动,谋略文化的产生来源于军事实践,其在解决军事问题的初衷上诞生,具有极强的可操作性和实效性。毛泽东在《抗日游击战争的战略问题》一文中指出:"如果敌在根据地内久据不去……即以一部分留在根据地内围困该敌,而用主力进攻敌所从来之一带地方,在那里大肆活动,引致久据之敌撤退出去打我主力;这就是'围魏救赵'的办法。"[86]可见"围魏救赵"的军事思想具备恒久的生命力和军事谋略价值。在各种地形各种形势的战役条件下,发挥"围魏救赵""退兵减灶"的灵活机动性特点能够破解僵持不下的战局。且这种谋略的实战性特点并不局限于某一具体战争,其普遍性对任何形式的军事战略都有所裨益。由此,我们可以说,"围魏救赵""退兵减灶"军事谋略文化是一种富于哲学内涵的实战性谋略文化。

（2）造就东方战术思维特点。民族文化、传统观念总是在不知不觉中影响着军事理论和战术思维方式的发展。中国古代军事思想在我国军事实践的影响下产生了不同于西方国家的军事思维,中国古代谋略文化以其丰富的思辨方式和巧妙的策略应用明显有别于西方军事文化。

纵观世界战争史,西方战争中并不常见"围魏救赵""退兵减灶"式的作战方略。桂陵、马陵之战所处的公元前 400 年—公元前 200 年间,欧洲处在古罗马共和时期,在公元前 500 年到公元元年的 500

年时间内,欧洲大陆经历了希波战争(公元前500年—前449年)、伯罗奔尼撒战争(前431年—前404年)、三次布匿战争(公元前264年—前146年)、三次马其顿战争(公元前215年—前168年)等大型战役。在这些大规模战争中军事实体皆依赖于正面战场的交锋,更加侧重军队战斗人员数量和军事武器装备实力的比拼,如第一次布匿战争中迦太基与罗马在地中海的争夺正是因为迦太基在军队建设上的轻视,从而在海上争霸中一败涂地;马其顿战争中马其顿方阵的出现虽然带来了军事作战方式和兵种的多样化,但多兵种协同作战仅仅针对一场战争中正面战场阵法的策略,仍然缺乏中国古代战争中军事统帅对整体战局的考虑,对区域协调、调动、合纵连横等军事谋略的运用也鲜有体现。《战争论》中提出:"在目前的欧洲,即使是具有非凡才能的统帅,也很难战胜比自己多一倍兵力的敌军……在一般条件下进行的各种战斗,我们抛开其他方面的条件不管,只要兵力在数量上具有绝对的优势,甚至不需要超过一倍的量,一般而言就足以取得胜利了……因此,具有决定性的兵力优势,在当时的欧洲是非常重要的。"[87]由此可见,备受中世纪骑士决斗因素影响和崇尚科学技术的社会环境的影响下,西方军事活动更加注重"量"的比拼,依靠大规模军队正面硬拼,兼备技术力量、武器使用,构建线性进攻体系整体推进或后撤,快、准、狠的正面突击是西方军事家常用的作战方式。而注重策略、虚实结合、以柔克刚、以弱胜强的辩证谋略思想和"计""谋""权""策"结合的军事原则在我国古代军事活动中常有体现。总的来看,西方战术重视正面交锋和军事技术的使用,崇尚"雷霆万钧"的力量和速度打击,而东方战术重思想谋略和博弈纵横,力求"四两拨千斤"的效果。可以说,"围魏救赵"是典型的东方谋略在具体战役、战术行动的体现。可见桂陵、马陵之战中创造的军事谋略文化不仅是我国古代军事文化的重要组成部分,在世界范围内也独树一帜,成为东方古代军事文化中的重要代表和标志,引领着古代世界军事文化的先进水平。

4.2　邯郸之战、鬼谷策略体现纵横捭阖

4.2.1　军民一心,合纵战术破强秦

公元前 260 年,秦赵长平之战爆发,赵王急于求成临阵将毫无作战经验而"纸上谈兵"的赵括替换"坚壁疲秦"的老将廉颇,大败于秦将白起,秦国远交近攻在长平之战全歼赵军 40 万并尽数坑杀。赵国割让六城与秦,秦攻赵都邯郸(今河北邯郸)。

长平之战失败后,秦将白起面对投降的赵兵,采取了极端残暴的行为,他认为"赵卒反复,非尽杀之,恐为乱"[88],于是坑杀 40 万赵军,只放回幼小士兵 240 人回赵国报信,以示秦国君威。但是,这一行为非但没有达到大振秦国君威的效果,反而使得赵国军民明白,投降是没有用的,客观上促使了赵国整顿军务,坚决抗秦。主观上,赵国君臣为了缓和国内因战争失利的内部矛盾,积极发展农业生产以备战时军需,整顿军备,巩固国防。赵国上下士气高涨,务农耕、修兵甲、缮城守、抚遗孤,同时不断采取各种措施激发军民士气,以达到举国上下对秦愤恨,坚定同仇敌忾、万众一心、誓死抗秦的决心。平原君赵胜率先做出表率,将私人财产充入军费,同时派私家妻妾进入军营,为赵国士兵缝补洗涮,大大地激发了赵国百姓与士兵的士气。这样一来,赵军更加具备坚决肯定的军事精神坚守邯郸,奋勇抗秦。在对外战备方面,赵国坚持积极防御、坚守邯郸、持久避敌、以伺外援的战略方针,积极联合其他诸侯国,在争取魏、楚两国支持的过程中,平原君通过各种内政外交方式,对魏楚施加压力,促使联军救赵。魏国首先命晋鄙带军救赵,同时平原君赵胜亲自带领毛遂到楚国寻求联合,利用秦楚之间的旧根激发楚国君臣,请求援助一致抗秦。秦国

则派使者威胁魏王使其观望不决,最终平原君求助魏公子信陵君,信陵君在"数请魏王及宾客辩士说王万端。魏王畏秦,终不听公子"[89]之后,提出要"约轻骑百余乘,欲以客往赴秦军,与赵俱死"[90]。最终劝说魏王妾如姬,盗取魏王虎符,赶至汤阴,杀晋鄙,夺取军权,挑选精兵八万,与楚军协力猛攻秦军。公元前 257 年,平原君组织三千敢死队突击秦军得手,秦军败退,同时魏、楚援军乘胜追击大败秦军,赵国取得邯郸战役的胜利。

4.2.2　决策正误,军事策略有启迪

平原君在斡旋中运用的"合纵思想"是我国战国时期宝贵军事思想,蕴含着丰富的辩证哲学思想,它体现了除秦以外东方六诸侯国之间的矛盾对立统一:既包含了六诸侯国在对抗秦国上统一的一面,同时也包含六诸侯国国家之间矛盾不可调和的对立方面。这在"邦无定交、士无定主"的战国时期十分常见,纵者通过抓住六诸侯国与秦之间的矛盾对立方面,即根据六国共同面对强秦日盛方面的一致,合纵成集团一致对抗秦国。韩、魏地处中原地带,军事地理位置十分重要,其实力又相对较弱,以赵国为代表的诸侯国便采取各种军事、外交手段进行拉拢以抗强秦。秦国则采取连横策略对抗诸侯国,横不成则纵,纵不成则横,使得整个战国的中、晚期充满了合纵、连横运动。应该看到,合纵连横的策略是战国中期特定历史阶段的产物。随着中原日趋一统,七雄并立的格局被打破,我国古代这一特殊军事思想便无用武之地,但其军事文化价值不能被磨灭,是我国古代军事文化中重要的部分。

而秦国在此役失败的原因也具有军事意义,长平之战之后,秦将白起看到了赵国战备产生的变化,认识到了赵国团结的内部力量和坚决的战备决心,同时战争形势不利于秦国攻赵,认为赵国"臣人一心,上下同力,犹勾践困于会稽之时也。以军伐之,赵必固守。挑其

军战,必不肯出。围其国都,必不可克。攻其列城,必未可拔。掠其郊野,必无所得。兵出无功,诸侯生心,外救必至。臣见其害,未睹其利"[91]。但秦王并没有采纳白起的意见,同时白起表示"宁伏受诛而死,不忍为辱军之将"[92],秦昭襄王恼羞成怒,下令罢免白起,降为士伍,又令其自杀。对外,秦国在取得包括长平之战在内的一系列胜利之后,逐渐形成了一统中原的趋势,其本可以加快统一各诸侯国的进程,但白起坑杀40万赵国降卒起到了不好的影响。各诸侯国军民对秦国的惶惧与悲愤日盛。不仅仅是赵国,各诸侯国都意识到以单独的力量抗秦十分困难,"合纵"政策则成为了诸侯国的选择。因此可以看到,秦国在邯郸之战中失利的重要原因是对战势认识不全面,采取了错误的军事策略,知己知彼方能百战不殆,对战争全局的把握、军事指挥官的军事决策、军事与外交形势相结合等方面都是我国古代军事战争留下的宝贵财富。

4.2.3　《鬼谷》"纵横",军事外交新策略

鬼谷子是春秋战国时期伟大的纵横家、军事家,其人生平说法不一,但基本可以证实,提起纵横家,就必然联系到鬼谷子及《鬼谷子》。在今河北省临漳县古邺都鬼谷子祠堂内有一通石碑,该石碑保存完好。碑的阳面有横眉"流芳百世",竖题"鬼谷子祠万人助工碑",是对鬼谷生平的有力史学记载。《史记》中记载:"张仪者,魏人也。始尝与苏秦俱事鬼谷先生,学术,苏秦自以不及张仪。"[93]"苏秦者,东周雒阳人也。东事师于齐,而习之于鬼谷先生。"[94]战国时期,纵横家在政治及外交领域所发挥的作用是其他诸家所难以比拟的。《鬼谷子》作为纵横家目前仅存的理论著作,代表的纵横文化十分广泛。其通过阴阳与"捭阖"之间的相互联系以及阴阳捭阖思想对纵横游说活动进行理论指导。该书包含了丰富的谋略学思想,可看作是一本中国古代谋略学的理论专著,蕴含着矛盾对立统一的朴素哲学规律。

鬼谷子不仅是纵横家,其思想闪现着军事谋略文化,战国时代由于诸侯纷争日盛,各诸侯国之间的利益和损失常常处在动态之中,合纵连横便成为了有效的军事和外交方式。《战国策》中《苏秦始将连横》曾记录,苏秦凭借鬼谷连横之术游说秦王,但秦王不为所动,其便以合纵之术游说赵王,则大获成功。同样,鬼谷子的又一弟子仗义以连横之说游说秦王,最终秦王用张仪一统天下。这些充分说明合纵连横之术在战国时期各诸侯国军事交往中起到的重要作用,有言纵横家"一怒而诸侯惧,安居则天下熄"。[95]总的来说,纵横学派的特点是以口舌为武器进行外交对抗,以减少战争所带来的利益损失。纵横学说为战国时期诸侯国之间外交和军事提供了新策略,基本符合我国古代军事文化中"不战而屈人之兵"的谋略文化特色,是我国古代军事文化的重要组成部分,具备文化价值与军事价值。

4.3　城池烽燧、防御体系凸显重守轻攻

4.3.1　世代屏障北长城

京津冀境内现存燕北长城、赵北长城、秦长城、汉长城、北魏长城、北齐长城、唐长城、金长城、明长城,其中燕北长城分布于沽源县至内蒙古多伦境内。赵北长城东端起点位于张家口市,终点为内蒙古兴和县界,赵北长城破坏严重,大多数地段被秦代、汉代、北魏、北齐和明代所修缮利用。秦长城西段由内蒙古兴和县进入张家口市怀安县与尚义县交界处;东端秦长城又向北,沿用原燕北长城。京津冀古代长城防御体系在我国古代军事史和建筑史均占据着重要的地位。在历史上,长城被视为中原王朝和周围民族政权的边界,农耕与游牧民族的分界线,虽然地理跨度广,构造狭长,但其并非是单纯的线性分布,而是一个保持一定纵深,组织严密、系统完整、结构复杂、有条理、有层次的军事防御体系,由长城本体、军事防御性聚落、信息

传递系统等军事工程和其他防御工事组成的长城防御体系突出体现了古代军事战争中立体型防御格局和守备京都的军事文化,成为古代军事边镇军事文化中重要的一部分,日夜守备和时刻御敌的思想更加深了京津冀古代军事文化中独有的爱国御敌精神。

4.3.2 京师锁钥宣化城

宣化(今河北宣化)城历史悠久,地理位置十分重要,素有"京师锁钥""神京屏翰"之称。尤其明代,宣府镇是生死攸关的边防重镇。古城始建于唐代,现存的宣化城建于明代初期,已有 600 多年的历史,"其城雄阔甲于他郡",素有"京西第一府"之称。这一座相当规模城池的兴建,与其重要的地理位置是分不开的,它是北方游牧民族和中原农耕民族交融地带,是蒙古高原通往中原的重要通道,历代为北方军事要地。宣化城初为土城,规模不大。它得以展筑,是在明王朝建立初期,被击溃的元朝蒙古部族,仍然窥视中原,为了加强北部边防,明王朝在长城一线建立了九座镇城,称之"九镇"或"九边"。朱元璋为了加强九边的防御和统治力量,又将 9 个爱子分封为藩王,镇守九边,这些藩王也被称为"塞王"。九藩管辖的范围大致与九镇相同。边镇治所所在的城市称之为镇城,藩王所在的城市称之为王城。九边中,有的镇城和王城分设,有的镇城和王城合二为一。宣化古城是九边重镇之一宣府镇的治所,是镇藩合一类型城市的代表。宣府镇作为九边重镇,与北京仅一山之隔,拱卫着坝上的外长城防线和居庸关的内长城防线,战略意义特殊而重要。于是,朱元璋将宠爱的皇十九子朱穗封为谷王,驻藩宣府镇。宣化古城的修建主要意在突出军事需要,表现在城防高大坚固方面,以增强抵御强敌入侵的攻防能力。由于明朝政府收缩北部防线,将一些孤悬塞外的卫、所内迁,这导致了宣化城直面北部敌人,1441 年至 1482 年,历时 41 年,宣府镇巡抚罗亨信砖包宣化城墙(即历史上的罗抚包城),使宣化城防更加坚固,增强了宣化城的防御性。

由宣化城凝聚成形的宣府镇边镇军事文化精髓一直是后世京津冀地区人民精神的主流和内核,长期巩固长城防线的军事实践活动使京津冀地区人民养成了尚武善战的性格品质,但同时也根固了重防守轻进攻的军事思维。

4.3.3　固若金汤居庸关

在长城沿线分布着众多关隘,居庸关(今北京)是长城防守的重点关隘,也是出入长城的要道,平时查验过往的商旅和行人,战时可闭门以御平犯之敌。依据地形条件和防御需求,在重要的关隘处筑城、设险并建筑起与城墙相连的封闭性城堡,就是关城。居庸关处在长城防线的关键地位,军事战略意义重大,从宏观的地理形势看,居庸关地处太行山与军都山交界,控制着京师通往漠北最便捷的孔道——军都陉,出南口往南是一望无际的华北平原,京师门户洞开,从居庸关到西南之紫荆关,东北之古北口间,全部是高山陡崖,车不能方轨,骑不得并行。从微观的地貌形势看,居庸关各关城隘口建在险山沟壑之中,为堡寨城池提供了天然的屏障。居庸关代表了明代张家口地区以长城为主要防线的防御军事文化,向北御敌之意图造就了京津冀地区人民临阵以待、未雨绸缪、骁勇善战的性格特点。

4.3.4　"武城"威严张家口堡

长城脚下卫所、关隘、城堡星罗棋布。明仁宗、宣宗时期,明王朝对蒙政策调整,北方军事防线开始收缩。沿长城修筑了为数众多的城、堡、墩、台,并设立了都司、卫、所等军事建制机构。张家口即是其中典型的代表。清代张家口作为北方贸易的中心和集散地,政治、军事和商业地位逐步提高,张家口在城市职能的定位上有一个过渡的过程。即在张家口堡内外形成布局密集的民居和商号,反映了明清时期张家口从军事防御为主到通商为主的历史演变过程。明朝宣德四年(公元 1429 年)张家口堡创建,止于隆庆五年(公元 1571 年)"隆庆和议"的订立,张家口堡承担的主要功能都是为对蒙军事防御职能,其城市建设、居民组成均具有明显的军事防御色彩,是北方长城防线上的一处十分重要军事城堡。

明朝隆庆、万历年间,形势发生了重大变化,明廷与蒙古俺答部之间化干戈为玉帛,实现了茶马互市。公元 1571 年,六个马市被中国朝廷正式确认为合法边界贸易口岸。在这些口岸,游牧部落可以用他们的马匹来换取中原的银两以及其他货物。其中,张家口凭借地理优势,最终成为现代中国和蒙古之间最重要的关口,也是最主要的马市。自此,张家口堡子里开始由单纯的军事城堡演变为兼有贸易功能的边境核心城市,从而进入了一段政治、经济、文化发展的黄金时期。

长城军事防御体系衍生出的军事文化影响着京津冀地区人民鲜明的爱国精神、英雄品质和文化品格,反映着京津冀军民的价值观和精神状态,指导着京津冀军民的思维方式和行为方式,也影响着京津冀地区后世军民的价值取向。但同时,拱卫京师的政治军事因素也为京津冀地区人民带来了重守轻攻的军事文化特质,对京津冀地区长期以来的政风、民风和士风产生了重要影响。

4.4 黄巾起义、道义结合凝结战备智慧

黄巾农民起义产生于东汉末年,是我国历史上最大的一次以宗教形式组织开展的农民战争。汉灵帝光和七年(公元 184 年),朝政疲弱,将相不和,战事不断,经济不堪,以宦官、外戚演化而成人的豪强地主占有大量土地财产,时常欺压百姓,又逢天灾遭遇大旱,百姓苦不堪言,于是走向集体起义的道路。巨鹿(今河北省平乡西南)人张角以太平教传授为军事集合途径,以"苍天已死,黄天当立,岁在甲

子,天下大吉"为起义口号,组织了包括青、冀、幽、豫、兖、荆、扬、徐八州的农民教徒,区域覆盖黄河中下游地区和长江中下游平原地区,经过十几年准备,斩木为兵,揭竿起义。虽然最终起义结果是失败的,但其衍生出的军事文化在军事组织策略、历史影响、宗教道义传播、农民战争文化等方面凝结了丰富有益的战备文化,仍然具备一定价值。

4.4.1　黄巾起义开创农民起义战争新局面

黄巾起义八州并发,这本身就反映出其军事作战准备的充分性。考虑到时代背景,大量的土地兼并和连年干旱使得农民生存变得极其困难,起义的充分条件具备,但需要一定的组织形式。

首先,我们可以看出黄巾军体现出一定的军事组织特色,即巧妙地利用宗教形式,尤其是农民的思想改造,进行充分准备,虽然仍然难以避免其小农阶级的局限性,但张角在起义准备上,已经是当时我国古代农民起义准备最为充分的一次了。时局艰难,广大农民百姓本就衣食难保,又遭受瘟疫的频繁袭击。张角则借助瘟疫肆虐的时势,以治病救人的方式传播太平教,以教义感化万民,使广大贫苦农民成为教众。慢慢地,地方郡县越来越广泛的人群开始信奉张角所传授的太平道,甚至在特定区域内还形成分散的道教团体。经过张角十数年的传播和布施,太平道思想日盛。在宗教神学的控制下,黄巾农民起义的思想组织实际上已经形成,且受众广,传播远,影响力深,这种组织很大力量上助推了黄巾起义的成行,在群众基础和作战力量上都扎好了坚实的基础。这在我国军事起义历史上实属罕见,尤其是在农民起义的历史中,开创了新的作战组织形式,我们可以看到清末太平天国起义也是采取同样的方式,但黄巾起义要早于太平天国起义很多年。

其次,多点部署,遍地开花,各地同时揭竿也是黄巾农民起义的一大特点。八州并发在覆盖范围上囊括了大部分北方地区,并且在各起义地区设有地方起义将领,由张角统一领导,并制定统一作战计划,在公元184年3月5日同时揭竿而起。"但在起义前,叛徒唐周告密,在这种危急的情况下,张角率众提前起义,竟然成功。没有严密的、长期的组织工作,是难以办到的。"[96]为了使起义顺利进行,信奉太平教的数十万教众被张角按照地域划分成若干个小团队,团体设领袖,并继续传授太平教义培养弟子,形成整体上庞大的起义军队伍。同时张角为便于起义军战场调度和统一指挥,设置了三十六"方","大方万余人,小方六七千,各立渠帅"[97],于是各地黄巾军组织成为一个整体,互联互通,不仅保证了起义范围内军队体系的完整,也保证了军事情报信息的流通和传递,提高了起义军作战初期的效率。这在军事战争准备尤其是农民起义战争作战准备上起到了进步意义。

4.4.2 起义进程推动社会经济生产的进步

谈到黄巾农民起义的历史作用,考量其时代背景和社会现实是重要的依据,历史唯物主义强调社会存在的重要性,列宁在《第二国际的破产》中提出革命形势的三个主要特征:第一是统治阶级不可能照旧不变维持自己的统治,第二是被压迫阶级的贫困和灾难超乎寻常地加剧,第三是由于上述的原因,群众的积极性大大提高。黄巾农民起义爆发的重要原因是豪强地主土地兼并频繁并对农民进行残酷地欺压,加之政治腐败、生产凋敝、天灾连年,农民必须通过武力斗争为自己赢得生存的空间和权力。显然,农民起义战争不能直接创造社会生产力,以此推动社会的进步,但农民阶级与地主阶级的斗争正是"社会变革的巨大杠杆"[98]。黄巾起义军通过武力抗争沉重打击了豪强地主,争夺了大量的土地财产,将大批的土地又重新交还到农民自己手中,在一定程度上暂时遏制了土地兼并现象的持续发展,大规模自耕农的重新出现使以个体小农经济为基础的古代封建经济得到回复和发展,渐渐地,农民生产积极性逐渐提高,对于土地的掌控权使得生产由凋敝转化为繁荣。毛泽东在《中国革命和中国共产党》一文中曾概括地指出:"中国历史上的农民起义和农民战争的规模之大,是世界历史上所仅见的。在中国封建社会里,只有这种农民的阶级斗争,农民的起义和农民的战争,才是历史发展的真正动力。因为每一次较大的农民起义和农民战争的结果,都打击了当时的封建统治,因而也就多少推动了社会生产力的发展。"[99] 尽管黄巾起义失败了,但其不仅瓦解了汉王朝的统治,导致军阀割据、三国鼎立的局面形成,同时也对封建地主阶级造成了实际性的打击,减轻了封建生产关系对生产力的拘束,使得封建社会的生产力继续向前发展。

4.4.3　农民起义与道教文化传播相互影响

太平道的成立是我国道教文化史上的重要事件,在一定程度上标志着中国古代道教正式登上历史舞台。东汉末年,尤其到恒灵二帝执政时,社会政治黑暗,外戚宦官争权误国、帝王无道、水火兵病之灾流行、人民生活苦不堪言。低颓复杂凋敝的社会政治经济环境使得百姓有了对幸福生活的深刻向往,加之天灾频发,"五州雨水","连年灾潦,冀州尤甚","冀部比年水潦","春夏连旱"[100],百姓大众产生了"致太平"的愿望,于是也给道家思想的发展和太平道的产生提供了土壤。东汉末年,老子的道家思想在社会中下层范围内已经产生了影响,这也催生了太平道的产生,太平道的政治目标是推翻封建的东汉政权的统治局面,建立起众望所归的太平盛世。在某种意义上,太平道促进了农民起义的产生,同时也出现了宗教性质的起义组织,对太平道的传播起到了助推作用。与此同时,汉末的思想文化发展达到了一定的高度。一方面,老子的道家思想已经颇有影响,黄巾军将其作为推翻统治者的工具,促进了早期道教的基本形式——太平道教的产生。另一方面,太平教的出现非常符合当时社会的客观形势。《太平经》是太平道的主要文字传播载体,即对包括黄巾军在内的时代百姓对于"太平""大吉"等期待、愿景的系统表达。《太平经三合相通块》中记载:"天气悦下,地气悦上,二气相通,而为中和之气,相受共养万物,无复有害,故曰太平。"[101]这种典型的宗教教义传播,正增加了对太平社会的解释,非常符合当时百姓对于理想社会的期望。同时,太平道教通过治病救灾的形式给百姓带来了切实的慰藉和帮助。这在从另一种意义上来说,黄巾军起义也是一种宗教的传播形式,通过组织农民起义,建立了早期道教的宗教信仰群众基础,促进了我国早期道教形式的传播和发展。

4.4.4　平等平均意识和尚礼重义思想兴起

黄巾起义是我国古代农民起义中平等平均思想的典型社会实践体现,黄巾农民起义覆盖冀、幽、青、徐、兖、豫、荆、扬八州地区,范围广,影响力大。范文澜说:"黄巾式的起义,在中国历史上有悠久的影响。"[102]在黄巾军组建过程中,张角称作天公将军,张宝称作地公将军,张梁称作人公将军。通过起义军首领的名称便可以看出,"天公""地公""人公",基本代表起义军的基本原因和目标趋向,实际上也蕴含着主张财产公有,反对贵族特权的基本思想萌芽。"农民起义中平等平均思想在封建社会中期,表现为反对人身奴役,争取生存权利。反对奴役,争取生存权,是这一时期经济剥削、政治强制与反剥削、反压迫形势的反映"[103]。从这个角度上考虑,黄巾农民通过武装起义的形式反对统治阶级的残酷压迫,争取广大农民的基本生存权利,正是古代农民起义中平等平均思潮的深刻体现。

在我国历史上,农民起义以其规模大、频率高、影响范围广的特点与西方产生明显的不同,同时规模、频率、影响范围远远超过西方。

简单地看,中国复杂的阶级矛盾(农民阶级反抗地主阶级压迫)是其中重要的原因之一,但也应该看到,这并不是全部,在以黄巾起义为代表的京津冀古代农民起义纲领、性质、诉求等方面充分证实了我国古代农民对于统治阶级不施仁政的情况采取了极端的暴力形式,简单地说,是农民阶级为维护古老的君民礼法或维护封建地主阶级对自己的"劣政"而采取的斗争,更深层次上考虑,是推动封建统治礼法的建立与健全而进行的斗争,萌发了尚礼的文化种子。同时,黄巾农民起义从备战到作战,从起义纲领到组织体系,都凝结了农民阶级丰富的战备智慧,成为古代军事谋略文化重要的一部分。

第五章　冀域军事文化"创新进取"理念

从春秋战国时期起,京津冀军事器具文化方面的更新突破便具备着创新意义,不仅实现兵器制造的作战实用性和美学价值共存,兵器制作也充满着朴素的哲学思想。不论从铸造数量、兵器威力、制造水平、铸造质量制造工艺等方面还是文化形象都是京津冀古代军事文化的重要表现,也是区域文化的突出表达。"胡服骑射"改革、《练兵实纪》兵学文化的传承和发展也源源不断地给我国古代军事文化注入了新鲜的活力。在长期的军事历史实践过程中形成了京津冀地区敢于创新、勇于进取的"创新进取"军事文化理念。

5.1　胡服骑射、赵王改革勇于制度创新

5.1.1　战争背景倒逼军事改革

先秦时期,兼并和反兼并战争一直是军事活动的主流。战国中后期,由于诸侯纷争加剧,战国七雄之间的兼并战争逐渐增多。在战争频繁的时代背景之下,富国强兵、具备抵御侵略和拓张领土的强大军事实力是各诸侯国所追求的目标,因此出现了诸多针对诸侯国发展的变革,如魏国李悝改革、楚国吴起变法、秦国商鞅变法等等,虽然改革方式各异、效果不一,但各诸侯国基本上都是通过改革打破固有

制度缺陷,发展生产,招募军队,增强自身实力。

赵国根源于晋国,赵国建立的奠基者赵氏是晋国的卿族,在晋国有着很长时间的历史发展。直至公元前406年,周威烈王封韩、赵、魏三家为侯国,正式承认了其三家的诸侯地位,这一历史事件即韩、赵、魏三家分晋。赵国建国之初即是战国时代的开端。在公元前386年,赵敬侯迁都邯郸(今河北省邯郸市),其疆域地跨今河北东南部、今陕西东北部及今山西中部。"自常山以至代、上党,东有燕、东胡之境,而西有楼烦、秦、韩之边……"[104]由此可见,赵国所处位置居于诸侯国之中,接壤诸侯国较多,周边被代、上党、燕、东胡、楼烦、秦、韩、中山、齐、魏、卫、林胡等多国包围。在地理地势上看,赵国所处平原之中,沃野千里,四通八达,处在"四达之地",也号称"四战之国",军事地理位置十分显要,属于兵家必争之地。迁都完成之后,赵国则正式进入中原地区诸侯争霸的格局之中。

战国七雄之中,燕、韩、齐、魏、秦五国因与赵国接壤,与赵国连年摩擦战争不断。与五国相比,赵国军事实力并不占优,加之周边少数民族政权侵扰,赵国常常处在实力超群的大国和能征善战的游牧民族的夹击之中,处境复杂。其中最令赵国头疼的是北方游牧民族,尤以三胡(林胡、东胡、楼烦三支北狄部落)为代表,三胡以骑兵为主要战斗群,作战方式以骑射为主,速度迅猛且机动性强,时常利用骑兵侵扰赵国,破坏赵国的农业生产和政治稳定,给赵国人民的生活带来困扰。而赵国地处平原,作战方式以传统的车战为主,面对轻巧的三胡骑兵无法发挥优势,常常在三胡骑兵的闪击战中处于劣势。因此,赵国在中原地区的处境常常处在被动地位,若想在诸侯国之间生存下来,就要改革,就要强大。所以说,基于战争的大环境、大背景,使得赵国不得不被迫地进行政治军事改革以图生存。

5.1.2　厉兵秣马强大军事实力

《史记》中提到:"我先王因世之变,以长南藩之地,属阻漳、滏之险,立长城,又取蔺、郭狼,败林人于荏,而功未遂。今中山在我腹心,北有燕,东有胡,西有林胡、楼烦、秦、韩之边,而无强兵之救,是亡社稷,奈何? ……吾欲胡服。"[105]赵武灵王十七年,赵国开始一系列自上而下的改革措施。首先,推广胡服。从社会风俗入手,赵武灵王推行部分胡人的风俗习惯,自王室贵族起,带头穿胡服、用胡带,形成以奖励胡带为荣誉的方式,逐步使社会吸纳胡人风俗习惯。其次,组建骑兵。赵武灵王在靠近胡人的地方招募骑兵,打破原有的军籍制度,选拔能骑善射的士兵组建骑兵,努力训练骑兵队伍的战斗力。再次,引进胡马,收编胡兵。中原地区的马匹并不适用于骑兵,因此赵武灵王开辟马场,引进胡马,集中训练供骑兵所用,收编楼烦兵,加入赵国的骑兵队伍,增强骑兵实力。最后,挑选、制造适于骑兵作战的兵器。赵武灵王重视弓箭和短式兵刃在骑兵作战方式上的运用,将射箭能力的培养成为军队日常训练的重要科目。在经历了风俗、观念、选拔骑兵、军事制度一系列改革之后,完成"胡服骑射"的基本变革。

改革在实施初期遇到了很大的阻力,但赵武灵王采取了较为委婉的手段,同时对改革始终抱有坚定的决心。从耐心说服对改革抱有否定态度的保守派,到身体力行,换上胡服操练骑射,以身作则推动改革,赵武灵王最终带领赵国取得了丰硕的改革成果。单从军事文化角度考查,《史记·赵世家》中提到(赵国)"西略胡地,至榆中,林胡王献马"[106]、"攘地北至燕代,西至云中、九原"[107]、"灭中山"[108]。在改革后,赵武灵王带领赵国抵御侵略同时开疆拓土,消灭威胁,获得一部分领土的同时使得其效仿对象即北方胡人向赵国纳贡进献,同时在赵武灵王的儿子借助改革带来的军事实力的进步,带领赵国消灭了对其颇具威胁的中山国。

5.1.3 军事改革蕴含丰富价值

从军事文化角度上考量,赵武灵王改革对于京津冀古代军事文化的演变发展起到了时期内的决定性作用。首先是军事力量的变化,新的军事文化作为社会存在和军事实践的直接反映,出现在军事实践和军事变革之后,对军事文化这种社会意识的考察不能忽略社会存在的变化。赵国借助改革在短时期内军事实力得到提升,无论从军队数量、军事储备、作战方式、部队士气等方面均取得迅速提升,历经关键性的几役,不仅抵御了胡人侵略并且消灭了中山国,全局性地改变了北方诸候国之间的军事格局。其次是作战方式的丰富。中原地区历来崇尚以马拉战车为主要进攻方式,兼备步兵不具备的速度和冲击效应,但车战固有缺陷,尤其在面对游牧民族"来如飞鸟,去如绝弦"的骑兵侵扰时,部队流转速度远远落后,且难以进入山地丘陵等作战环境,在当时常常被游牧民族所克。"胡服骑射"改革后的作战方式结合了游牧、农耕文明政权的先进作战方式,取二者之精华糅合而成的新型作战方式在当时成为了赵国突出的作战优势,《银雀山汉简·孙膑兵法·八阵篇》云:"车骑与战者,分以为三,一在于右,一在于左,一在于后。易则多其车,险则多其骑,厄则多其弩。险易必知生地、死地,居生击死。"[109] 兼备游猎骑射与中原步兵的方式具备先进性,京津冀古代军事文化的演变在这一历史时期走在了我国中原军事文化中领先的位置,同时,赵武灵王引进骑兵开创骑兵与步兵协作的作战方式,是京津冀地区军事作战方式出现的新特点,这也是我国古代军事史上作战方式由单纯的战车进攻转变为步兵、骑兵、战车兼备的标志。再次是军事制度的改变,赵武灵王在全国范围内组织骑兵部队,改革军制,在原有部队的基础上,选拔善骑能射的人参加军队,这对原有的军籍制度做出了突破和改变。其中赵武灵王组织骑兵部队的方式中包含收编胡兵,这从宏观角度上看,不仅丰富了赵国的部队士兵结构,将胡兵的优势转化为自身力量,也在一定程度上对农耕文明与游牧文明的融合带来益处。最后是军事训练的丰富,赵武灵王"胡服骑射"改革使得游牧民族军事文化南渐,丰富了农耕文明影响下形成的中原作战训练技术。不同于之前中原地区单一的战车作战,秦汉之后武将在军事征伐中选取战马作为战骑成为普遍现象,射箭("射术")和驾车("御术")成为军事训练的重要科目,成为精兵良将,射术和御术便成为必不可少的军事技能,自秦汉以后,更是成为武将必备的基本素质。

5.1.4 包容吸收促使文化嬗变

赵武灵王改革的初衷是抵御北方胡人政权的侵袭,同时扩大自身军事实力,所以"胡服"改革应作为"骑射"改革的基础,但同时,至于风俗习惯、礼法制度作为军事改革的手段和方式出现,也对中华民族文化演变发展具备重要的意义。

(1)军服改革促使汉文明服饰文化革新。春秋至战国前期,华夏传统服装是长袍宽袖、领大腰肥,穿着舒适,利于行动,具备传统礼法特征却不适合骑马射箭、征战四方;而北方游牧民族着装相对轻便,上身窄袖短衣,下身皮带长裤,脚蹬皮靴,相比中原服饰轻便灵活,利于马上骑射。中原地区直至赵武灵王强力推行"胡服骑射"改革,致使胡人服饰得到推广,逐渐影响民间服饰文化的革新。赵武灵王"胡服骑射"改革不仅在军事层面取得突破,在和人们日常密切相关的风俗文化方面也做出了突出的贡献。从改革以后,中原地区人民逐渐接受接受了胡服,汉代武将服装便沿袭了胡服风格和样式,南北朝之后文武官员更是以胡服为基本服饰,渐渐这一趋势也不仅存在于官府,甚至影响至民间妇女儿童。可以说,今日我国主体服饰中存在当时北方游牧民族服饰的特征。

(2)军事交流促进多民族文化融合。战国时期,军事交流在民族交往过程中占据主体地位,赵武灵王的"胡服骑射"改革,开创了封建社会以外族文化来为汉族所用的先例。这在当时实属创举,"胡服骑射"改革之后,胡人语言、艺术、服饰、歌舞、医药等文化迅速在中原地区传播,北方游牧民族肯吃苦、重义气、尚武德的文化精神也对中原地区人民性格产生了巨大的影响,民族之间的交流促使文化传播,而以军事活动为载体的传播形式使得部队所到之地皆受感染,传播范围广,速度快。同时赵国人穿胡服骑战马的行为在一定程度上缩短了两个民族人民之间的心理距离,服饰文化的趋同弱化了中原地区人民与边塞游牧人民的隔阂。以民族服饰融合为基础的文化融合,推进了民族之间艺术、审美、体育、心理等方面的融合,促进了民族间文化交流与传播。

(3)创造勇于革新和包容进取的思维进势。《资治通鉴》提出"知学之人,能与闻迁;达礼之变,能与时化,故为己者不待人,制今者不法古"[110]。这说明赵武灵王崇尚改变,勇于突破固有观念限制。当时赵国的服饰文化代表着中原地区文化传统,而纵观军事发展史我们可以看到,骑兵的出现是历史发展的必然规律,所以"胡服骑射"改革不仅是对周礼的重大打击,也是尊重社会发展规律、顺应历史潮流的变革,至于其改革之艰辛,更加打破了中原农耕文明下人民的封闭守旧思想。对外来事务的尝试在中原人民对于既成的思想观念和生活习惯有强烈守旧性的背景下显得难能可贵。有必要强调的是,"胡服骑射"并不能局限于其改革自身的意义,之于军事文化动力来说,这给京津冀古代军事文化注入了强大的发展动力——变革带来的军事实力提升,培养了在农耕文明与游牧文明交汇处、战事频发区——京津冀地区人民勇于吸收、敢于突破的实验性革命精神,只有改变才有出路的思维方式成为京津冀地区战役中常常出现的军事现象;也影响了我国古代军事文化时变时新、勇于突破的革命性精神。

赵武灵王引导的"胡服骑射"改革在京津冀古代军事文化发展演变过程中做出了革命性贡献,在多元统一、兼容并包的军事文化基调上开启了进一步革新,使得中原地区农耕文明和少数民族地区游牧文明军事文化由分化走向整合,形成了京津冀古代军事文化又一特征——多元集成,分散吸收,多文化交叉、渗透、互融互动的实践变革文化特质,这种特质在很大程度上引领了古代军事文化的新变革、新突破。

5.2 蓟镇防御、《练兵实记》传承兵儒合一

5.2.1 战守结合发展兵学文化

明朝初期,为了抵御退居塞北的蒙古族等军事力量的入侵,在北方边境古代长城的基础之上修筑了工程浩大的长城防御体系,蓟镇作为明朝北部防线上的九边重镇之一,担当着抵御北敌、拱卫京师的重任。戚继光驻守蓟镇,对明朝北部军事防线的巩固做出了突出的贡献,他在军队训练、军事驻防等方面倾注了自己的大量思想和心血,功绩显著。《练兵实纪》来自于戚继光在蓟镇选将练兵实践经验的总结,与《纪效新书》一起被称为戚继光军事思想的重要表达载体。在《练兵实纪》中详细记载了戚继光的军事思想,最为突出和显著的是军事部队训练、防御体系建构和加强、军事礼法制度制定、选将选兵要求等方面,是京津冀兵学文化的重要闪光点。

戚继光首先根据古长城的现有基础修缮长城防御体系,建造了由城墙、墙台、关城、烽火台、敌台等组成的长城防御系统,大大增强了长城主体的防御能力。在选将用兵方面,戚继光充分重视德、才、识、艺的考察,增加将领的思想道德素质和文化理论修养;在军事训练上戚继光更是注重士气的养成和合成军的训练,同时重视武器装备的配备使用。最终,形成了一套以战守结合为主要原则的军事理

论体系。戚继光在《练兵实纪》中体现的"战守结合"军事思想充满了辩证思维，将训将练兵与防务实际相互结合、相互配合，具备军事理论上的先进性和军事实践中的实用性创造性地丰富了我国古代的军事学说，不仅在理论意义上为我国兵学作出很大贡献，并且具备实践性，实践价值丰富，在中国军事史上具有重要地位和影响。

5.2.2　儒体兵用推动兵儒合一

儒学在中国大部分时期的传统文化演变过程中一直处于主导地位，然而，中国文化博大精深，诸子百家的思想发展演变异常繁荣。诸子百家与儒家思想难免有相冲突的地方。其主要一点即追求目的不尽相同，儒家并不崇尚争斗，从这一角度上对于社会资源的优化配置是不利的，同时礼法至上的观念则抑制了自然人个体的思想发展与创新。而兵家思想与战争紧密相关，一定程度上类似功利主义的需求导向，兵家鼓励竞争与谋划，主张通过各种手段去实现利益价值的最大化。儒家与兵家的结合反而能够各自取长补短，发挥优势，形成真正意义上的文化进步，戚继光的《练兵实纪》就是在继承我国古代军事思想的基础上，又结合自己的实践经验，将儒家与兵家思想融合发展，被认为是"谈兵者遵用焉"[111]，在中华民族传统文化兵儒结合的文化现象中贡献了力量。

在戚继光兵儒合一军事思想中，最具备创造性的就是儒体兵用，即以"儒"为体、以"兵"为用的军事实践方法。具体来说，利用儒家思想中礼法思想与仁义学说作为主体，以兵家权谋手段理论作为功用方法。用儒家的思想原则进行宏观指导，用兵家方式手段来解决处理具体问题，具体地说，戚继光认为军事将领素质的高低决定着士兵素质的高低，要想提高军队的整体素质，就必须把好将领关，首先戚继光改善明朝原有的练将练兵方法，用儒家的思想理念和知识体系对将领进行培养，再进行军事思想和技能的学习，并且戚继光非常重视将领在战场上的军事实践积累,看重培养将士带兵作战经验。戚继光在《练兵实纪》中的选将方式在一定程度上体现了儒家思想,戚继光并没有泛泛地提出要求,而是具体地提出将领应该正心术,立志向,做好人,要有忠君、卫国、保民、爱军、恶敌、光明正大、宽宏大量、廉洁奉公、实心任事、不妒贤忌能、不刚愎自用的品质和作风;要精通兵法,熟悉韬略,具备善于节制、长于指挥的才干;要有广博的学识和明辨是非的能力;要有高超的军事艺术,熟悉各种兵器的使用并精通一二种。戚继光通过德、才、识、艺的全面选将标准,充分保证了蓟镇军事将领的高素质,同时通过具体高效的训练方式和实战经验的积累,使得蓟镇将士在军事防务和军事技能等方面有了全面的提升。通过儒体兵用达到兵儒合一,是戚继光《练兵实纪》中军事思想宝贵的价值所在,创造性地传承和发展了我国古代兵儒合一的军事思想。

5.2.3　《练兵实记》丰富我国兵学

戚继光的《练兵实纪》除了在军事训练方面对原有训练方式进行了突破革新,还提倡各营种使用新型枪炮同冷兵器相结合,进行协同作战,而他创立的战守结合的全面战术理论是对战术学的重大发展,不仅超越前代兵学,更对后世兵学文化的发展产生了重要影响。

朱晓红指出,戚继光军事思想的重大贡献还在于理法的交融与和谐。在戚继光那里,理学思想和军法思想是并重的,理学思想和军法思想也是交融与和谐的。在中国古代思想史上,长期流行的观念是德主刑辅,法律只能作为道德的补充,而戚继光并没有受传统观念的约束,面对军事实践,他的态度更加务实。戚继光注重理学而又不拘泥于理学,他的理学思想和法律思想相结合的治军实践,深刻地反映了理学对于军事生活的影响,这一方面在一定程度上实现了儒学经世致用的传统,同时又和与他同时代的一些理学家返归现实,崇尚实学的治学主张和实践遥相呼应。

因此,《练兵实纪》具备很强的实用性和操作性。在建军原则、治军原则及战术思想上都充溢着浓郁的理学气息,极具创造性。他从自身的军事实践出发,把我国古代的军事思想给予了充实和发展,还根据现实情况,对当代的军事理论进行了创新,可以说,《练兵实纪》推动了京津冀兵学文化的向前发展。《练兵实纪》中的军事思想提出了正确处理冷兵器与火器,技术与战法,士卒与将帅,军人与军队,军事与政治诸方面的关系的方法,都丰富了我国古代京津冀兵学的宝库。

5.3 兵器锻造、功能用途体现实用创新

5.3.1 冷兵器时代军事器具的发展

兵器是人类文明演变过程中重要的文化体现,是军事活动必不可少的物质文化表现。兵器的产生和发展涵盖和表达了特定历史时期下的文化因素,其形状、构造、铸造工艺、性能等方面都体现出了特定时代下丰富的文化内涵。在古老的军事活动中,原始部落战争由于物质生产不发达、战争形态单一、近身肉搏为主等等因素,基本上以"玉石为兵",即使用天然形成或简单加工的木棒、石斧等器具作为基本武器。随着物质生产的发展和军事作为一项正式的政治行为稳定地发展之后,我国便进入以青铜、钢铁为主要原料制成的刀、矛、剑、弩等成为主要作战器具冷兵器时代,直至清末,延续了我国大部分历史时期。在冷兵器时代兵器不仅作为作战器具,还作为文化标志产物具备特殊的文化含义。根据商代早期遗址的挖掘状况证明,我国在商代进入使用青铜制造兵器的冷兵器时代早期,开始制造包括刀、剑、斧、戟、钺、胄等攻防兼备的器具。由于春秋时代诸侯纷争,军事活动频繁,兵器制造业得到了空前的发展,从制造数量到制造工艺都达到了一个新的高度。到了战国时期,铁器的使用开始普及,逐

渐取代了青铜成为大多数政权普遍选择的兵器原料,兵器种类也囊括了格斗、防护、骑射、攻城和守卫等诸多方面。由于车战成为多数作战方式,每辆战车配备长器矛、铖,短器刀、剑,射远弓、箭,护具胄、盾的多种兵器结合的基本作战配备也成为绝大多数军事活动的惯例。从出土文物观察,战国时期士兵随身携带长器(矛、铖)兼短器(刀、剑)的现象十分普遍。在冷兵器时代,军事器具不仅种类繁多,样式各异,且制造工艺具备特色,功能用途也不仅仅限于简单的战场拼杀,内涵及文化意义深远。

5.3.2　古代兵器制作与铸造的规范

先秦时期,兵器生产明确规定了具体的计划和方略,由于军事活动对于诸侯国统治的重要性,军事器具制作也作为独立的计划由诸侯国中央负责,各系统、多部门协作完成。总体数量、质量标准、规格标准、基本样式和制作工艺都有着明文的限制和具体的要求,因而至战国后期,各诸侯国已经形成了一套严密、高效的兵器制作系统。

首先,物勒工铭。诸侯国对于兵器制造有着质量优先和责任到人的意识,吕氏春秋上说:"物勒工铭,以考其诚;工有不当,以行其罪,以究其情。"即兵器制造者要将姓名铭刻在制作的兵器上面,留有考证证据,以此来保证兵器生产质量,明确兵器生产者的责任。

其次,规定标准,统一制器。《睡虎地秦墓竹简·工律》曰:为器同物者,其小大、短长、广亦必等。先秦时期武器种类虽繁多,但同类兵器生产中形状、样式都存在规定的标准,制作一致的兵器,以便在各种战争形势下通用。最后,重视工艺观念[112]。据《考工记》记载:"金有六齐:六分其金而锡居一,谓之钟鼎之齐;五分其金而锡居一,谓之斧斤之齐;四分其金而锡居一,谓之戈戟之齐;三分其金而锡居一,谓之大刃之齐;五分其金而锡居二,谓之削杀矢之齐;金锡半,谓之鉴燧之齐。"[113]由此可见,先秦时期人们已经能够对青铜器的制作工艺进行有经验的总结,并制定了相对成熟的标准和制度。同时可以通过不同的锡含量配比成分,适应各种样式、各种性能、各种用途的青铜兵器制造。同时《考工记》还记载着"天有时、地有气、材有美、工有巧,合此四者,然后可以为材美工巧"[114]这样的说法,充分体现在先秦时期人们懂得在依据经验的基础上运用天、地、材、工的制造理念锻造兵器,以达到兵器制造的作战实用性和美学价值共存,充满着朴素的哲学思想。

5.3.3 古代军事器具的用途和作用

在冷兵器时代,由于军事活动的规模所限,士兵间多为短兵相接甚至肉搏作战,作战武器的优劣往往是作战双方争取胜利的重要因素,因此兵器的一项最基本作用也是最重要的作用就是战争。是否能够直接、迅速、有效地打击对方是判断武器优劣的重要标准。武器与战争相伴而生,其发展和变化也与战争的形势息息相关,一般条件下,在格斗、防护、骑射、攻城和守卫等不同战争形势下产生了不同类别的兵器种类,即兵器的产生来源于战争,其重要功用即作为战争工具服务于战争。

作为古代军事文化的重要组成部分,作战器具所起到的作用比较广泛,除了作为一般战斗器具之外,还具备形象象征、权威标志、诸侯赠礼、功勋奖励等用途,在河北平山县出土的一件战国时期的铜钺上,在孔上和刃部之间有两行铸铭,曰:"天子建邦,中山侯童乍(作)兹军钺,以敬(警)罩(厥)罪"。说明在兵器作为战争工具的同时,斧钺还具备其他特殊功能,在军令下达、执行和监管过程中起到警示、惩戒的作用。

在物质生产相对简单的古代社会,由于军事活动的重要性,作战器具也渐渐成为时代的权势和地位的标志物。从标志意义上看,兵器的制造水平在一定程度上反映了一个政权的经济水平和发展水平;从功能用途上看,军事杀伤力应该是衡量其价值的重要标准,是军事实力的重要标志;从制作程度上看,铸造工艺技术代表着一个政权掌握生产技术的程度;但从文化意义上看,兵器作为古代军事文化的主要物质文化组成部分,不论其铸造数量、兵器威力、制造水平、铸造质量制造工艺还是文化形象都是古代民族精神的重要表现,也是区域文化的突出表达。每一次新型作战器具的出现和制造原料的变动、升级都是古代军事文化吸纳新传统、承载新文化、表达新内涵、传递新理念的重要标志,也源源不断地给古代军事文化注入了新鲜的活力。

5.3.4　京津冀古代兵器特色和贡献

在今河北张家口涿鹿县涿鹿古战场周围的文化遗址中,挖掘出的大量石铲、斧、镞等部落时期石制兵器,是原始社会时期阪泉之战、涿鹿之争留下的战争历史遗迹。1972年10月在河北藁城台西村商代遗址中出土的铜钺根据化验结果最终验证成分中含有陨铁。1977年在北京市平谷县刘家河村的商代墓葬中发现一件铁刃铜钺,据推断刃部也由陨铁材料所制作。根据出土的兵器化验结果,可以充分说明在先秦军事活动中采取陨铁制作兵器刃部的现象已经在京津冀地区出现,并且,在以青铜器为制作主体的基础上,融入了铁器使用。一般来说,我国冶铁技术的成熟使用公认发生在春秋战国之交。上世纪50年代在河北兴隆出土铁器42副、86件,重190余公斤,镢、斧占出土的70%,另在河北易县燕下都、石家庄、磁县和江西新建等地也发现过战国时期铁具。《吕氏春秋·贵卒篇》记载:"赵氏攻中山,中山之人多力者曰吾丘鸹,衣铁甲操铁杖以战。"[115]文中明确提到铁质铠甲应用于战国时期赵国与中山国的战争之中。这不仅说明战国时期铁器铸造技术已得到普遍应用,并且透过出土区域的普遍性可以看到证明,战国时期京津冀区域在兵器制造的过程中已经掌握了以铁器为制作元素的兵器锻造方法。

　　根据出土地点,京津冀铁器出土皆围绕古战场、遗址,且兵器居多,这不仅能够说明京津冀军事活动频繁,也侧面证实京津冀古代铸铁技术在服务于军事器具制造方面已具备一定普遍性和技巧性。正是由于频繁的军事活动,京津冀区域的兵器无论是长器、短器还是骑射、守卫器具,都具有坚固、耐用、耐磨性好的特点,能够适应长期频繁的战争;同时,在先秦时期京津冀兵器制造中采用陨铁制作兵器刃部的现象也说明了兵器制造独特的工艺技巧和风格,"好钢用在刀刃上",不仅保证了兵器坚硬锐利,更体现了工艺水平的精妙,在当时的社会环境下,极具创新性。

　　京津冀军事器具装备在种类、产量、质量上都达到了相当水平,种类繁多,内涵丰富,造型多样,工艺精湛,图案标示体现着京津冀古代军事文化中崇尚和谐的理念、抗压耐用的特点,反映了京津冀地区当时兵器制造的领先水平,兼备艺术价值和历史价值。同时,在军事器具制作的过程中融入新思路、新方法的创新性初显,在用料、制作、锻造、使用等一系列环节上体现了京津冀军事敢于创新、勇于进取的文化理念。京津冀古代兵器的创制和使用文化也代表了京津冀古代军事文化的内涵。至秦代以前,京津冀古代军事文化和谐、包容、创新的底色基本形成。

第六章 冀域古代军事文化的影响及价值

任何历史都是当代史,研究历史是为吸取前人文化成果,汲取前人失败的教训,为当下的社会实践服务。京津冀军事文化的丰富内容和精神特质,对于当今我国的维护世界和平责任、对于我国的国防建设事业、对于改革创新、科技发展等等,尤其是对京津冀协同发展都具有重要影响和价值。

6.1 丰富了中华军事文化

冀域创造出的古代军事文化内涵丰富,是我国古代军事文化中重要的部分。首先,在军事作战方式上,多民族的军事文化交流完成了古代军事作战方式的融汇,形成了多形式、多兵种作战方式,使得我国古代军事作战方式更加多样化,将少数民族作战习惯与汉民族作战方式融合并创新;其次,在军事谋略思维上,冀域古代军事文化创造了丰富的军事谋略思想,从"围魏救赵""退兵减灶"到"连横合纵",不仅创造了不同作战形势下军事谋略的运用典范,更奠定了东方战术思维特点;再次,在军事训练技术上,以戚继光在蓟镇创造的《练兵实纪》为代表的丰富的兵学文化创造性地革新了选将、训练、作战部署等方面的理念,兵儒合一,丰富了我国兵学文化的发展;最后,在军事精神上,丰富的多民族战争催生和强化了京津冀地区开放包容、尚武善战的军事精神,慷慨的侠义之风为我国古代军事塑造了特殊的文化形象。

6.2　启迪了现代军事思想

自古以来,我国军事家在丰富的军事活动中总结而出的战争理论充分体现了我国古代军事文化的重要地位,数不胜数的经典战例、变化万千的兵法战术都体现了我国古代战争多谋略的特点。而以"围魏救赵""退兵减灶""纵横捭阖"策略文化为代表的冀域军事谋略文化也标示了我国古代军事文化中鲜明的军事理念,即崇尚"以智胜人",不提倡"以力胜人",包括兵儒合流、重视"武德"等思想观念都推动了我国古代军事谋略文化的发展。"以智胜人"的思想观念充分展示了我国古代军事战争中巧妙的用兵艺术和智取的作战方式,不仅体现了我国古代军事活动参与者的智慧和创造力,也奠基了我国现代强军文化建设中战略战术传统丰富的特点。当前我国强军文化建设在军事科技高速发展的基础上,更应该汲取古代军事谋略文化的营养。极富哲理、变化多端的冀域古代军事文化绝大部分在今日战争中仍然具备指导作用和借鉴意义,能够成为我国军队打胜仗的重要启迪,丰富作战谋略文化,传承冀域古代军事文化,对现今中国特色社会军事文化建设具有重要的意义。

6.3　传承了爱国主义传统

在京津冀地区形成过许多朝代和国家,历经了无数次战役战争,从局部地区的统一,发展到许多民族的融合,最终进步到更大范围的统一与联合,奠定了我国多民族大家庭的基础。各民族有着不同的经济、文化、生活,不同的语言和风俗习惯,经过战争带来的交流与碰撞,逐渐产生融合,形成独具特色的多民族传统文化,在这种传统文化中,征战和迁徙逐渐形成爱国主义的基本精神元素。同时,京津冀地区经历多朝首都,长期的军事决策和防御部署给京津冀地区带来了防御为主、拱卫首都为目标的军事文化特征,通过军事力量保家卫国,收复河山,鲜明地体现了古代京津冀区域下人民自发的、热情的、勇敢的家国意识和奉献精神,加之京津冀地区不论出身名门望族还是寒门布衣,都以尚武、精武为人生支柱、精神力量。京津冀地区人民以较高的政治责任感和较强的国家敬畏心为核心的爱国主义逐渐形成。因此,冀域古代军事文化同时也是中华民族爱国主义逐渐形成、发展的产物,是中国古代优良传统文化的集中表达,在一定程度上传承了中华民族爱国主义。

6.4 构建了和平主义理念

中国特色社会主义军事文化吸收和融入了古代军事文化的优良传统,其中"和平主义"基调是有别于其他军事文化的显要特征。《孙子兵法》中曾提出"慎战"观念,这一观念对我国古代军事文化的形成和发展起到了重要的作用。可以说,和谐的军事文化传统已经成为我国军事文化的基调和突出特点。在当前和平世界的大环境下,强权政治体和霸权主义国家仍然坚持突出军事建设,企图用武力控制世界其他地区政治问题,我国国际军事形势上也仍然面临着威胁和挑战。但中国特色强军文化的建设仍应保守本色,传承和弘扬中华民族传统文化,从古代军事文化中汲取营养,借鉴吸收丰富的古代军事文化传统,形成软硬兼备、内外兼修的中国现代强军文化特色。习近平曾说:"中华民族历来爱好和平。无论发展到哪一步,中国都永远不称霸、永远不搞扩张,永远不会把自身曾经经历过的悲惨遭遇强加给其他民族。"[116]"不战而屈人之兵"是一种至高的军事境界,以最少的损失代价争取最大效益的结果,冀域古代军事文化不仅涵盖了我国数千年来军事实践产生的军事文化的高度总结,也代表了中华民族对军事这一具体活动的概括性认知。弘扬中华民族古代军事文化传统,保持"和平主义"基调的哲学内涵和文化底蕴是在当今世界环境下强军文化建设的重要基础。

第七章　结论

    冀域古代地理位置险要,地处中原民族与少数民族交界之处,多民族战争频发,聚集了丰富的军事文化内涵,且经久不息,发展脉络清晰,特征鲜明。从军事战争、军事制度、军事谋略、军事精神、军事制度、军事器具、兵学文化等多方面构成了冀域古代军事文化的深刻内涵。冀域古代军事文化不仅丰富了我国古代军事文化,形成并发展了东方战术思维,更是奠定了中华和合文化的发展基调,同时形成了京津冀地区人民慷慨侠义、尚武善战忠诚守卫、护国兴军的品格,在常年的多民族战争背景下,形成并产生了"和合统一"的军事文化内核、"重智善谋"的军事文化特色和"创新进取"的军事文化理念。冀域古代军事文化不仅是冀域古代文化重要的一部分,其闪烁的文化光芒更是对我国现代强军文化建设具备重要的启迪。

参考文献

[1] Yuan-kang Wang. *Harmony and War：Confucian Culture and Chinese Power Politics* [M]. New York：Columbia University Press，2010.

[2] David Graff. *Medieval Chinese Warfare，300－900* [M]. London&New York：Routledge，2002.

[3] Raymond Dawson. *The Chinese Chameleon：An Analysis of European Conceptions of Chinese Civilization* [M]. London：Oxford UP，1967.

[4] 王强.西方汉学视域下的中国古代军事文化[J].军事历史研究,2013(3)：35—40.

[5] 刘邦凡.军事文化论略[C].全国马克思主义理论学科建设论坛.2007.

[6] 徐长安.军事文化论纲[J].南京政治学院学报,2005,21(1)：77—80.

[7] 戴长江、孙继民、李社军.论河北历史文化的阶段和地位[J].河北学刊,2011,31(1)：216—222.

[8] 朱绍侯.官渡之战与赤壁之战双方胜败原因试探[J].河南大学学报：社会科学版,2015,55(5)：1—10.

[9] 刘文建.试论宋金之战中的"燕云因素"[J].东北史地,2006(4)：27—30.

[10] 刘金玉、陈光、马学智.金戈铁马烽火硝烟——历史节点上的山海关之战[J].中国文化遗产,2009(5)：62—68.

[11] 军事科学院.中国古代经典战争战例[M].北京：中国人民解放军出版社,2012.

[12] 张晓生.中国古代战争通览[M].北京：长征出版社,1988.

[13] 军事科学院.中国军事通史[M].北京：军事科学出版社,1998.

[14] 崔向东.试论赵武灵王军事改革[J].渤海大学学报(哲学社会科学版),1989(4)：63—68.

[15] 侯英梅、谢清志.赵国名将李牧及其军事思想[J].河北工程大学学报(社会科学版),2005,22(1)：60—61.

[16] 郑铁生.《鬼谷子》谋略思想及学术价值[J].福州大学学报(哲学社会科学版),2004,18(2)：79—85.

[17] 马静茹.戚继光镇守蓟镇前后境遇的变化[J].江南大学学报(人文社会科学版),2013,01：74—80.

[18] 赵国华.戚继光军事思想探论[J].理论学刊,2008,05：100—104,128.

[19] 刘新友、雅真.围魏救赵和退兵减灶——桂陵、马陵之战的逻辑分析[J].思

维与智慧,1988(2):16—18.

[20] 张洪久.《孙膑兵法·擒庞涓》篇反映的军事思想[J].河北学刊,1982(1):
112—114.

[21] 张川平.战争激发生成的河北人文精神[J].河北学刊,2006,26(3):
192—194.

[22] 赵朕.冀东文化圈的历史特质[J].社会科学论坛,2010(16):124—135.

[23] 袁君煊、肖华.宋辽战争:宋初军旅诗的内核[J].山西大同大学学报(社会
科学版),2014,28(2):33—38.

[24] 郑宁.中国古代军事文艺[M].沈阳:白山出版社,2012.

[25] 王鹏.元杂剧中的北方少数民族文化审美特色研究[D].东华理工大
学,2013.

[26] 马潇婧.杨家将地方戏研究[D].中国艺术研究院,2015.

[27][30] 衣俊卿、胡长栓.马克思主义文化理论研究[M].北京:北京师范大学
出版社,2012:40,263.

[28] 曾志平.论军事权[D],中国政法大学.2006.

[29][41] 徐长安、刘宝村、陶军、尚伟.军事文化学[M].北京:解放军出版社,
2008:27,3.

[31][32][33][87] 克劳塞维茨.战争论[M].北京:北京联合出版公司,2014.

[34][52] [美]斯塔夫里阿诺斯.全球通史[M],北京:北京大学出版社,
2006:66.

[35][36] [前苏联]列宁.列宁选集(第2卷)[M],北京:人民出版社,
1995:708.

[37] [德]马克思,(英)恩格斯.马克思恩格斯选集(第四卷)[M],北京:人民出
版社,1972:94.

[38] [前苏联]列宁.列宁全集(第30卷)[M],北京:人民出版社,1984:130.

[39] [波兰]马林诺夫斯基.文化论[M],费孝通译.北京:中国民间文艺出版
社,1987:2.

[40] 刘青.描绘中国军事文化的绚丽画卷[J],军事历史研究,2001.1:186.

[42] 李晓杰.疆域与政区[M],南京:江苏人民出版社,2010:1.

[43] 尚书·禹贡[M].北京:中华书局,2009.

[44] 贾建梅、杨国富、王紫璇.京津冀演变及京津冀文化圈考略[J],河北工业大
学学报(社会科学版),2014,6(2):17—20.

[45] 冯石岗、贺智佳.冀文化与燕赵文化比较研究——论冀文化提出之必要性[J].湖北函授大学学报,2014,27(13):152—153.

[46] 冯石岗、许文婷.京津冀文化圈的渊源和载体[J].河北工业大学学报(社会科学版),2013,6(2):9—15,61.

[47] 李燕茹、胡兆量.中国历史战场地域分布及其对区域发展的影响[J].人文地理,2001,12(6):61—68.

[48] [50] [西汉]司马迁.史记·五帝本纪[M].北京:中华书局,1959.

[49] [51] 佚名.山海经[M].北京:中华书局,2009.

[53] 项晓静.长城——农耕文明的防卫线[J].安康师专学报,2003(1):6.

[54] 叶隆礼撰,贾敬颜、林荣贵点校,契国志[M],上海:上海古籍出版社,1985:39—40.

[55] 宋濂等.元史卷[M].北京:中华书局,1976:119.

[56] 郭丽平.论辽初经略燕云十六州及其历史意义[D],内蒙古师范大学,2014.

[57] [59] [60] [63] [65] [66] 晋书[M].北京:中华书局,1974.(4):2805,2822,2674,2525,2803,2836.

[58] 邸富生.前燕初探[J].辽宁师范大学学报,1981(4):62—67.

[61] 高然.五燕史研究,西安:西北大学,2010.

[62] 李海叶.前燕中原时期胡汉分治制度考,内蒙古社会科学(汉文版),2011.3(2):53—57.

[64] 陈寿著,裴松之注.三国志[M],北京:中华书局,1959:832,836.

[67] 赵红梅."渐慕华风"至"尊晋勤王"——论慕容廆时期前燕的中华认同[J].东北师大学报(哲学社会科学版),2009.4:142—146.

[68] [69] 肖立君.明嘉靖九边营兵制考略[J],南开学报,1994.2:43—49.

[70] 田方、陈一筠等,中国移民史略[M],北京:知识出版社,1986:7.

[71] [72] 李三谋、刘彦威.明代九边军屯与军牧[J],古今农业,56—66.

[73] 张廷玉等.清朝文献通考[M].上海:商务印书馆,1936.

[74] 清实录(第10册)[M].北京:中华书局,1986.

[75] 唐云松.清代满族八旗骑射文化的崛起与流变[J],哈尔滨体育学院学报,2011.6(3):22—25.

[76] 赵阳、刘奇.浅谈清朝军事战争中的八旗组织[J],承德民族师专学报,2008.8(3):39—40.

[77] 佘正松.中国边塞诗史论(先秦至隋唐)[D],四川大学,2005.

[78] 林庚.中国历代诗歌选[M].北京:人民文学出版社,1984.

[79] [80] 于峰.京剧《四郎探母》人文精神探微[J],黄河之声,2014(16):126—127.

[81] [北齐]魏收.魏书[M].北京:中华书局,1997.

[82] [西汉]司马迁.史记·孙子吴起列传[M].北京:中华书局,1959.

[83] 毛泽东军事文集:第1卷[M].北京:军事科学出版社、中央文献出版社,1993.

[84] (战国)孙武.孙子兵法[M].北京:中华书局,2001.

[85] [晋]习凿齿.襄阳耆旧记[M].武汉:荆楚书社,1986.

[86] 毛泽东.毛泽东选集(第二卷)[M].北京:人民出版社,1991,6.

[88] [宋]司马光.资治通鉴卷(五),北京:中华书局,1956.

[89] [90] [西汉]司马迁.史记·魏公子列传[M].北京:中华书局,1959.

[91] [92] 战国策[M].北京:中华书局,2012.

[93] [94] [西汉]司马迁.史记·苏秦列传,北京:中华书局,1982:2241,2279.

[95] 刘向.战国策注释[M].北京:中华书局,1990.

[96] 何桂清.怎样讲农民起义史——从讲解黄巾起义谈起[J],历史教学问题,1983.2:38—39.

[97] 范晔.后汉书[M],北京:中华书局,1965.

[98] [德]马克思、恩格斯.马克思恩格斯选集(第三卷)[M],北京:人民出版社,1972:374.

[99] 毛泽东.毛泽东选集[M],北京:人民出版社,1991.

[100][101] 王明.太平经合校[M],北京:中华书局:1959:130,149.

[102] 范文澜.中国通史简编,北京:商务印书馆[M],2010:190.

[103] 刘清阳.论中国农民起义中的平等平均思想[J],西北大学学报(哲学社会科学版),1995.2:63—69.

[104] 崔春华.战国时期秦封建法制的发展——读《睡虎地秦墓竹简》札记[J].辽宁大学学报(哲学社会科学版),1980(5):56—64.

[105] [106] [唐]杜牧注.关中丛书·考工记(卷上),台北:新文丰出版社,1934.

[107] [先秦]吕不韦.吕氏春秋新校释[M].上海:上海古籍出版社,2002.

[108][109][110][111][112] [西汉]司马迁.史记[M].北京:中华书局,1959.

［113］骈宇骞.银雀山汉简文字编［M］.北京：文物出版社,2001,7.

［114］［宋］司马光.资治通鉴［M］.北京：中华书局,2012,3.

［115］［清］张廷玉.明史［M］,北京：中华书局,1974：5617.

［116］习近平.在纪念中国人民抗日战争暨世界反法西斯战争胜利70周年大会上的讲话［J］.党建.2015(09)：9.

第二编　法治德治相谐相融，华夏民族夷汉并用

——冀域古代法律文化研究

第一章　为什么研究冀域古代法律文化

历经 30 多年改革开放的迅猛发展,中国特色社会主义事业已经从初期的"经济热"向政治、文化、生态等多元化方向纵深发展,其中文化建设已经上升到突出重要的地位。习近平主席说过:"只有不断发掘和利用人类创造的一切优秀思想文化和丰富知识,我们才能更好地认识世界、认识社会、认识自己,才能更好地开创人类社会的未来。"近年来我国地域文化研究逐渐兴起并取得了比较丰硕的成果,我校"冀文化研究所"倡导并正在致力于研究的冀文化,是中国特色社会主义文化事业的重要组成部分。本章探索冀文化之冀域古代法律文化,力争透过冀域法律文化的优良传统,为京津冀一体化的国家发展战略尽一份微薄之力。冀域是一个具有悠久历史和动态区位的时空概念,冀文化是冀域历史上生成和演化的物质和精神文明成果,内容非常丰富,是一个复杂的系统。

1.1　研究冀域古代法律文化的意义

"以史为鉴,可知兴替",中国对未来法治改革之路的探索,离不开对过去法律文化的客观总结。全国乃至各个地区的法制建设事业都有历史延续性的特点,都是在既有历史文化的基础上进行的。今天京津冀一体化建设,要透过千丝万缕的历史联系,发现一体化建设的基础和优势,决不能割裂历史,决不能摆脱传统。

1.1.1　研究冀域古代法律文化的理论意义

(1) 还原"冀文化"法律文化方面的风采。冀文化是一个具有宏大时空张力的复杂系统,具有丰富的内涵和突出的特点。应该从经济(农耕、游牧、渔业、商业、贸易、水利、运输等),政治(政治法律制度、军事、"国际"关系、官僚制度等),文化(儒家思想、道家、宗教、教育、民俗)等多视角开展挖掘和研究。其中,法律思想和法制建设是冀文化中的重要内容。目前冀文化研究尚未得到应有的重视,对冀域法律文化的历史尚未进行深入的挖掘。对冀域法律文化的研究是从法律视角还原"冀文化"的风貌,为冀文化的深入研究作贡献。

(2) 丰富和发展中华法律文化的历史。冀域法律文化是中国法律文化重要的渊源之一,在一定程度上奠定了中华法系诞生和发展的基础,对中国古代法制建设作出了突出贡献、为中国法律文化宝库留下了珍贵的遗产。对冀域法律文化的研究不仅可以使冀文化的研究更加完善,而且从法学的视角对冀域法律文化进行深入的挖掘、理性的分析、合理的应用,通过对其起源、发展、特点等内容来进行挖掘和阐释,为世人描绘出冀域法律文化的全貌,探寻冀域法律文化生命力的根源,对其产生、发展及内容赋予新的内涵和活力,可以丰富中华法律文化体系的内涵和外延。

(3) 扩展和完善冀文化研究的内容。冀文化包括哲学人文、水文地理、社会历史、宗教传播、文化教育、科学技术、经济商贸、政治法制、伦理道德、民俗风情、衣食住行等等很多的方面,冀域法律文化的研究是冀文化中不可缺少的一部分。对冀域法律文化的深入探索可以使冀文化的研究更加完善,使人们对冀文化的各个方面有一个全面深入的了解,充分认识到冀文化在中华文明宝库中的地位和作用。

1.1.2 研究冀域古代法律文化的实践意义

(1) 有利于中国特色的社会主义法制建设。中国文化博大精深,是举世公认的。冀域法律文化作为中国古代法律文化的构成部分,是中华文化王冠上一颗璀璨的明珠。因此,我们深入研究、挖掘冀域传统法律文化的精髓所在,并为己所用,从中吸取当前法制建设所需要的可借鉴的历史资源,这对于继承和发扬中国传统法律文化的优秀成分,进一步完善现代法律,完善今天的法治社会,无疑是有重要意义的。

(2) 有利于形成冀域品牌的地域文化。对冀域法律文化的研究不仅为冀域法律文化的发展走向及冀域地区法律的实践提供新的视角和思路,也必将推动冀域地区法律文化产业的发展,提升冀域文化的影响力。通过发掘冀域法律文化,形成冀域品牌的地域文化,并形成独树一帜的冀域精神,有助于增强冀域发展的凝聚力,提升冀域文化的影响力,进而推动整个冀域地区的经济、政治、文化和生态的全面发展。

(3) 有利于京津冀一体化法制建设协调发展。冀域是京津冀之母体,冀域法律文化是京津冀一体化过程中法律文化的传统和基础。开展冀域古代法律文化研究,可以为京津冀一体化提供思想文化支持。习近平总书记2014年2月26日在京津冀协同发展专题座谈会上发表重要讲话,李克强总理3月5日在两会上作政府工作报告,都明确指出加强环渤海及京津冀协同发展是我国发展的一个重大国家战略。习近平在讲话中强调了京津冀地缘相接、人缘相亲,地域一体、文化一脉,历史渊源深厚、交往半径相宜,相互融合、协同发展的基础。京津冀一体化协同发展有着重要的战略意义,冀域作为京津冀的母体,涵盖了这一文化圈,对冀文化进行深入的挖掘和研究,可以为京津冀一体化发展提供文化支撑,促进京津冀实质协同。

（4）有利于爱祖国爱家乡的思想政治教育。冀域灿烂的古代文化为中华民族的振兴作出过重大贡献，是中华文明基因中的元基因和主元素。冀域的就是中国的，中国的就是冀域的。生活在冀域的人民，一要提升家乡自豪感，通过冀域法律文化的挖掘更加热爱冀域的历史和文化，提升爱国主义意识；二要增强责任感，学习弘扬冀文化，探索冀域法律文化，不仅有利于丰富法律文化建设内容，而且有利于继承先人光荣传统，在发扬冀域法律文化中光大中华法律文化，在新的历史条件下为中华文明作出更大的贡献。

1.2　冀域古代法律文化研究现状

在国内，学者对法律文化研究较多，"主要围绕法律文化的基本理论研究、中国传统法律文化研究和中西方法律文化比较研究等领域进行"[1]；对中国传统法律文化的研究主要是从宏观整体上或是某一历史时期来进行的，对某一民族、某一地域的法律文化研究较少，而对冀域法律文化的研究还未涉及。国外学术界从宏观领域研究中华法律文化取得了较为丰硕的成果，但就冀域法律文化来说尚未开始。

1.2.1　国内研究现状

二十世纪中期，以法律文化为核心研究对象的学术热潮在美国兴起，并逐渐影响了全球。在苏联的直接影响下，中国也在不久后加入了这股浪潮之中。它作为法学领域的一个新兴的研究方向，引起了我国许多法学学者的关注。

（1）法律文化概念研究。我国法律文化研究兴起于 20 世纪 80 年代初，在法律文化概念方面，由于研究视角的切入点及相关环境具有一定的差异性，面对"法律文化"这一基础概念，学术界众说纷纭，由此也发展出一系列其他学术议题的争论。我国法学工作者从文化观的角度出发,将法律文化概念概括为广义、中义和狭义三种。

广义的法律文化观将法律文化界定为人类法律实践活动的总和,认为法律文化不仅包括社会法律制度框架及具体的法律规范,也包括了公民的法律观念及社会意识形态等。例如郑成良先生的观点:"法律文化是对特定民族、特定地域范围的公民共同生活方式的一种高度概括总结,直接与法律统治之下的社会秩序息息相关,不仅表现于个体具体的生活方式与行为选择之中,也暗含于公民对于未来的一种期盼之中。从这个角度来看,法律文化的内涵主要包括三个方面:认知、评价与情感。"[2]

中义的法律文化观排除了广义法律文化观中法律的物化标志、物化设施,而只是把法律文化归为法律制度和法律思想两方面。例如武树臣教授提出:"法律文化是社会实践的结果,是社会文化的下位概念,具体包括指导思想、行为规范、调整技术等各项内容。概括说来,法律实践决定法律文化,法律文化对于法律实践具有指导作用,法律实践是'法体',法律文化是'法统'。"[3]又如刘作翔教授将法律文化概括为:"法律文化为法学研究提供了一种全新的角度,与具体的法律实践活动密不可分。我们不仅可以从社会意识形态这类无形的事物之中感受其存在,也可以在具体的社会制度体系中发现其踪影。法律文化随着人类社会的发展而发展,不仅有对前人社会活动的总结,也有现代人民当下的创造以及对未来的展望。因此,法律文化是一个综合性概念,实现了历史与现实、静态与动态的统一。"[4]

狭义的法律文化观,这种观点除去了法律制度层面,进一步缩小范畴,认为法律文化仅仅是意识层面的,只有意识形态和观念形态才属于文化范畴。如梁治平在《法律的文化解释》中提出"法律文化属于社会精神文明,它反映了法作为特殊的社会调整器的素质已经达到的水平,反映了历史积累起来的有价值的法律思想、经验和有关的制度、法的适用等,反映了法的进步内容,有很大的应用价值。"[5]

总体来说,法律文化的概念有广义、中义、狭义之分,与文化观相呼应。本章所采用的文化观沿袭的是刘作翔教授《法律文化论》的中义的法律文化观,即法律文化是与人的精神相关的法律意识形态及其表现出的法律制度等。

(2)法律文化研究的性质、地位。法律文化的地位和性质的明确与否,直接决定着法律文化研究的法理逻辑是否合理,在相关研究中具有基础性地位。虽然已有众多学者在相关研究领域都取得了很大成就,但总体来说仍处于初始阶段,关于法律文化研究的性质和地位,学者们众说纷纭,存在不同意见:

第一种观点的核心是:法律文化是作为独立的学科部门而存在。例如知名学者武树臣教授就提出:法律文化学在研究课题上具有显著的独立性,其研究始终围绕法律社会现象展开,具有法学和文化学的双重特点。认为"法律文化学是法学和文化学的综合体。法学一翼包括理论法学、历史法学、应用法学"[6]。

第二种观点认为法律文化不是一个独立学科,而是一门跨领域、多学科的活动。如张中秋教授认为文化研究既然有跨学科的意义,那么法律文化也不例外,也是多领域的学科。张中秋教授的这一观点,也赢得了许多学者的认同。

第三种观点则把法律文化定性为一种具体的法律研究方法,梁治平先生曾对这种观点进行详细解读:法律作为民族文化不可分割的一部分,直接受制于特定社会文化,因此法律是研究文化的一个具体角度,法律文化则是一种分析文化的具体工具。

客观来说,学界对于法律文化的性质和地位问题莫衷一是,法律文化的相关研究尚属于一个较新的研究问题,但是随着研究的不断深入和法治改革的不断创新,法律文化研究的独立性会不断得以加强。

(3)中国传统法律文化研究。在中国传统法律文化的研究方面,不少学者从整体上就中国法律文化起源、中国传统法律文化价值、古代法律文化历史分期等问题,做了深入探讨。部分学者从朝代、民族和地域等不同角度细化论述了中国传统法律文化的各个部分,并取得不小的成绩,但就冀域传统法律文化的研究来说,尚未开始。

第一,中国传统法律文化起源研究。中国法律文化起源问题,是中国传统法律文化研究中最先遇到的问题。古代文献中有许多关于法律起源的记载,从涉及法律产生的时代看,主要有黄帝时代起源说、尧舜时代起源说、夏代起源说、"刑起于兵"、"兵刑合一"说四种。有的文献记载甚至将法律的产生推到神农氏甚至伏羲氏时代,但是这些记载大多属于神话传说,不能完全相信。

新中国成立后,学术界关于中国法律起源的观念比较统一,一般认为起源于夏朝,因为,夏朝时国家开始步入奴隶制社会,出现了阶级分层。如《中国大百科全书·法学卷》说:"根据历史文献的记载,一般认为中国到夏朝便完成了由原始社会到阶级社会的过渡。随着氏族的解体,国家的形成,法也就产生了。"在此之前,在论及法律的起源时都仅仅指出法律产生的时间而已,并没有回答法律产生的原因是什么。但无庸讳言,由于受前苏联法学理论的影响,这一时期对马克思主义法律起源理论的研究尚不够深入,因而未能很好地揭示中国法律起源的规律及其特征。具体说来,前苏联法学界在以下观点上达成了基本的统一:法律本质是统治阶级意志的一种体现,区别于其他社会规范的地方在于以国家强制力作为实施后盾。基于这种观点,法学家们进一步提出,法律是国家的产物,其产生以国家的产生为前提基础,也即无"国"则无"法"。因此得出结论:中国最早的法律出现在夏朝。因为夏朝作为社会形态发展的分界点，中国在这一时期完成了从原始社会向奴隶制社会的转变，国家也随之诞生。因此，在此前很长一段时间内，虽然人类社会早已存在，但却一直未能诞生真正的法律。但是，需要承认的是，这种观点存在一些不合理之处。最近，已经有些人对这种论点提出异议，认为法律是起源于原始社会末期的。

第二，中国传统法律文化价值研究。学术研究的价值不仅仅在于研究本身，更重要的是其内在的现实意义，对中国传统法律文化的研究也不例外。但是，面对传统法律文化，我们需要理性看待，其存在精华之时，也不可避免的存在一些糟粕，如等级观念、人治主义、义务本位、专制主义等，这些因素与现代法治是不相符的，应毫不犹豫地摒弃；而另一方面，也有积极的因素，如无讼主义、礼法合一、重义轻利等因素。其中，这些积极因素对于现代社会公民而言具有极其重要的影响。在《礼与法——中国传统法律文化总论》一书中，作为总编的知名学者曾宪义先生曾对于"礼教文化"进行了详细介绍，并从"礼"的角度出发，对古代之"法"进行了解读，并探讨了这些古代文化对于现代社会发展的具体影响。而在崔永东的《中国传统法律文化与和谐社会研究》、王彦人的《浅谈中国传统法律文化的特征及影响》、于向阳的《中国传统法律文化的现代价值》等作品中，学者们不仅仅研究传统法律文化本身，并且立足于现代社会的需要，对这些文化所内涵的现实价值进行了探索。这些探索，对于中国法治改革的深化、法治目标的实现而言至关重要。

第三，民族性、地域性的传统法律文化研究。近几年，随着我国民族文化、地域文化研究的逐渐兴起，民族性、地域性的传统法律文化研究也展露头角。我们很高兴地看到了一些优秀的作品。中华民族自古以来就是一个多民族国家，在各民族法律文化交汇、融合的同时,我国少数民族的传统法律文化也保留了一些民族特色:孙伶伶著的《彝族法文化》一书论述了彝族流传至今的习惯法文化,从构建和谐社会的视角出发,对彝族传统法律文化进行客观的分析,全面理性的认识彝族法律文化,最终达到与国家法的共存与调适;刘学灵的《蒙古法文化史》首先论述了自元朝以来蒙古的法制沿革,并得出结论:蒙古法文化是亚洲北部民族法律的代表法律,在东方法文化史上占有重要地位,在当代对内蒙古自治区的法治建设仍有重要作用;李丕祺的《回疆法文化与大清法文化的冲突整合》一文论述了回疆法文化与大清法文化的关系,回疆法文化与大清法文化同属中国传统法文化的组成部分,两者彼此独立,又相互冲突和整合。除了民族性的法律文化论述之外,地域性的传统法律文化研究也偶有看到,武树臣著的《齐鲁法文化与中华法系的精神原点》一文就为地域性传统法律文化研究开了个好头,此文论述了齐鲁法文化的发展形成、渊源以及法律思想等,提出齐鲁法文化的重要地位和贡献,为今后形成的中华法文化提供了精神原点。

从我国古代法律文化和法律史研究角度看,长期以来的侧重点基本限于对主流法律史、法律文化的研究,而忽视或过于狭隘地看待地域法律文化研究的学术价值,这些地域法律文化研究既体现了中华文明的整体特性,又体现了显著的地域特色,是值得深入挖掘的。可以相信引进地域法文化研究的方法将有利于客观多元地再现古代法律实践活动,有利于探索古代法律实践活动的内在规律。作为九州之首的冀州,历史悠久、文化灿烂、一脉相承,而冀域传统法律文化至今还未得到应有的重视。

1.2.2　国外研究现状

中国的传统法律文化也吸引了许多海外学者的兴趣,研究成果相继问世。这些研究成果既注意到了传统法律文化中封建腐朽文化的消极性,同时,也肯定了中国法律文化中的精髓,尤其是对儒家文化的重视。

(1) 批评中国法律的声音。《美国学者论中国法律传统》一书中,著名汉学家高道蕴在综合众多学者观点的基础上,提出了自己的见解:针对中国法律现状,存在两派截然不同的观点,一方认为中国目前西方式法律文化的移植、借鉴并不成功;另一方则提出中国传统法律不是社会秩序稳定的根本武器。但无论是支持以上哪一方观点的学者,其学术逻辑上都存在着天然的、难以化解的矛盾,主要可分为以下两类矛盾:"法律在政治制度之中确实具有难以取代的社会调整作用;中国的儒家理想与现实政治而言存在难以逾越的鸿沟。"[7]

(2) 分析中国法律文化的声音。韦伯在《中国的宗教》中对中国传统宗教文化和政治制度进行了深入探究。得出了结论,认为中国的统治没有将法律和道德准则权威合法化,这正是虽然中国古代文明高度发达,但我们的民主自由和法律制度却没有取得相应成就的原因。在他看来,中国的统治精英不是通过正式的法律或普遍的道德准则将其权威合法化,而是"完全以家长的方式处理事务"。

(3) 赞扬中国法律文化的声音。人类进入后工业社会以后,儒家文化的积极作用再次引起了人类的重视。在《展望二十一世纪》一书中,英国著名历史学家汤因比曾经提到"人类未来的希望在于中华文化"[8],他认为儒家提出的一些法律思例如"礼法合治""德主刑辅"这些对现代法律文化的发展是很有借鉴意义的。法理学家庞德曾说:中国往往以道德的方式来进行判决,这种灵活的方法是有可取之处的,他对中国传统法律中的某些方面是赞同的,他认为中国在建立当代法律制度时不必抛弃这些珍贵的历史遗产,要把道德体系与当代法制结合。

尽管国外学术界从宏观领域研究中华法律文化取得了丰硕成

果,但就冀域法律文化来说尚无深入研究成果。围绕中国传统法律文化的学术研究正在如火如荼的进行之中,并且不断有突破性的发现。但是,这种发展的水平仍然存在上升的空间。现有的文献主要集中于从整体和宏观上对中国传统法律文化进行挖掘和研究;或是从朝代和民族上对中国传统法律文化进行细化研究,缺少从地域上的划分研究。不同地域的法律文化既能体现中华文明的整体特性,又能体现显著的地域特色,所以应该加强地区性的法律文化研究。而冀域历史悠久、文化灿烂,它的法律文化较之其他地区具有超前性和成熟性,代表着中国古代法制的较高水平。对冀域法律文化的研究不仅可以使冀文化的研究更加完善,也是对一个崭新领域的开拓性的探索,具有重要的理论和实践价值。

第二章 冀域古代法律文化相关问题概述

法律文化作为文化的一个分支,是一种文化现象,而冀域古代法律文化作为中华法文化中不可分割的重要组成部分,源远流长、体系独特、内容丰富,体现着中华传统法律文化的精髓和核心,从历史的角度对冀域古代法律文化进行阐述,是对一个崭新领域的开拓性的探索,具有很高的价值。

2.1 法律文化相关概念界定

要想研究冀域古代法律文化,必然要先对文化、法律文化、中国传统法律文化等概念做一个准确的界定。什么是文化?什么是法律文化?这些概念纷繁复杂,众说纷纭,不同学者从不同角度给出了不一样的定义,我们要在理清这些观点的基础上,明确界定本节所指的法律文化概念,为之后的研究打下基础。

2.1.1 文化和文化观

文化,是一个非常广泛的概念。这里侧重于从中华法律文化的视角来理解文化,即文化是文明的基础,法律文化是中华文明的文化基础。

(1)文化。从宏观上来讲,文化是一种社会现象,是人类生命长期创造形成的产物,是社会历史发展的沉淀物,表现为国家或民族的历史、地理、风俗习惯、文学艺术、价值观念、思维方式、行为规范等等,是人类互相交流所被普遍认同的能够传承的一种意识形态。

中文语境下的文化是"人文教化"的简称。其中"人"是主体,是文化讨论的基础;"文"是教化的工具,例如语言和文字等;"教化"是内容,"既有名词的性质,又有动词的含义,名词意义上的'教化'是指一种行为规范;而动词的'教化'则是指一种手段和过程。'人文教化'就是说通过语言和文字等载体来对人类社会行为进行规范。"[9]中国历史上为了加强社会管理,曾有过人性善恶之争,目的都是通过教化,使人向善。所以,文化是具有意识形态特征的教化现象。法律制度和法律文化是文化的突出表现。

(2)文化与文明。文化是人的思维创造性运动的成果,是由少数文化创造者所创造,然后通过一些工具载体来传播的,当这一文化被社会上大多数人所学习和应用之后,这时文化就变成了一种复杂的文化现象,而不是单纯的文化了。"文明就是各种各样的文化从创造者头脑进入了群体社会生活而融汇成的一幅多层次的,立体的,多姿多彩的图景。"[10]所以文明是由丰富的文化所构成的,文化是文明的基础,先出现文化,然后多数人学习、运用文化进行物质生产形成文明,没有文化就谈不上文明。

文化和文明有时候在用法上是容易混淆的。于是有学者提出区别:"文明注重外在表现和成果,例如政治、经济、文化等在生活上的表现和科学成果,都可以认为是文明的表现。文化则注重于内在方面,包含了宗教、哲学、艺术等思想精神层面的东西。"[11]人类社会文明包括法律文明,法律文明是通过法律文化的内在传播,促进法制文明建设,提高整个社会文明程度的过程。

(3)文化观。"刘作翔先生在其著作《法律文化理论》一书中,对

'什么是文化'这一基础性命题进行了全面讨论,而且进一步提出了'文化观'的概念,并根据其特性将其分为了三大类:"[12]

第一,广义的文化观。"这种观点将文化看作物质和精神财富的上位概念,其内涵十分丰富,包括了人类活动过程中所创造、形成的一切成果"[13]。

第二,狭义的文化观。这种观点将文化的概念与物质财富概念平行起来,在这种观念之下,文化就是社会精神活动的成果,具体包括意识形态和社会观念两大类。

第三,中义的文化观。这种观点虽然认同物质创造活动对于文化形成的巨大影响作用,但坚持精神财富始终是文化的具体内涵。

我们赞同的是中义的文化观。"文化就是指上层建筑,文化包括了上层建筑的全部领域。无论是法律的、政治的、宗教的、道德的、哲学的、艺术的等上层建筑范畴的事物,都属于文化领域的范畴。"[14]冀域不同时期的法律文化是中华民族历朝历代上层建筑的重要内容。研究冀域法律文化是客观解析冀文化的基础性工作。

2.1.2　法律和法律文化

(1)法律。法律是国家制定或认可的,由国家强制力保证实施的,以规定当事人权利和义务为内容的具有普遍约束力的社会规范。法律是建立在经济基础之上的上层建筑,在人类创造的各种物质文明和精神文明中,法律是一种最能集中和突出地反映一个民族、一个社会基本价值观念,体现当时人们对自然、社会和人生的看法与价值的制度。在这种制度背后,有着极为复杂和丰富的社会经济和社会思想因素。所以说,法律是一个朝代、一个国家在一定历史时期的物质生活条件的综合反映。

(2)法律文化。"法律文化"相对于其他子文化来说出现的较晚,但它的晚出现并没有避免学者们对它进行多元化的解释。法律文化研究最早开始于美国,大约在上世纪 80 年代初传入我国,作为法学领域一个新兴的研究方向,迅速吸引了一部分法学学者的注意,但直到现在,关于法律文化的具体内涵仍然是莫衷一是的。

针对法律文化概念,虽然学界尚不存在统一的定义,但主要存在以下三类观点:第一类是广义的法律文化观,将法律文化界定为"人类法律实践活动的总和,不仅包括社会法律制度框架及具体的法律规范,也包括了公民的法律观念及社会意识形态等"[15];第二类是中义的法律文化观,这种观点排除了广义法律文化观中法律的物化标志、物化设施,而只是把法律文化归为法律制度和法律思想两方面;第三类是狭义的法律文化观,这种观点又除去了法律制度层面,进一步缩小范畴,认为法律文化仅仅是意识层面的,只有意识形态和观念形态才属于文化范畴。

法律文化作为文化概念的子概念,是必须与文化概念相统一的,我们确定了文化的概念,就可以明确法律文化的概念了,既然本文以中义文化观为基本出发点,那么本章所指的法律文化就是对相关社会实践及其成果的概括。简而言之,"法律文化不仅包括静态的法制建设成果,还包括动态的社会意识形态及法律观念。法律文化具有历史性、地域性及民族性,和一定的文化传承相关联,呈现出显著的地方特色。"[16]

(3)法律与法律文化。法律文化是在法律概念的基础上形成的,没有法律便谈不上法律文化,二者是不可分离的。法律文化是社会上层建筑中有关法律思想、法律制度、法律设施等一系列法律活动及其成果的总和。法律文化的性质、特点等许多方面都与法律的本质息息相关,受法律性质的决定影响。例如:因为法律是阶级社会发展的产物,法律体现统治阶级的意志并为统治阶级服务,所以法律文化也相应地反映着一定的政治诉求。法律文化虽然属于文化的范畴之内,但它本身具有浓厚的法律特色,显得法律文化这一文化类型的政治功能比其他文化类型更加突出。

2.2　中国传统法律文化概况

"传统法律文化是一个历史性概念,它是指在过去某一时间限度内存在的一种法律状态。中国传统法律文化是指中国在上下五千年历史长河中围绕法律所展开的一切社会实践及取得的众多实践成果。"[17]中国传统法律文化源远流长、博大精深、特色显著。追本溯源,法律文化在上古时期已初见端倪。但根据现代观点,第一部成文法诞生在夏朝,中国传统法律文化随着王朝更迭、社会变革而不断得以丰富和发展,最终形成了极具中华特色的精神体系和制度成果。

2.2.1　中国传统法律文化的内涵

中国传统法律文化不仅包括显性的法律制度建设,还包括古代人民在法律实践过程中形成的法律思维方式,具体来说包括以下内容:

(1)中国历朝历代的造法行为及其实践成果,具体包括立法思想、立法参与者、立法方式、立法技巧、法律文本等。在古代政权交替中出现的一些判例习惯、乡规民约等,只要是曾在社会现实生活中起过实际的调节作用,那么也属于其中。

(2)中国历朝历代的法学理论成果,特别是那些对法律制度建设起到过指导或者重要影响作用的法学思想和学说,需要引起相关研究学者的充分重视。

(3)中国历朝历代的司法状况和执法情况。司法状况包括司法机构、司法体制、诉讼制度、狱政制度以及司法设施如监狱、配所、公堂等。执法情况则主要研究执法名人及其执法精神等。

(4)中国各个历史时期内社会各个阶层的价值观念、生活习惯以及风俗文化传统。这些人类精神文明成果直接或者间接地对法律文化的发展起到了影响作用,是了解和研究历史法律文化所需解决的先决问题。

总之,中国传统法律文化内涵丰富、博大精深,在全世界的范围内具有鲜明特色,其影响超过了国度的范围,对周边国家也产生了深远影响,例如日本、朝鲜、印度等。时至今日,中国传统法律文化仍旧以各种方式渗透影响着中国现代法治变革。

2.2.2 中国传统法律文化的突出特点

中国是四大文明古国之一,中国古代文明可以追溯到公元前 21 世纪的夏朝,至今已有四千多年的历史。因此,中国法律文化亦经过了四千多年的发展过程。

(1)起源甚早且相传不断。从世界法律史的角度看,中华法律最突出的特点,不仅源远流长,内容博大精深,而且相传不断,沿革清晰。中国古代法律,应该追溯到夏朝,从夏朝开始就不断积累和发展,虽然在夏、商、周时期占主导地位的还是习惯法,但成文法的萌芽已经开始孕育。春秋中期以后,各诸侯国开始制定成文法,成文法体系开始迅猛发展,经过几千年的积累和发展,使中国古代的法律体系,从最初的粗略、简单、幼稚的法条,发展成了规模宏大、内容丰富、义理精深、结构科学的综合性法律体系。

(2)立法体系几近健全。就立法而言,自秦汉至明清数千年间,历朝历代,在其建立政权之初几乎无一例外的都制定了大而全的基本法典,并以令、科、比、格、式、敕、例、典等多种法律形式补充和完善着法律体系,全面规范和调整各方面的社会关系。所以说,就立法规模之宏大、立法内容之先进、法律体系之完备而言,中国古代法律在整个世界法律发展史上长期处于首屈一指的地位。

(3)司法体制极富特色。除了辉煌的立法成就之外,中国古代的司法体制也有极富特色的一面。夏商以后,伴随着国家机构的不断发展,我国古代的司法体制、诉讼制度也逐渐臻于完善。从秦朝开始,一套从中央到地方的完整的司法体制,以及一系列具有中国古代特色的审判制度就已经建立起来,并在汉魏晋之后得到进一步的充实和完善。从整体上看,在中国封建社会的鼎盛时期,我们的立法技术、司法体制,国家统治层运用法律的艺术,以及整体法律水平,都达到了相当高的程度。

从历史上看,自夏商以来,中国的法律由简略的习惯法发展成为充满哲理思维的成文法体系,期间的演变递嬗,当然不能仅用朝代的更替、政权的变更来简单地解释。从某种意义上说,中国传统法律文化的发展,反映了我们这个民族在不同阶段对社会、人生,以及人与人之间关系等根本性问题所作出的思考和选择,是祖先遗留给我们的宝贵财富。

2.3　冀域古代法律文化概况

冀域历史悠久、文化灿烂,冀域古代法律文化也经历了一个从起源到发展到高潮再到衰落的一个过程,它的法律文化较之其他地区具有早熟性,还在夏朝时代,冀域已经迈进了文明的门槛,出现了法律的萌芽,形成了灿烂的法律文化。进入封建社会以后,历经秦汉与魏晋南北朝的不断发展到隋唐时期达到高潮,冀域的法律文化也在历朝历代的法律建设者手中不断发展完善并走向成熟。从宋朝开始,冀域法律开始走向衰落;冀域法律文化具有丰富的内涵和显著的特色,在人才辈出的冀州大地上,不仅曾经涌现出繁若星辰的名臣武将、政治家、思想家、文学家、科学家、医学家,还有一支法学家队伍。他们的法律思想、法学著作以及在法制建设和执法中的业绩和贡献,使冀文化更具有浓厚的地方文化色彩。冀域地区出现了众多的法制人物,其律学世家之多,传承时间之长是冀域地区所特有的;冀域法制人物中出现了许多名臣大儒,他们的法律思想和理念长期影响着中国法制建设的发展趋向;冀域大地长期处于中原法律文化与北方游牧民族法律文化的交汇、融合的核心地区,在多民族法的融合、传承和创新中发挥了重大作用;冀域还拥有一批重视法治、不畏权贵、执法严明的典范人物,他们的精神和活动,不仅在创立冀域法制文明中发挥过重要作用,而且对现代法制建设仍有现实意义,仍是不可缺少的宝贵财富。

冀域法律文化是中华法系形成的渊源之一,在中国传统法律文化中具有举足轻重的地位,不仅为中国法律文明增光添彩、也为中国法律文化宝库留下了珍贵的遗产。尽管冀域法律的贡献如此之大,但在已有的冀文化研究中,法律文化研究并不为人们所重视,很少有人对其进行专门研究。因此,为弘扬冀州优秀法律文化精神,使这一古老而又有生命力的文化走进现代,特对冀域法律文化中的问题进行专门探讨,以期在冀域法律文明建设中发挥一定的积极作用。

第三章 冀域古代法律文化的起源

"问渠那得清如许,为有源头活水来",欲知冀域法律文化的全貌,则首先要探究其源头。冀域法律文化是源远流长的,我们应当从其起源来开始分析,从法起源的一般理论来推导冀域法律文化的起源。

3.1 法律起源的一般规律

马克思主义法学理论认为,法律并非自古有之,也并非亘古不变。虽然法律不同于一般的社会现象,但历史性是法律的固有特性,法律也和世界上其他众多事物一样,受到客观发展规律的制约。也有其产生、发展直到最后消亡的客观历史过程。

人类社会的最初形态原始社会,在经历了数以百万年的原始群时代后,发展到了氏族公社阶段,氏族社会又经历了母系氏族与父系氏族两个发展时期。没有国家,也没有法律。与此相应的,调整人们的社会关系的共同规则表现为氏族习惯。这些习惯又是原始的道德规范、习俗礼仪、宗教戒律,并且共同构成氏族的社会规范。这些氏族规范对于维系人们的血缘关系,促进原始社会的发展起过重要作用。

虽然由于地域环境的客观差异,各国法律呈现出不同的特点,但在法律的产生问题上,具有共同的规律。

马克思关于法律产生的第一个基本规律是"法律是历史的产物,是社会产生发展到一定阶段上,随着生产资料的私有、社会阶级的分化和国家机器的产生而产生的,社会生产力和经济关系的变革是法律产生的决定性因素,这是法律产生的根本原因,也是法律产生的共同规律之一"[18]。

法律产生的第二个基本规律是"各国各地的法律都经历了一个发展的过程:从最初交往过程中自发形成的习惯,到社会产生相对固定的习惯法,最后才以文字的形式将相关的社会秩序以成文法的形式固定下来。这个发展过程并非一蹴而就,而是经历了一个较长的缓慢发展、演变的阶段"[19]。

法律产生的第三个基本规律是"法律的形成与发展并非是一种独立的自发的社会现象,而是与宗教、道德等人类社会自发形成的社会秩序相互影响,在法律产生的初期,后者对于法律的影响十分明显,因此,早期的法律几乎总是带有浓重的宗教色彩和道德痕迹"[20]。

3.2　法理学视角下的冀法起源

冀域法律在众多历史文献记载中起源于夏朝,春秋中期以后,具有成文法系特征的中国封建法律开始迅猛发展,战国时期在冀域建立政权的赵国,制定的《国律》成为了冀域法律初期的雏形。同时,在早期冀域法律演变过程中伴随了浓重的宗教色彩。

3.2.1　冀域法律肇始于阶级社会初期的夏朝

马克思主义法学理论提出:法律是历史的产物,以生产资料的私有、社会阶级的分化和国家机器的产生为诞生的前提基础,社会生产力和经济关系的变革是法律产生的决定性因素,各国法律都是如此。

在人类最初形态的原始社会时期,冀域由于有着比较适宜的气候和生存必须的淡水资源,这里成为古人类进化、演变的"化石"见证地带,一直以来在这里繁衍生息的人类部落从未中断,在经历了数以百万年的原始群时代后,发展到了氏族公社阶段,氏族社会又经历了从山顶洞人母系氏族到新石器时代中后期父系氏族社会的大汶口文化。在这漫长的时期,冀域地区没有出现国家,也没有法律。

随着生产力的发展,社会财富越来越多,剩余产品出现,私有财产和阶级产生,华夏大地出现了第一个奴隶制国家——夏朝。当时夏人的活动范围大体在中原地区,西起今山西省南部和河南省西北部,东至今河南、河北、山东三省交界之处,南达湖北省,北至河北省北部,冀域属于夏人的活动范围之内。考古学、历史学的资料都充分证明,距今已有四千多年的夏王朝已是国家的既定形态。这样伴随着私有制、阶级和国家的产生,出现了法律。《左传·昭公六年》中记载有"夏有乱政,而作《禹刑》",《汉书·刑法志》有"夏刑三千条"等等,这些都说明夏朝时期就已经出现了制定法,与此同时,刑罚制度、监狱制度都有了一定的发展。因此可以得出结论,我国的法律起源于夏朝。《禹贡》称"冀州是九州第一雄都,有冠盖九州之诱惑"。由此可以推断出,被誉为九州之首的冀域法律也是源于夏朝的。

3.2.2 冀域法律从习惯法到成文法的演变

马克思主义法学理论提出:各国各地的法律都经历了一个发展的过程,从最初交往过程中自发形成的习惯,到社会产生相对固定的习惯法,最后才以文字的形式将相关的社会秩序以成文法的形式固定下来。这个发展过程并非一蹴而就,而经历了一个较长的缓慢发展、演变阶段。

"在氏族社会时期,调整冀域先民社会关系的共同规则表现为氏族习惯。这些习惯又是原始的道德规范、习俗礼仪、宗教戒律,并且共同构成了氏族的社会规范。这些氏族规范对于维系人们的血缘关系,维持氏族社会的集体生活,促进原始社会的发展都起着重要作用。到公元前 21 世纪夏王朝建立,冀域古代法律伴随着国家的发达而开始了不断积累、不断发展的辉煌历程。"[21] 在夏、商、西周三代漫长的时间里,在不成文的习惯法占据主导地位的同时,冀域早期的成文制定法的种子也在孕育之中。到春秋中期以后,具有成文法系基本特征的中国封建法律开始迅猛发展。战国时期在冀域建立政权的南有赵国,北有燕国,中部有中山国。赵国制定了《国律》,经过几千年的积累与回旋,冀域古代法律制度经过了从氏族习惯到习惯法再到成文法的演变过程。

3.2.3　早期冀域法律浓厚的宗教道德色彩

马克思主义法学理论提出:法律的形成与发展并非是一种独立自发的社会现象,而与宗教、道德等人类社会秩序相互影响:在法律产生的初期,后者对于法律的影响十分明显,甚至直接成为了法律的内容。

冀域早期的法律受宗教、道德的极大影响。氏族社会时期调整人们社会关系的共同规则表现为氏族习惯。这些习惯包括原始宗教、社会禁忌、礼仪规则和伦理观念等,他们共同构成氏族的社会规范。这些氏族规范对于维系人们的血缘关系,促进原始社会的发展起过重要作用。到夏朝时期,"天罚""天讨"的神权法思想成为立法的指导思想,鬼神宗教逐渐成为了社会管理者的管理工具,并且借由鬼神宗教之名试图使其统治地位合理化。在当时,鬼神的旨意以法律的形式向人间传达,社会管理者努力推行"恭行天罚"。而"天讨""天罚"思想在商代发展到了高峰,世间存在一个唯一的神主宰着人世间的一切。到后期,几乎所有的社会事项,无论大小都需要向神通报,并取得神的旨意,指导进一步的行动,甚至决定一个人是否有罪、是否应当接受惩罚也需由神来决定。西周时期,提出"以德配天"的君权神授说。认为"天"或"上帝"不是哪一族独有的神,而是天下各族所共有的神。因此,早期冀域的法律大都含有浓厚的道德色彩和宗教痕迹。

由此可见,冀域的法律产生遵循了马克思关于法的起源的一般理论,其法律文化出现较早,还在夏朝时代,冀域已经迈进了文明的门槛,出现了法律的萌芽。经过从氏族习惯到习惯法再到成文法的不断发展演变,形成了灿烂的法律文化。

3.3　冀域早期的法律渊源

法的渊源是法的外在表现形式,奴隶制社会初期,法律以不成文的习惯法为主。法的渊源主要表现为习惯、宗教教规、道德规范和判例。到奴隶制社会的中后期,开始出现成文法。封建制社会,法的渊源有成文法和不成文法两种。冀域早期的法律渊源主要有原始宗教、社会禁忌、礼仪规则和伦理观念等。

3.3.1　冀法母体——原始宗教

古代的法律总是和宗教仪式密不可分的。没有文字记载的法律,从中国到秘鲁,在它刚刚制定出来的时候,都涉及宗教仪式和习惯。早期的宗教从本质上来说,"是特定区域内的具有一定血缘关系的社会群体为了减少内部争端、增强抵御外部风险的能力,而选择一种并非真实存在的事物作为共同尊崇的对象,并围绕该对象发展起来的一系列活动、程序、图腾的总称。"[22]

宗教的历史非常悠久,最早可追溯到原始社会,它的产生与发展和当时极其落后的生产力水平相适应,表明了早期人类生存的不易。

在很长一段时间内,社会规范的重任完全落在了宗教规范之上。在这样的背景之下,冀域先民逐渐形成了以祖先为主,以鬼神和自然为辅的崇拜体系。社会群体根据分工的不同在崇拜对象的选择上呈现出差异性:猎人崇拜动物或山神;渔民祭拜河神或水神;种植者则尊崇各种植物或者花神……由此建立起来的宗教信仰体系内涵丰富,包容性强,标志着人类文明又向前迈进了一大步。宗教体系几经发展,一直对后世有着深远影响,冀域地区至今还保存大量古代的庙宇、佛寺遗址。

3.3.2　冀法雏形——社会禁忌

冀法最初的形态集中表现为一系列的社会禁忌,其内涵主要包括以下两个方面:一是人人需要尊崇神物,不得予以亵渎;二是人人有义务远离具有威胁和带有侮辱性质之物。社会禁忌是原始社会时期社会群体在与自然抗争过程中处于劣势地位,出于自我保护,而采取的一种消极预防措施。社会禁忌在行为规范方面已初具法律的特征,它时刻提醒着社会成员注意自身的行为,以保护他们躲避掉生存风险,从群体的安危出发,还对以身犯险的个体规定了惩罚的方式,以促使他们做出正确的行为选择。此外,社会禁忌还在社会群体之间、个体之间以及个体和群体之间充当了缓和冲突的协调角色,德国著名学者卡西尔早已看到这一点:"社会禁忌是人迄今所发现的唯一的社会约束和义务的体系,奠定了社会稳定的基础。社会活动的正常开展和社会体系的正常运作都离不开一定的社会禁忌规定。"[23]不难看出,社会禁忌在很长一段历史时期中充当了社会规范的角色,也即是一种事实上的法律。

古代冀域先民由于当时生产力水平低下,在与自然的抗争之中始终处于下风,由此产生了对自然的敬畏与恐惧。他们无法理解自然界之中斗转星移的原理,无法摆脱疾病与饥饿的困扰,在知识十分匮乏,内心困顿无法化解的情况之下,古代冀域先民以为世间万物皆有灵性。在追求生存、规避自然风险及神灵观念的影响之下,他们将一系列的社会禁忌作为约束个性行为的规范,这些禁忌最早存在于祭奠先人的程序、礼节之中,与鬼神等超自然力量密切相关。发展到后期,这些自发形成的社会禁忌逐渐得以发展、固定,成为了一种稳定的社会制度,约束社群中个人的行为举止。因此,社会禁忌是冀域社会最早的行为规范形式,也是后来产生的其他社会规范,例如道德、习惯法等义务性规范的前身。

3.3.3 冀法外化——礼仪规则

冀法在外部具体表现为一套礼仪规则。礼仪作为社会交往过程中的一系列言行规范,对于缓和人际冲突、维持社会稳定具有重要作用。礼仪在人类社会中存在已久,早在冀域早期,礼仪就已成为了冀域人民日常行为选择的重要向导,具有行为规范的作用。礼仪经过不断发展,最终形成了一套完整的典章制度,与一定的政治制度相适应,调整着社会生活的方方面面,承担着社会维稳的巨大作用。

在冀域社会早期,具体的礼仪规范数量众多且内容繁杂,根据其具体内容可分为两大类:第一类是"政治礼仪,主要包括祭天、祭地、祭祖与相见礼四项内容"[24]。首先,"祭天起源于周朝的郊祭,举办时间在每年冬至当日,当时人们已由单纯的超自然力量崇拜转移到具体的事物和象征物上,祭天的对象不再局限于上苍,还有遥远的星体和月亮。其次,祭地,夏至是祭地之日,礼仪与祭天大致相同。祭祖,祭祖制度是祖先崇拜的产物,社会阶级之间庙宇的数量存在明显差异,天子地位最高可设七庙,诸侯、大夫、士依次递减,庶人作为社会上被管理的对象,不享有宗庙权利。最后,相见礼的主要内容是不同社会阶层、政治等级的人之间的交流礼节,官员之间如果存在上级下属的关系,则适用于拜见礼;平级之间则用揖拜礼;公、侯、驸马之间则需作两拜礼。"[25]第二类是生活礼仪,主要包括诞生礼、成年礼、燕礼、宾礼、五祀等。这些礼仪规范连同长期自发遵守的习惯法一起调整着社会生活的各个方面,通过影响社会个体的思想而作用于个体的行为方式,最终在社会中形成稳定的人际关系,最终实现统治阶级进行有效统治的目的。

3.3.4 伦理依托——荣辱观念

荣辱观念是指在一定的社会群体范围内,人们在行为选择过程中呈现出的自发选择好恶以及坚持这种好恶倾向的心理状态,这种好恶观念直接影响到个体自身的行为选择模式以及相互之间的行为评价,从而起到影响社会秩序稳定的作用。追本溯源,伦理法发端于奴隶制社会。在那个时候,鬼神宗教信仰全面占领了法律思想界,在这种极端崇拜之下,"天罚神判"是法律实施的合理化基础。将贯彻法律规定宣扬为神的旨意,利用宗教、道德、统治者的权威来保障法律的落实,督促人民依据法律规定约束自身行为及相互约束、评价对方行为,最终实现维护奴隶主统治利益的目的。冀域早期社会在此基础上构建的一套完整伦理制度,对于社会的长治久安而言意义重大,在一系列"回避""羞耻"的伦理观念指导之下,人们的行为选择具有一定的可预期性,这也奠定了习惯法的基础。

第四章　冀域古代法律文化的发展脉络

冀域古代法律文化历史悠久,内容博大精深,一脉相承,其法律思想影响深远,法制建设贡献巨大。经过几千年的发展演变,冀域古代法制经历了从起源到发展到高潮再到衰落的一个演变过程。以历史时序为经,以冀域每一王朝的法律思想和法制建设为纬,对冀域法律文化的起源和发展进行系统的挖掘和论述,争取为世人描绘出冀域法律文化的全貌。

4.1　冀域古代法律思想源远流长

法律思想,作为影响和支配法制建设和司法实践的一种基本理论,在冀域历史上早已出现。冀域素称多圣贤之地,自黄帝在涿鹿立世,冀州大地始不绝圣贤豪杰之士。不仅"慷慨豪杰之士卓冠斯世",而且"侨寓之贤,潜藏恬退于林泉者,亦皆磊磊落落而光照千古者也"[26]。尤其他们提出的中国封建正统法律思想,追求社会和谐秩序的设计,奠定了中华法文化的基础,一直影响着中国两千多年社会发展的趋向。

4.1.1　战国早期冀域法律思想已现体系

先秦时期形成的法律文化对于中国封建时代法律文化的影响十

分重大,中国法律思想在此阶段经历了由"礼治"到"法治"①的巨大转变,最终形成的"礼法结合"的法治理念,标志着中国真正意义上的传统法律随之建立。夏商时期,冀域主要是神权法和宗法思想占支配地位;西周时期,提出"以德配天,明德慎罚"思想,依靠"礼"来治理国家,礼治是社会治理的核心;战国时,冀域主要包括燕国、赵国和中山等国,其中尤以赵国的法律思想尤为突出。

　　(1)赵国慎到提出"尚法"与"重势"思想。战国早期,处于冀域的赵国,与改革后的邻国相比日渐衰落,为寻求治国之道,赵国慎到到齐国都城求学,当时各学派在这里设坛讲学,公开辩论,形成了百家争鸣的学术氛围。慎到在这个环境中,兼收并蓄当时居主导地位的道法两家学术思想,提出了"尚法"和"重势"的思想体系。

　　慎到的法律思想,是在战国中期各种学术思潮开始走向融合的大势下形成的。所以在他的法律思想中兼有道、法两家的特点,"以道释法,以法解道"[27]。他既主张"尚法",又提倡"重势",而他的"重势"是建立在"尚法"基础之上的。因此,他在先秦法家中是一个颇有造诣的理论家。他不仅提出了"因人之情"而立法,而且对法的"公正""公信""公义""共识""公审"性进行阐释。他认为,法制、礼仪、道德都应该是公正无私的,只有"法之功莫大使私不行"[28],社会才能公平和谐。尤其他提出的"立天子以为天下,非立天下以为天子也;立国君以为国,非立国以为君也;立官长以为官,非立官以为长也"[29],明确指出天子、国君、官吏,都是为了服务于天下百姓而设立的,而"非以利一人也"。所以天子、国君应为国、为公而不行私,各级官吏应"以死守法"而非忠君。慎到的法律思想虽然并不算完善,但对战国后期荀况、韩非的思想颇具影响。慎到的"人莫不自为"的人

---

　　① 此处的"法治"是指中国古代法家学派所提出的,与"人治"相对的概念,与当代法治有着本质区别。

性论,是荀况提出"人性恶"学说的思想基础。慎到的"重势"理论得到韩非的重视,在这一思想基础上提出了"抱法处势"说。

慎到无论是"尚法",还是"重势"的思想,都是从"公"与"私"的角度提出来的,他从公私观上将天下、国家与天子、国君分开来,强调君臣是为天下百姓而设,非为君臣私欲而置,他是中国系统提出"公""私"观的第一人。慎到的这一思想在当时是很先进的,他的立法为公的法律观和"立天子以为天下"、"立国君以为国家"的国家观,以及"法"与"势"相结合的思想,不但为推行新兴地主阶级的"法治"提供了理论根据,而且对中国古代法理学的发展具有重要影响和现实意义。

(2) 赵国荀况的"隆礼重法"理论体系。荀况,字卿,后人称之为荀子,战国末期赵国人。他开创的礼法一体理论和混合法理论,既是冀域法律文化的重要内容,也是中华法制文明发展的指导思想和理论基础。

荀况虽然以孔子正统继承人自居,但他的思想远远超出了孔孟之学的局限,他在批判诸子百家、冲破学派界限、吸收诸子精华、改造儒家"礼治"的基础上,创造性地构建起以"礼"为主、礼法结合的"隆礼重法"理论体系。治国既不能单纯用礼,也不能单纯用法,因为礼与法都是治国驭民的社会规范,只有将二者紧密结合并用,才能更好地治理国家。荀况在改造和充实传统"礼治"的同时,亦吸收了春秋以来的法治思想,把儒法两家一直对立的"礼"与"法"融合在一起,构建起既"隆礼"又"重法"的理论体系。但荀子并不是简单的将"礼"与"法"相加,而是对礼与法在治国中的地位作了新的界定。所以荀子的"隆礼重法"既不同于孟子的"礼治",也不同于商韩的刑名法术之学,而是一种自立的"礼法结合"之学。尤其是荀子将"礼"作了法的功能性解释,"礼者,法之大分,群类之纲纪也"[30]。"礼者,治辩之极也,强国之本也"[31],使礼更突出了客观性和制度性功能,礼法在治国中的功能性价值更趋向一致,使礼法融合成为可能。

荀子开创的礼法一体学说虽然切合时代要求,而且具有前瞻性,但在当时并没有为诸侯国所接收。但在中国封建正统法律思想体系创建和演进中,荀子的礼法结合、德刑并用、公正执法的理论,实际上一直指导和影响着中国封建法制文明的发展趋向。

4.1.2　汉朝奠定封建正统法律思想基础

在秦汉之际,冀域地区开始实行"礼法合治",倡导"德主刑辅"的治国原则,主张"明德慎罚""以德配天"的指导思想。"礼法结合"的核心是宗教法律与官僚政治的统一,社会交往的伦理规范与中央集权、君主专制的协调,人治与法治的整合。这一主张"一方面化解了礼与法长期以来的争端矛盾,另一方面促进了两者的互补与协调,发挥两者在政权统治上的最大效用"[32]。此外,"礼法结合"并不限于"礼"与"法"两大内容,还全面涉及到了其他维护封建建制的理论思想。

（1）西汉董仲舒主张"德主刑辅"与"君权神授"原则。汉代之初,可谓是百废待兴,如何建立新的统治秩序,是亟待解决的现实问题。秦朝把法家的"专任法治"理论推向了极端化,致使秦朝短命而亡,由此也暴露了法家"专任法治"思想的诸多弊端而宣告破产,法家理论已不适合汉初社会形势的需要,儒学此时虽在民间复兴,但其主张的礼治、德教和仁政,亦不具有收拾残破局面的功能。在这种情况下,以治《春秋》公羊学著称于世的冀域广川著名儒学大师董仲舒,提出了"德主刑辅"与"君权神授"的思想,因此获得了汉武帝的赏识和采纳,成为了中国封建正统治国思想的构建者。

董仲舒提出了"德主刑辅",并运用天道观和阴阳说对这一原则进行了论证,使之具有了"天意"色彩。他在重新构建儒学中,基于孔孟的"德治"和"宽猛相济"的思想,取荀子"德罚并重"之意,鉴于秦朝推行"重刑"所带来的亡国教训,明确提出了"大德而小刑"的治国原则,并由此开启了法律道德化的历史进程。

为维护和强化君权,董仲舒上承先秦天命思想,在奉天命、尊天道的基础上,将阴阳五行理论运用到政治生活中,进一步创造了"君权神授"的神学体系。他认为,天不仅创造了万物和人类,而且还为人类选择了代天行道的天子。他说:"天子者,则天之子也";"惟天子受命于天",即是说天子的权力是天授予的,天子自然就成为天在人世代进行统治的全权代表。这样就把天上的神和人间的君主联系在一起,以此论证了汉代君主专制的神圣性和合理性。

董仲舒是封建正统治国思想的构建者,他虽没有参与法律的制定,但他为改变西汉固有法而提出"引经注律"和"春秋决狱",对儒法合流、礼法并用的形成产生了深远影响,并且这一指导思想一直指导和影响着冀域封建法律建设的走向。

(2)西汉路温舒呼吁"尚德缓刑"法律思想。西汉在董仲舒所倡导的"引经决狱"体系的影响下,涌现出了一批反对刑罚、宣扬"德主刑辅"的法学家,其中比较有代表性的,就是冀州巨鹿人路温舒。

路温舒深受董仲舒"德治"思想的影响,主张省法制,宽刑罚,他的法律思想,集中体现在汉宣帝初年他所承奏的《尚德缓刑书》中,奏疏中路温舒否定了先秦法家所提倡的"以刑去刑"的刑法观,正是董仲舒"德主刑辅"观念的延续。其中还着重论述了当时的"治狱之吏",他建议汉宣帝要全面地整顿狱吏,"故天下之患,莫深于狱;败法乱正,离亲塞道,莫甚乎治狱之吏",将整顿狱吏提升到了关系国家生死存亡的高度。

更为重要的是,路温舒在这篇奏疏中,第一次提出了"疑罪从无"的观点,"与其杀不辜,宁失不经"。[33]在证据不确凿的情况下,宁可释放坏人,也不得使无辜之人受到牵累,至于毫无证据,只是用严刑拷打得来的诬陷之词,就更不足取了。

正是因为路温舒《尚德缓刑书》中体现出来尊重个体生命的观点,有些学者将其视为中国争取人权的最早呼声。

(3)东汉后期崔寔提出"遭时定制"思想。东汉初年,统治者为了缓解新莽政权的苛政,缓解社会矛盾,故以"解王莽之繁密,还汉世之轻法"为指导思想,刑律宽省,以济民生。然而到了东汉后期,各种社会矛盾都急剧恶化,东汉豪强地主庄园发展迅速,违法乱纪的情况也愈发严重。正是在这样的背景下,崔寔向汉桓帝进《政论》五卷,代表了东汉末年法家思想的复兴。

东汉后期冀域政论家崔寔的《政论》五卷,集中体现了他的政治思想和法律思想。他依据当时的形势提出了"参以霸政,重赏深罚以御之,明著法术以检之"的治国之道。这一思想,是汉朝治国方略的进一步深化,集中反映了法家的治国思想。他打破了西汉以来所形成的"礼法"观念,提出"刑罚者,治乱之药石也;德教者,兴平之粱肉也"[34]。正是基于这样的观念,他很赞同汉宣帝的主张,认为汉元帝"多行宽政,卒以堕损,威政始夺,遂为汉室基祸之主"[35],他还提出了恢复肉刑的主张,提出法律应与时俱进,"遭时定制"和德、刑"因时而异",乱世当用重刑的法律思想。

崔寔的思想代表了东汉末年法家思想的复兴,虽然他的思想与汉朝的主流思想不符,但是他针对时弊,有感而发,"言辩而确",因此深受时人称许。

4.1.3　隋唐促进封建法律思想的发展完善

隋唐时期,中国封建社会的经济、政治和文化发展到鼎盛阶段,与此相适应,中华法制文明也进入了最重要的高潮时期,在这一阶段,确立了"德礼为政教之本,刑罚为政教之用"的法律理论原则,礼与法走向了统一,中国古代德礼的法律化正式完成。这一过程中,冀域的儒学家们起到了重要的推动作用。

(1)隋朝孔颖达主张"崇礼重法""礼有等差"的思想。隋唐时期是中华法制建设最重要的一个时期,在这一时期,儒学家们在推崇礼义教化的同时,也注意到了法律在治国中的重要意义,大力倡导礼法合治,冀州衡水的孔颖达就是其中很有代表性的人物。

孔颖达出身官宦人家,自幼受到传统的儒学教育,以精通五经著称于世,被李世民聘为秦王府文学馆学士,是著名的"十八学士"之一。他奉命编纂的《五经正义》,引用大量史料诠释典章制度、名器物色,书中包含有政治、经济、思想、文化、社会习俗等方面的丰富内容,孔颖达的法律思想也蕴含其中。他对法律在安邦定国中的重要意义有深刻的认识,所以他强调要遵纪守法。主张"崇礼重法"的法律思想,他对法律在安邦定国中的重要意义有深刻认识,他强调要遵纪守法。

他还提出了"礼有等差"的认识,要求以君臣父子的封建伦理关系为基础,用"礼"维护封建等级制度。这种观点符合封建法律所遵循的原则,将礼与法有机地结合到一起,相辅相成,维护封建伦理纲常,维护君权、父权、夫权为核心的家长制度,使唐律成为维护封建礼仪、打击各种违礼行为的工具。孔颖达还将孔子所提出的"民可使由之,不可使知之"[36]的观点进一步发挥,提出"刑不可知,威不可测,则民畏上也"的主张。这种观点,违背了"可知性"和"可用性"原则,不利于建立公平公正的法律环境。

(2)唐朝魏征提出"法宽刑慎""公之于法"的法律思想。唐初巨鹿人魏征,作为唐初"通贯儒术"的思想家,他的法律思想主要继承了儒家的"明德慎刑""德主刑辅"的思想原则。所以他既把"德、礼、诚、信"视为"国之大纲",更强调"惟刑之恤"。

　　经过对秦、隋灭亡的教训，魏征认识到要使国家长治久安，不仅要"居安思危"，更要"积其德义"，"宽其刑罚"，即治国之本在于迣施仁义，遵守德礼，单靠法律是不行的，要把礼义放在首位，把法律惩罚置于次要的辅助地位。在这一思想指导下，魏征提出了"作法贵其宽平"的主张。他认为，治国不能没有法，但法不可过于繁多，制法要兼顾眼前和长远的利益，谨慎地处理好国君与人民的关系，对人民不可采取极端的政策。由此可以看出，魏征的立法宽简思想，是对儒家德礼、仁政学说的继承，对贞观律的制定和"贞观之治"的形成有直接的影响。

　　魏征是一位极力维护地主阶级整体利益和长远利益的重要代表人物，所以他特别强调要"公之于法"，坚决反对"私之于法"和"任心弃法"。他指出："圣人之于法也，公矣。然犹惧其未也，而救之以化，过轻则纵奸，过重则伤善。"[37]在魏征看来，只有尊礼行法，实事求是，才能实现"公之于法"。

　　魏征提出的"公之于法"的主张，是试图在审判中改变封建司法专横中的严刑逼供和法外加罪的现象，这在当时是难能可贵的。虽然在实际上是难以实现的，但却反映了魏征对封建法制认识上的卓越之处，在唐初贞观创建宽平法制中，发挥了积极作用。

　　（3）唐朝宋璟的"法无私"的法律思想。唐玄宗统治前期，政局稳定，经济繁荣，文化昌盛，国力富强，是唐朝极盛时期，史称"开元盛世"。而铸就了这一盛世的关键人物，就离不开唐朝中期的名相宋璟。

　　宋璟是邢州南和人，他法律思想的核心在于他所提出的"法无私"论，即法不徇私、依法治国的思想。在君主专制的社会条件下，法律作为专制主义的工具，具有很强的随意性，君主个人的意志对法律的修订、废立和施行都起到了决定性作用。皇帝凭私人偏爱，纵容下臣犯法生事成为常有之事。而宋璟自入仕起,直至拜相,一直在坚持和贯彻法律公平与公正原则,成为盛唐时期推行法律的关键人物。

"令之所载,预作纪纲,情既无穷,故为之制度,不因人以摇动,不变法以爱憎。"[38]宋璟认为,法律制度是国家最为重要的纲领,是稳定国家秩序的根基,任何人都不能因一己私欲动摇法律,而人君尤其不能因一己私欲破坏法律的威严与公正,否则国家就有倾覆的危险。在高度集权的君主专制制度下,宋璟依然能够坚持维护法律的尊严,是非常难得的,后人对此甚为赞赏,北宋欧阳修在其所修《新唐史》中,就称赞宋璟"刚正又过于崇,玄宗素所尊惮,常屈意听纳。故唐史臣称璟善守文以持天下之正"[39],甚至清人所修《明史》,依然以宋璟作为贤相的标准。

冀域古代的法律思想较其他地区具有早熟性,冀域出现的这些法律思想家,在中国封建正统法律思想的构建和形成过程中,一直发挥着导向作用,在中国古代法制文明发展中产生了重大影响。

4.2　冀域古代法制建设成就卓著

中华法制最突出的特点在于不仅源远流长,内容博大精深,而且相传不断,严格清晰,在古代法制建设过程中,冀域法学家对不同历史时期的法制建设,对具有东方法制文明特色的中华法系的形成和发展,都作出了突出贡献。

4.2.1　赵国制定《国律》开启冀域修律先河

战国时期,分封制作为长久以来的基本经济制度遭到了巨大的冲击,逐渐被废止,在中央和地方的关系上,君主专制和郡县制逐渐兴起。但是专制君主的角色并非任何一个公民都可以胜任,他必须具备一定的管理能力,以协调自己与群臣、与人民之间的关系。但是这究竟是一种怎样的能力,各家学说意见并不统一,其中最具代表性的是法家学派,该学派提出"以法治民"的思想对后世影响巨大。

战国时期,在冀州建都的北有燕国,南有赵国,中部还有北方少数民族狄人建立的中山王国。其中赵国在法制方面进行了一系列的改革,开始由"礼治"向"法治"转变,在这些转变过程中,改革领导者坚持了以下变革方针:

(1)事断于法。这要求国家管理者在处理内政外交事务的时候,必须受到已有法律的约束,不能过于武断专权。"君臣上下贵贱皆以法","言不二贵,法不两适"。

(2)重刑轻罪。针对危害后果并不严重的犯罪行为,也需要用重刑予以制裁,从而使人民对法律怀有敬畏之心,规范自身的言行举止,也即周公旦提出的用重典以治乱世。每逢社会动荡之期,新生的政权组织为了巩固自身统治,往往都采取"轻罪重罚,重刑止奸"的主张。

(3)刑无等级。战国时期,管仲首先提出了"法"的概念,商鞅则明确提出"刑无等级",这在同时代影响很大。这一时期,赵国也奉行这种思想。例如:平原君赵胜作为赵国君主的近亲,大权在握,他的家人则利用他权势的影响力企图逃避税赋,最后被赵奢判处了刑罚。赵武灵王在全力推进改革时,族人赵燕不予支持,更试图从中阻挠,赵武灵王直言道,"寡人恐亲犯刑戮之前,以明有司之法"[40],以此警示那些不合作的皇权贵胄,不依法办事就会遭到法律的惩罚,不会因权位、血缘关系而法外开恩。最终,赵国以法律为行为准则,严格照章办事,取得了国家变革的成功。

(4)布之于众。在习惯法时期,奴隶主旧贵族经常为了自身的权益肆意变更、解读法律,严重侵害了其他社会阶层的权益。春秋末年,新兴的地主阶级对此感到强烈不满,最终争取到了成文法的公布。他们在成功取得国家政权之后,出于打击旧势力,巩固新生政权,强化统治秩序的需要,坚持将成文法公布于众。战国时期,各诸侯国从维护地主阶级专政出发,运用以上立法原则,相继颁布了封建法律,如韩国有《刑符》、楚国有《宪令》、魏国有《魏宪》、齐国有《七法》、赵国有《国律》、秦国有《秦律》等。

公元前 403 年,赵国公仲连改革法制,制定了《国律》。开创了冀域人制定法律的先河。《国律》是赵国制定并颁布的成文法。至于《国律》出台的确切年代,现在已不可考,其条文也已湮没。但透过一些历史资料,我们还是可以窥见一斑。《国律》的刑罚内容包括有:"刖、夷、汤镬、凿颠、腰斩、沉、赐死、斧质之诛、灭须去眉、捶、笞、膑、斩、断、枯、磔、藉靡"[41]。原有族刑,到战国时发展为夷族、夷宗、夷乡,适用范围也更加扩大。同样,赵国法律中虽有打击奴隶主残余的一面,但奴隶主贵族常用的将有"罪"的平民及其家属罚作奴隶的刑罚,仍然被保留了下来,作为强化封建统治的补充手段。在这里,剁手砍头与车裂油炸成为常法,可谓残酷至极,令人发指。还应当指出,"在刑罚的种类上,赵国还出现了一种新的现象,即用徒刑和罚金来代替肉刑。罚金的使用较前更为广泛,有的肉刑甚至死刑都可以赎免,如'赎黥'、'赎死'。"[42]肉刑没有也不可能废除,但是在法律条文的规定上较之于奴隶制时代,却有明显的减少,这种趋势,从法律发展的角度来看,显然是一种进步现象。

战国时期,赵国的法律制度改革和其他国家进行的法律改革是互相影响、互相渗透的,尤其在改革方向上是一致的,它使各诸侯国的法律都先后由奴隶制的法律转变为封建制的法律。

4.2.2　魏晋南北朝推动少数民族法制发展

魏晋南北朝时期,先后有后赵、前燕和后燕、前秦、北魏、东魏和北齐等一系列少数民族曾在冀域建立政权。在少数民族的法制建设中,冀域的儒士律学家及律学世家开始涌现,尤其是在北朝的法制建设中,冀域精通律学的汉族儒士,在儒法合流、礼法并用和民族法律文化融合中,起到了决定性的作用。

(1)曹魏刘劭制定《魏律》及《魏律论》。汉朝时期,为了构建以儒为主、儒法合流、以礼为主、礼法并用的儒家法律体系,改变汉初以来固有法的状况,许多经学大师开始了以儒家经典注释现行法律条文,称之为律学。诸儒引经注律的盛行,虽然为汉律的儒家化奠定了基础,但令、科、比的严密繁苛,也使得汉代法律更加繁杂难用了。

在这种法律文化环境中,三国曹魏时广平的刘劭,受命参酌汉律、删削旧科,制定了《魏律》十八篇,及注释新律的《魏律论》。《魏律》是在坚持德主刑辅的前提下,为推动法制儒家化,从立法技术和法律内容等多方面,对汉代法律进行了梳理和改造,这是儒士律学家第一次主持制定的中国封建法典。

魏律改具律为刑名置于律首,是新律体例的一个重大革新,成为后世封建法典的通例;《魏律》还创"八议"之制,变革刑罚,推动法律儒家化进程。总体来看,刘劭等人所定《魏律》是在整理秦汉旧律的基础上制定的一部总结性法典,是对汉律的第一次删繁就简。从法典的体例结构看,较之秦汉更加系统合理;从其内容来看,儒家的德治和礼治精神在新律中得到了体现,具有开创性和创造性的时代特点,为中国封建法律的完备与定型奠定了基础,在中国古代立法史上具有里程碑的意义。

(2)北魏冀域汉族法学家层出不穷。北魏是中国历史上第一个由少数民族建立的时间较长的中原政权,在他们汉化过程中,十分注重运用法律作为其统治手段。被称为"冀域神童"的崔宏,在道武帝拓跋珪当政时期,制定了北魏立国以来的第一部成文法典《天兴律》,强调儒家"德主刑辅"的治国观念。《天兴律》的制定,标志着魏律从游牧民族的原始习惯法向儒家化法典转变的开始。崔宏的儿子崔浩又连同"博通经史"尤好《公羊》决狱之学的渤海高允等人在太武帝拓跋焘时制定了《神䴥律》,这是北魏前期一部重要法典。《神䴥律》进一步对《天兴律》加以完善,对《天兴律》中一些严苛的刑罚做了删除。"魏太武帝正平元年,诏精通律学的太子少傅广平任县游雅改订律制,制定了《正平律》,标志着北魏成文法的形成。"[43]

冀域人氏冯太后主持两次大规模的法律修改活动,冯太后执政期间,受到冀域冯氏一族五位宰相冯素弗、冯熙、冯诞、冯修和冯子宗的辅佐,努力推行民族融合政策,重用汉人,严于执法。历史上著名的"孝文帝改革",其前期,实际上也是在冯太后的主持下进行的,并取得了巨大的成就。改革开台于太和八年,次年诏曰:"今遣使者,循行洲郡,与牧守均给天下之田,还授以生死为断……"[44]文帝改革的主要内容,是实现了均田制、三长制和新户调制。

孝文帝元宏在冯太后的影响下,尤为重视法律建设。自迁都洛阳后,随着各项重大改革措施的推行,也开始了大规模的法制建设。太和年间,任命渤海律学世家的奉朝郎高绰、高遵、中书侍郎封琳等人修订完成了《太和律》,这部法律以"法为治要""礼教为先"为指导思想,更突出体现了取精用宏、开拓创新的特点,是北魏法律迈向封建化的一次飞跃。另外,太和年间出仕的冀域刺史孙绍制定了《正始律》,全面继承了《太和律》及其之前的律令内容,继续贯彻了"纳礼入律"[45]原则,是北魏历代相承的刑律经过不断损益修订的产物,使北魏后期法律逐步走向规范化,对之后的《北齐律》和隋唐法律都有重要影响,是北魏法律改革中最具代表性的法律成果。

北魏时期可以说是冀域法律发展最迅猛的阶段,北魏修律活动在中国封建进程中的贡献是巨大的。自《天兴律》到《正始律》的几次修订律令,不断促进了北魏法律的儒家化发展,也成为了隋唐时期法律制定的基础。其突出贡献体现在:第一,篇章体例的划分更为合理。秦律向以繁芜著称，汉律除秦苛法，但至东汉末年，又十分庞大，北魏修律遵循"律贵简直"的编纂原则，法律条文都比较明显。此外，北魏统治者还并以令、格、敕等作为法律补充，形成较为完整的法规体系，法律形式逐步趋向一致。第二，儒家法律思想进一步渗透到法律当中，这一时期参与制定和修订法律的多以冀域地区的鸿儒为主。崔宏、崔浩都是汉士族高门，清河崔氏自两汉以来即为中原学术的代表，高允、孙绍等人也皆为儒学名流。正是因为这些士族出身的儒学大师精通汉律，经他们所制定的法律，吸收了大量汉代旧律的内容，改造和废除了大量鲜卑旧习惯法，法律思想也逐渐偏重"德主刑辅"的儒家思想。第三，刑罚制度逐渐趋向简明宽平。北魏确立了鞭刑、杖刑、徒刑、流刑、死刑这五种主要刑罚，基本完成了从奴隶制前的五刑向以劳役刑和死刑为主体的新的封建制五刑的过渡。此外，还规定了对"老小废疾"减刑免罪的原则，刑罚趋向宽和。所以说冀域的法律在北魏时期成为了中华法系传承和发展的重要一环。

（3）北齐高洋制定《北齐律》。北魏高欢在冀域建立根据地，并发展壮大，其子高洋建立了北齐政权，制定了《北齐律》。《北齐律》由于年代久远，其具体内容早已无从考究，但其篇章体例结构的创新，对封建社会后世立法影响深远。首先，《北齐律》中篇目共计十二篇，分别是"名例、禁卫、婚户、擅兴、违制、诈伪、贼盗、捕断、毁损、厩牧、杂律"。[46] 这些篇目虽然在后来的隋唐时期出现了细微的变动，但是十二篇的基本架构没有出现较大变动，为后来朝代所沿用。其次，《北齐律》整合了西晋《泰始律》中的刑名与法例内容，统一到法典开篇的名例篇下，赋予了名例律在法律体系中的重要地位，并对其具体内容根据现实的需要进行了丰富和发展，删除了一些不合时宜的内容，强化其统领整部法典的作用。后世各个朝代虽然根据本朝的现实需要不断对名例律进行了修改调整，但其在整个法律体系中的核心地位始终依旧。最后,《北齐律》创新并确立了"重罪十条",将危及封建统治和社会基本伦理的十项罪行确认为重罪,加入名例律的内容之中,表明了社会管理者对这类行为予以严厉打击的决心。

《北齐律》是对前人立法经验和执法实践活动的科学总结,既汲取了过去法律的精华之处,也妥善解决了过去法律繁琐复杂、层次不清、架构不明的缺陷,从而成为中国封建社会一部承上启下的重要法典,其"法令明审,科条简要"的显著特点为后人所称赞,其架构体系和具体内容更直接影响了封建社会之后各个朝代众多法典的制定。

4.2.3 隋唐时期将封建法制建设推向高潮

在中国法制文明的发展过程中,隋唐时期的法制建设无疑是其中最为重要的一个环节,在这一阶段,确立了"德礼为政教之本,刑罚为政教之用"的法律理论原则,礼与法走向了统一,中国古代德礼的法律化正式完成。这一过程中,冀域的儒学家们,无论是在法制建设方面还是在律学研究方面,都发挥了无与伦比的作用。

(1)隋朝高颎与《开皇律》的制定。高颎是渤海高氏的后人,杨坚称帝后,改元开皇,以恢复中原文化为己任,确立了以德为主、德刑并用的正统法律观,于开皇元年,命渤海公高颎等人制定新律。隋文帝杨坚虽然乘北周之国,但由于北周律"今古杂糅,礼律凌乱"[47],高颎等人则以"科条简要,非虚誉也"的北齐律为蓝本,进行了去重就轻、删繁为简的修改,制成《开皇律》并颁行全国。

《开皇律》虽然是以《北齐律》为蓝本制定的,但在一些方面也进行了重大变革:一是篇章体例虽然继承并确立了十二篇,但对篇目名称和排列顺序作了修改和调整;二是在秦汉以来混乱多变的刑种和刑等级基础上,确立了死、流、徒、杖、笞五种刑罚制度;三是将《北齐律》中的"重罪十条"改造为"十恶";四是为维护封建贵族官员特权,根据犯罪性质确立了"议、减、赎、当"等不同减免罪行的方法,这项规定,集中体现了封建法律官僚、贵族特权法的性质。

高颎等人制定的《开皇律》,既继承了秦汉以来律学研究的成果,又对已有律学成果进行了改革和创新,对隋朝初期出现的"仓廪实,法令行,君子咸乐其生,小人各安其业,强无凌弱,众不暴寡,人物殷阜,朝野欢娱"[48]局面的形成,无疑起到了积极作用。

(2)唐初李桐客参与制定《武德律》和《武德令》。随着社会经济文化的全面进步,唐朝律学的研究也进入到历史昌盛期。唐代以科举取士,其中专门有"明法"一科,通过考察律学以选拔官员,通过明法科入仕的官员为数众多,冀州衡水人李桐客便是其中一位。

李桐客受到唐太宗李世民的重用,他治理地方,政绩卓著,"所在清平流誉,百姓呼为慈父",[49]他精通政事、善于治道,参与制定了《武德律》和《武德令》。《武德律》以《开皇律》为准,共12篇500条,内容虽早逸,但从《唐六典》的记载看,其在刑罚设定方面相较《开皇律》还是有所变化的,实际上是减轻了刑罚,体现了"明德慎行"的特点,这对其后唐朝的修律活动都有很大影响。《武德律》虽然很多地方不成熟,但它使高祖建立的新政权和制度有了法律效力,并且创立了一套标准的法典形式。之后贞观、永徽、开元几朝对唐律的修订,都是在《武德律》基础上进行的,他为后世的法律奠定了基础。

(3)唐朝高季辅编订《永徽律》及《永徽律疏》。经过了唐朝初年的动荡期,至李世民称帝,《武德律》已不能适应当时形势的需要,鉴于此,唐太宗李世民刚一即位,便着手在《武德律》的基础上修订新的法典。

冀域衡水修人高季辅为贞观时期的股肱之臣,他精通政事,为官清廉。贞观初年,高季辅就曾上书太宗,申明选拔人才、修订新律的必要性,强调"时已平矣,功已定矣,然而刑典未措者,何哉?"[50]贞观二十三年,李世民逝世,李治即位,改元永徽,永徽二年,唐高宗命他辅助长孙无忌等人,以《贞观律》为蓝本修改主持修改律令,编订《永徽律》,后又对其进行逐条逐句的解释,制成《永徽律疏》。《永徽律疏》是我国迄今为止完整保存下来的一部最早、最完备、影响最大、最具代表性的封建成文法典,它是对中国封建社会过去立法经验的全面概括,其内容处处彰显着"德治为主,刑治为辅"、"礼法结合"的法治思想传统,是封建社会立法技艺臻于成熟的体现,是封建法典的集大成作品。《永徽律疏》以其内容的全面、立法技艺的成熟、中华特色的显明成为封建社会法典中的代表性作品,其社会影响超出了国界和时代的范围,对中国周边国家及之后各朝的立法活动产生了巨大影响,在中国传统法律文化之中具有举足轻重的地位。

总之,冀域的法制建设成果丰硕,对整个中华法制文明的发展走向都产生了重大影响,也为中国法律文化研究留下了珍贵的历史遗产。冀域历史上法律思想和重视法治的人物众多,因资料所限,不能一一论述。因此,在对冀域法律文化的探讨中,采取了综合论述与个案分析相结合的方法。既对冀域的法制文明进行综合概述,亦通过人物的法律思想和立法与司法活动,透视其对中华法制文明的贡献。

4.3　冀域古代法律文化的兴衰过程

冀域历史悠久、文化灿烂,冀域古代法律文化也经历了从起源到发展到高潮再到衰落的一个过程,还在夏朝时代,冀域已经迈进了文明的门槛,出现了法律的萌芽,形成了灿烂的法律文化。进入封建社会以后,历经秦汉与魏晋南北朝的不断发展到隋唐时期达到高潮,从宋朝开始,冀域古代法律文化开始走向衰落。

4.3.1　先秦冀域古代法律文化处于萌芽阶段

冀域古代法律文化历史悠久,起源于夏朝时期。在夏商周时,冀域地区属于帝王统治的中心地区,商朝曾在今河北邢台西南部建都。

夏商时主要是神权法和宗法思想占支配地位,但这种神权始终依附于王权,因此神权法和神权政治从未凌驾于世俗政权之上,更未出现西方的宗教神权组织和宗教法庭,而是围绕着世俗政治的需要而变化。西周时期,提出"以德配天,明德慎罚"学说,改造了传统的神权思想,成功地走向"礼治"的道路,统治者依靠"礼"来治理国家,礼治是社会治理的核心。"礼治"不再仅仅依赖人们内心的信仰而保障实施,而开始同国家强制力相联系。"礼"成为判断行为合法性及是否需要予以刑事制裁的依据。西周通过这种方式使得现有的各项社会制度得以全面维护,最大限度地保障了奴隶主阶层的既得利益。春秋战国时期,冀州建都的南有赵国,北有燕国,中部有中山国。冀域经过"礼治"和"法治"的论争与融合,荀况在改造和充实传统"礼治"的同时,亦吸收了春秋以来的法治思想,把儒法两家一直对立的"礼"与"法"融合在一起,构建起既"隆礼"又"重法"的理论体系。到战国后期赵国制定了《国律》,开启了制定法律的先河,标志着冀域真正意义上的法律文化开始建立。

4.3.2　秦汉冀域古代法律文化为封建社会奠基

秦朝统一中国后,实行郡县制,其中在冀州境内陆续设置了上谷、渔阳、右北平、广阳、邯郸、巨鹿、代、恒山等八郡。在汉朝,分全国为十三刺史部,在冀州设刺史部。汉代以后,冀州作为地方最高一级行政区划,历经魏、晋、南北朝而不改。秦汉时期,冀域古代法律文化进一步发展,冀域地区的法律思想家董仲舒提出创建了"德主刑辅、礼法合一"的法律原则,并经过路温舒等人的继承和发扬成为了封建正统法律思想。"礼法结合"的核心是宗教法律与官僚政治的统一,社会交往的伦礼规范与中央集权、君主专制的协调,人治与法治的整合。这一主张在一方面化解了礼与法长期以来的争端矛盾,另一方面促进了两者的互补与协调,发挥两者在政权统治上的最大效用。

此外,"礼法结合"并不限于"礼"与"法"两大内容,还全面涉及到了其他维护封建建制的理论思想。这一思想一直指导和影响着中国封建社会的发展趋势,为后世封建法律思想发展奠定了基础,从而成为支配中国封建法律发展的指导原则,虽然后世有不少思想家不断提出新见解,但始终没有离开这一思想主线。

4.3.3 魏晋南北朝冀域古代法律文化飞速发展

魏晋南北朝时期是民族矛盾和民族斗争十分严峻的时期。"特别在司马氏南迁之后,北方广大地区失去了统一的领导,进入了长期的分裂对立时期。北方各少数民族竞相逐鹿中原,在北方地区展开了激烈的战斗,试图一统北方,扩大本民族的统治疆域。"[51]后赵、前燕和后燕、前秦、北魏、东魏和北齐等一系列少数民族曾将冀域纳入统治版图范围,并相继在当时襄国(今邢台)、邺(今磁县)、中山(今定县)、蓟(今蓟县)等冀州各地定都。在这样频繁的政权更替之下,冀域成为南北朝时期几个主要政权国家的政治经济文化中心,冀域地区的法律文化的内涵得以迅速扩张,包容性得以增强,该地区人民的民族交往逐渐增多,人口数量也不断攀升。处于冀域的北朝虽然多是北方游牧民族入主中原的政权,但在法制建设和法律指导思想上,却表现出"北优于南"的趋向,尤其在北魏、北齐时期,博通经史的冀域律学家和律学世家层出不穷,是冀域法律思想和法制建设最活跃的时期,这时冀域精通律学的汉族儒士制定的《北魏律》和《北齐律》,在儒法合流、礼法并用和民族法律文化融合中起到了决定性的作用,为中国封建法律的完备和定型奠定了基础,在中国古代立法史上具有里程碑的意义。

4.3.4 隋唐冀域古代法律文化达到顶峰

隋朝统一中国以后,文帝罢郡为冀州,州治信都。到炀帝时,将信都改名长乐县,同年废州,复为信都郡。唐朝初年,以山河大势将全国分为十道,冀州辖域主要为河北道,小部分属河东道和关内道。隋唐是中华法制建设最重要的一个时期,这一时期,中国封建社会的经济、政治和文化蓬勃发展进入最鼎盛时期的阶段,封建社会的各种社会关系都已呈现出来,而且需要运用法律手段进行调整。所以,中华法制文明也进入了最重要的高潮时期,在这一阶段,确立了"德礼为政教之本,刑罚为政教之用"的法律理论原则,礼与法走向了统一,中国古代德礼的法律化正式完成。这一过程中,冀域的法学家们起到了重要的推动作用,从《开皇律》到《永徽律疏》,唐律的篇目体例排列的逻辑严密,结构严谨,礼法合一,德刑并用,科条简要,宽仁慎刑,反映了无论是冀域的法律思想还是冀域的法制建设都很成熟,达到了封建社会的顶峰阶段,冀域的法制人物之众多、法律思想之先进是后世无法比拟的。

4.3.5　宋朝之后冀域古代法律文化走向衰落

宋元明清时期,冀域的管辖范围越来越小,要么为中央直管地区,大多以京都中央文化为主,要么是外族统治,即是以混杂文化为主,冀域地方文化特点不突出。所以自宋朝,尤其是南宋以后,冀域的法律都是从属于中央的法律。在这一漫长的历史时期内,冀域人们的思想依赖性、服从性、柔弱性较强,自强、自主和创造性差,冀域也很少出现法学家、律学家等人物,冀域古代法律逐渐走向衰落。尽管如此,这一时期冀域地区也出现了许多执法严明、刚正不阿、善决狱讼的优秀法治人物,例如:元代顺帝刘保年间冀州刺史苏章,明朝冀州人尚义、谢缜、李文秀等,清朝冀州知州张延湘、李秉衡等。他们的精神和活动,不仅在创立冀州法制文明中发挥过重要作用,而且这些执法严明、刚正不阿、善决狱讼的优秀法治人物,弘扬他们公正无私、一心为民的执法精神,对今天的司法队伍建设和依法治国,仍具有重要的现实意义。

第五章 冀域古代法律文化的特色和贡献

冀域是一个地形多种多样、气候温和适宜的内陆地区,"小农经济是它的经济基础,宗法制度构成它的基本单位,儒家思想是其正统思想,君主专制是它的基本政治制度"[52],这样的基本情况决定了其法律文化的突出特色和对中华法律文化的发展过程起到的重要贡献。

5.1 冀域古代法律文化的特色

在人才辈出的冀州大地上,有一支对中华法系的形成和发展产生重大影响、对中国古代法制建设作出突出贡献、为中国法制文明增光添彩、为中国法律文化宝库留下珍贵遗产的法学家。他们的法律思想、法学著述以及在法制建设和执法中的业绩和贡献,使得冀域法律文化更具有浓厚的地方色彩。

5.1.1 法律人物众多、律学世家突出

冀州大地,人杰地灵。中华多民族曾在这里兴起、交汇与融合,共同铸就了慷慨悲歌的浩然正气和光照千古的圣贤精神。在人才辈出、名人荟萃的冀域,有一支精通礼法、崇尚教化、创建法制、执法清明的法制人物,并且,冀域法律人物之众是其他地区所少有的,律学

世家之多,传承时间之长,亦是冀域所独具。

据不完全统计,冀域在宋朝之前出现的法律人物有41人,其中先秦时期有3人,分别是"立法为公"理论的首倡者慎到、礼法一体理论的开创者荀况和不畏权贵,秉公执法的赵奢。秦汉时期有8人,例如:封建正统思想的构建者董仲舒,"尚德缓刑"法律思想提出者路温舒,深明法义、善平庶狱的隽不疑等。魏晋南北朝时期15人,例如提出"先教而后诛"的法律思想、著《天兴律》的崔玄伯,提出"以情定罪"和"慎刑重命"法律思想的高肇,著曹魏《新律》的刘劭和著《神麚律》的崔浩、高允等等。隋唐时期15人,包括倡导"崇礼重法"法律思想的孔颖达,号召执法以仁、至诚待囚的王伽和参与编订《开皇律》的高颎等人。如此多的法律人物这在古代其他地区是非常少有的。

冀域独具的另一个特色便是律学世家。冀域出现的律学世家有渤海的高氏、封氏和清河的崔氏。他们的法律思想在立法和司法活动中,在法制的儒家化与少数民族法律融合中,都发挥了积极作用。以渤海高氏为例,"渤海高氏自东汉高洪定居脩县之后,历代皆以此地为郡望"[53],自高湖归顺北魏,高允参修法律之后,精晓礼法的高绰、高遵亦修《太和律》,北魏后期的名相高肇,"以情定罪"和"慎刑重命"[54]的思想,对北魏的司法审判产生了积极影响。东魏权相高欢,亦是渤海高氏之后,他虽有鲜卑遗风,但也十分重视制定新法和严格执法,他完成了东魏的基本法律《麟趾格》,其子高洋建立北齐之后仍然遵循渤海高氏的族学,重视修订法律,开始创制《北齐律》。经孝昭帝高演、武成帝高湛的努力,最终完成了中国立法上第一部"法令明审,科条简要"的《北齐律》。北周灭北齐后,渤海高氏皇族遭到灭顶之灾,但对早已投奔西魏的高宾一族并无妨碍,北周权臣杨坚废周建隋之后,在开皇元年,渤海公高颎参与制定了《开皇律》。直到唐朝渤海律学世家的后裔高士廉、高季辅对《武德律》《武德令》等典章制度的修订都起了重要作用。由此可见,冀域的律学世家在法律的制定过程中作出了突出贡献,为中国封建法制的成熟与完备奠定了基础。

5.1.2　法律人物多为名臣大儒

冀域的律学家在主持和议定法制中,都是精通律学的名臣大儒,他们提出的"以法为公""礼法并用""德主刑辅"的治世理念一直指导和影响着中华法制文明的发展趋向,他们构建的法制体系融入了明显的儒学色彩,推动了中国法律的儒家化。

冀域在早期出现了荀子、董仲舒等儒学大家,战国末期赵国的荀况,虽然以孔子继承人自居,但他的思想远远超过了孔孟之学的局限,他开创了礼法结合、德刑并用、公正执法的理念,在封建正统法律思想体系创建和演进中,实际上一直影响着中国封建法制文明的发展趋向。西汉冀州广川的鸿儒董仲舒,是封建正统法律思想的创建者,他对传统儒学进行了改造,构建了新儒学,以儒为主,儒法合流,为我国封建社会法律建设的走向奠定了基础,他的法律思想和理念长期影响着中国法制建设的发展趋向。三国曹魏时期冀州广平的名儒刘劭在创建儒家法律思想体系中的最大贡献是通过制定《新律》将儒家德治和法治精神纳入法典中,开创了中国封建法制儒家化进程。北朝时期冀域的明君贤臣皆为儒学名流,他们博通经史、精通汉律,深受儒家思想的影响,在《北魏律》《北齐律》的制定中都做出了突出贡献,为中国封建法律的成熟与完备奠定了基础。隋朝冀域衡水的儒学大家孔颖达,自幼受到传统儒学教育,以精通五经称于世,他主张"崇礼重法"的法律思想和"民不可知之"的观念,突出体现了儒家的"人治思想"。唐初巨鹿人魏征,作为唐初"通贯儒术"的思想家,继承了儒家的"明德慎刑""德主刑辅"的思想原则,把"德、礼、诚、信"视为"国之大纲"。唐朝冀域的名臣大儒李桐客参与制定了《武德律》和《武德令》,衡水修人高季辅主持编订《永徽律疏》等,促进了礼与法走向统一,使中国古代德礼的法律化正式完成,为中国封建法制的成熟与完备奠定了基础,对中华法系的形成和发展产生了重大影响。另外,冀域还出现了一批执法清明、重视法治、不畏权贵、不徇私情的儒家典范人物。例如:隋朝冀域刺史赵煚、唐朝冀域刺史贾敦颐、元代冀域刺史苏章、明朝冀域人尚义、清朝冀域劝学总督张延湘等等。

5.1.3 民族融合期的民族特色

法律文化是民族文化融合的一部分,"在中华民族几千年的发展进程中,'夷汉并用'原则是汉族和各少数民族建立政权所共同奉行的原则"。[53]少数民族统治中,无论是拓跋氏建立的北魏和东魏,宇文氏建立的北周,还是契丹族建立的辽朝,女真族建立的金朝,蒙古族建立的元朝,满族建立的清朝,入主中原后,在法律建设上,一方面是少数民族带有浓重的奴隶制残余的习惯法依然起着作用,另一方面,汉族的伦理道德也不断地融入其法制建设当中,促进了少数民族法律的迅速汉化,最终成为中华法系中重要的组成环节。在这一法律汉化过程中,冀域一直处于中原华夏法律文化与北方游牧民族法律文化的交汇、融合的核心地区。例如十六国北朝时期,冀域处在非常重要的战略地位。这一时期,在冀域境内建立政权的有羯族建立的后赵,慕容鲜卑建立的前燕和后燕,氏族符坚建立的前秦,拓跋鲜卑建立的北魏,鲜卑化汉人高欢及其子建立的东魏和北齐。当时襄国(今邢台)是后赵的都城,邺(今磁县)是前燕、东魏、北齐的都城,中山(今定县)是后燕的都城,蓟(今蓟县)是前燕的都城。由此看来,冀域是南北朝时期几个主要政权国家的畿辅重地,是政治经济文化的中心,其民族融合达到鼎盛时期,融合的规模之大,民族之多,人口之众是其他地区无法比拟的。在民族高度融合的环境之下,冀域的法律在法律改革、法律教育、法典修订、法律运用、律学研究中,即对汉族的法律在传承中不断创新起到了重要作用,亦对少数民族的习俗与中原先进法律文化的融合、传承和创新中,发挥了重要作用。"各民族的法律文化相互影响、相互吸收,拓跋族有《北魏律》,鲜卑族有《北齐律》,这些少数民族制定的法律上承汉魏、下启隋唐,对后世有重要影响。"[55] 所以说冀域特殊的地理位置决定了其法律文化不可避免的带有民族融合色彩。

在中国法律文化发展过程中,冀域法律文化一直影响着中国法律的发展趋势,也展现出了冀域显著的地方特色。这些特色使得冀域法律文化和其他地区的法律文化区别开来,成为中华法文化中独一无二的一支。

5.2　冀域古代法律文化对中华法文化的贡献

冀域古代法律从夏朝起源,到立于世界顶端的唐朝时期,都一直作为中国传统法律的主流,对中华传统法律走向起着很大的作用,尤其是在混合法理论的提出、儒法合流法律体系的形成和民族法律融合三方面影响颇深,在中华法文化的历史长河里发挥着举足轻重的历史作用。

5.2.1　最早提出对混合法的设计

中华法文化的特征之一就是"混合法",中国的"混合法"经历了数千年而未曾中断,并且取得了重要的成功经验。从法律样式的角度来看,中国古代法律既不是单纯的判例法,也不是单纯的成文法,而是成文法与判例相结合的"混合法"。中国特有的"混合法"经历了漫长的形成过程:首先是西周、春秋实行"议事以制,不为刑辟"的"判例法";其次是战国、秦朝实行"皆有法式""天下事无小大皆决于法"[56] 的"成文法";第三即是西汉以后逐渐形成的混合法。

中国的"混合法"在法律实践活动中表现为成文法与判例制度的

有机结合,在社会生活中表现为法律规范与非法律规范相结合。中国的"混合法"在东亚大陆"自然"生成,延续数千年而未曾终绝。它不仅是世界诸"法系"中唯一既古老而又鲜活的一支,而且还在很大程度上昭示了人类法律实践活动的内在规律性。混合法成为中华法系唯我独有、其他法系所无的一大特征。

　　从法体上看,"混合法"的理论奠基人是战国时期赵国的荀况。荀子将儒家、法家最大的长处融合起来,完成了质的转变,对封建社会影响很大。孔孟坚持贵族政体,因此,在法律样式上是倾向于"议事以制"的判例法的。战国以降,由于社会变革的需要,以明确规定何种行为系违法犯罪,又当承担何种责任而又晓之于众的法家成文法开始兴盛起来。这种成文法由于系国君制定的,故具有无上权威,法官只能遵行,不得议论擅改。荀子看到了法家实行法治做法的好处和不足。法家的法律虽然很严备,规定得很详细,但成文法本身是有欠缺的,它既不能包揽无遗,又不能随时更新。成文法束缚了法官独立思考的能力,不允许法官具有个性,这种成文法与生俱来的缺点如何克服,只有靠人的主观能动性。在这种情况下,荀子提出了成文法和判例法相结合的混合法的设计方案。他主张"法官议法",法官议法的过程就是法律在司法中扩大解释的过程,或者说是类推的过程,法官应当有这样的权力。怎样议法,用什么作为标准?荀子主张"有法者以法行,无法者以类举,听之尽也"[57],即在审判中,有现成的法律条文可援引的,就按法律条文定罪科刑;没有法律条文援引,就依照统治阶级的法律意识、法律政策来定罪量刑,创制判例。这种方式既吸收了西周春秋时"议事以制"的判例法和战国时"事皆决于法"的成文法的优点,又克服了它们的欠缺。荀子谈到"礼者法之大分,而类之纲纪也"[58],即"礼"是法律的大份,是最根本的东西,礼还是类的指导原则,法是成文法律,类是判例,法与类是并称的,类是与成文法律并行的判例。统类、伦类几乎等于法律原则,要求承认法官具有这样的主观能动性,在法无明文规定的情况下创制和适用判例。"成文法"和"判例"结合起来就是"混合法","混合法"的要害就是判例,判例制度的要害就是承认和允许法官的主观能动性。荀子的混合法理论对整个封建社会影响很大,混合法理论也成了冀域所酝酿的并留给后世的重要法律文化遗产。

5.2.2 推动法律儒家化的形成发展

法律儒家化是中华法文化的另一个重要特点,中国传统法律受到儒家伦理道德观念的深刻影响,礼法结合达到十分完备的程度。儒法合流的法律体系开始于战国末期,形成于秦汉之际,确立于汉武帝时期,完备于隋唐时期,并一直延续到近代。自西汉董仲舒提出"罢黜百家,独尊儒术"的策论为汉武帝采纳后,儒学成为封建立法、执法、司法等一切法律活动的指导思想和根本原则,儒家思想一直是历代统治阶级所提倡的正统思想。事实上,从汉初总结秦亡的教训开始,法制就逐渐纳入儒学的轨道了,三纲为本、德主刑辅、明刑弼教等儒学核心内容成为立法和司法最基本的原则。从《春秋》决狱开始,儒学思想逐渐纳入了法律条文,儒家思想在价值层面对封建法制起着支持与批判的作用。至唐朝,儒学作为指导思想已融入其基本法典《唐律疏议》。"一准乎礼""得古今之平",其实归纳起来,就是体现了儒学"礼治""得中"等核心思想。礼义、仁义、天道、天理是儒家哲学中的理想,这些思想跃居统治地位,成为近两千年封建法律的理论基础,无论对立法还是司法的影响都十分深远,此后一直到清末法制改革前,儒学在法制建立和实施中的正统地位从未动摇过。

冀域的律学家在主持和议定法制中,都是精通律学的名臣大儒。他们在法律思想的提出和制定法律过程中,都将儒家的人伦道德注入法律、法令,使封建法律具有伦理法的性质。具体表现为以儒家思想为指导，进行立法、注律，以儒家思想量刑、定罪、断案等等。

以冀州广川董仲舒为代表的汉儒，提倡"春秋经义决狱"，即以儒家的经典作为审判的直接依据，这是儒家思想影响司法的突出表现。从董仲舒重新构建的儒学体系来看，已不同于先秦时的儒学。他是远承孔孟，近取荀学，兼收各家学说之长，创立了以儒家学说为基础，以儒法合流为特色，以天命神学和阴阳五行说为渲染的一种新的儒学理论体系。董仲舒重新构建的儒家学说，不再是脱离社会实际的空洞说教和理念，而是一种与政治需要紧密结合的，具有可操作性的理论体系，如他运用"天人合一""君权神授"的神学理论，进一步强化法家在秦代事实上已经实现了的统一皇权政体，运用阴阳五行说论证和建立的"德主刑辅"与"三纲五常"原则，构成了中国封建正统思想的核心内容，虽然使儒家思想带有了浓厚的唯心主义神学色彩，但却大大提高了儒家思想的神圣性和权威性，使之成为后世立法治国和司法活动的指导思想。

董仲舒虽然提出"独尊儒术"，但他并非不要法律，而是用儒家思想对固有法律进行改造，将法律纳入儒家思想指导的轨道，使法律成为维护君权的工具。从此，儒家经典成为国家制定法律和政策的最高依据。其后，冀域的律学家一直在董仲舒提出的这一思想指导下发展变化，通过立法活动推动法律儒家化、儒法合流法律体系的形成和发展。魏晋时期是法律迅速儒家化的过程，曹魏时期冀州广平刘劭等制定的《魏律》，这是儒士律学家第一次主持制定的中国封建法典，不仅在立法技术上进行了重大改革，使法典体制向着科学化方向前进了一大步，而且儒家的礼治和法治精神纳入法典，其中的"八议制"就准确地反映了儒家的等级特权思想。由于刘劭等人是当时的大儒，他们必然利用立法的权利和机会，把儒家德主刑辅原则和等级名分观念带入法典中，使新法更能体现儒家治国方略的价值趋向，进一步展示了法律儒家化的发展趋势。除此之外,北魏、北齐时期的冀域的帝王和律学家们,尤其是北朝渤海封氏和高氏律学世家,通过多次修订《北魏律》和《北齐律》,不仅使中国法典结构更加科学化,而且进一步推动了"礼法结合"法律体系的发展,《北魏律》中的"官当之法",《北齐律》中的"重罪十条"等,反映了儒家的三纲五常思想,都是儒家思想指导下法律变化的具体体现。在这一基础上,隋唐时期冀域律学家参与制定了《武德律》和《永徽律》等,进而向着轻刑化的方向发展,最终形成了"法礼为政教之本,刑罚为政教之用"的唐律,成为中华法系的代表性法典。因此我们可以说冀法文化在法律儒家化这一点上起到了巨大的推动作用。

5.2.3　中华法文化民族融合特色的重要体现

中华民族自古以来就是一个多民族的大家庭,很早以前便建立了统一的多民族中央集权国家。中华法文化的发展融合了以汉族为主体的各民族的法律意识和法律成果,是以汉族为主体,各民族共同缔造的,它凝聚着少数民族的法律智慧,吸纳了少数民族优秀的法文化成果,是各民族的法律文化与法制经验相交流与吸收的结果。各个少数民族在中华法系的形成和发展过程中都做出了自己的贡献。少数民族入主中原后,在法制建设上,一方面是少数民族带有浓重奴隶制残余的习惯法依然起着作用,另一方面,汉族的伦理道德也不断地融入其法制建设当中,促进了少数民族法律的迅速汉化,最终成为中华法系中重要的组成环节。

冀域一直处于中原华夏法律文化与北方游牧民族法律文化的交汇的核心地区。中华各族人民在这块土地上,经过长期的交汇、碰撞与融合,形成了多元一体化的格局。冀域的法律,不仅对汉族的法律在传承中不断创新起到了重要作用,而且对少数民族法律的汉化过程发挥了重要作用。

西晋末年开始的"五胡内迁",在中华民族的大家庭中,又融入了匈奴、鲜卑、氐、羌、羯等诸民族,至南北朝,一些少数民族相继在广大的中原地区建立了政权。封建化了的统治者不满足本民族法制的落后状态,刻意求新,积极学习和吸收内地汉族的法律文化,又依据民族政权发展的需要,融入北方少数民族的法律精髓,实现了中国民族法律文化的第一次大融合。在冀域建立北魏政权的拓跋族,较为重视法制建设,迅速由习惯法过渡到成文法阶段,并在冀域思想家和律学家的帮助下,制定了一系列的律法,从《天兴律》到《正始律》的几次立法活动,不断促进了北魏法律的儒家化过程。例如《太和律》既融会了汉、魏、晋以来儒家的法律思想与立法成就,同时也保留了某些元魏旧制,可以说是这个时期游牧民族和农耕民族大融合在法文化上的产物。北魏之后,高洋在冀域建立北齐政权,立法进入了一个新的发展时期,无论是体例、篇目、罪名、刑制、法例都趋于定型。程树德先生评论说"南北朝诸律,北优于南,而北朝尤以齐律为最",之所以北朝的法律如此发达,一个重要原因就是北朝修律时重用崔浩、高允等冀域大儒,经过他们之手传播了先进的汉族法文化,综合了魏晋以来的司法经验,造就了北朝法律系统的辉煌成就。以《北齐律》为例,它是在冀州崔昂主持下,由渤海封述、马敬德等一大批律学家共同参与,历时十余年始完成的。它克服了南朝律的繁芜,也不似北周律的刻意仿古,注重了礼律并举,又在罪名和刑制上有所创新,做到了"法令明审,科条简要"。在封建法律发展中《北齐律》起着承上启下的作用,上承汉魏、下启隋唐,无论体系结构还是基本内容,都为隋唐律奠定了重要的基础。它是以汉律为宗并糅合了本民族的习惯法而成的,是当时南北民族在法律文化上相互吸收的重要成就。所以说,中华法文化的形成和发展,是多民族共同努力的结果,是各民族先进法律文化的结晶。在这一形成过程中,冀域历代律学家的长期努力和贡献,毋庸置疑起到了重要作用。

　　冀域法律的突出特点使冀域法律与中国其他地区的法律文化区别开来,展现出其独特的魅力,从而更加突出了在中华法系的形成和发展过程中产生的重大影响以及对中国古代法律建设作出的突出贡献。

第六章　结论

要认识今天的中国,今天的中国人,就要深入了解中国文化的血脉,准确把握滋养中国人的文化土壤。在京津冀一体化协调发展的大背景下,对冀文化尤其是冀域法律文化的挖掘和阐述,有着非凡的学术价值。

首先,冀文化历史悠久,有着丰富的内涵,法律文化是其重要内容之一。冀州大地是一块历史悠久、环境优美、气候温和、土壤肥沃的好地方。早在五千年前,炎黄部落就由西北高原来到这里聚居、生活和发展,从此这块宝地就成为中华民族的摇篮,华夏文明的发祥地之一。在这块璀璨的土地上有着丰富灿烂的历史文化。所以对冀文化(包括古代经济、政治、法制、风俗等等)进行完整的描述、深刻地剖析、理性的扬弃具有深刻而丰富的学术价值。冀域法律文化是冀文化研究中不可或缺的一部分,对其进行研究可以弥补冀域法律文化研究之空白,还原"冀文化"法律文化方面的风采。

其次,冀域古代法律文化的研究对于京津冀一体化中的文化建设具有重要意义。冀域是京津冀之母体,冀域法律文化是京津冀一体化过程中法律文化的传统和基础。开展冀域古代法律文化研究,可以为京津冀一体化提供思想文化支持。习近平总书记 2014 年 2 月 26 日在京津冀协同发展专题座谈会上发表重要讲话,强调了京津冀地缘相接、人缘相亲，地域一体、文化一脉，历史渊源深厚、交往半径相宜，相互融合、协同发展的基础。京津冀一体化协同发展有着重要的战略意义，冀域作为京津冀的母体，涵盖了这一文化圈，对冀域法律文化进行深入的挖掘和研究，可以为京津冀一体化发展提供文化支撑，促进京津冀实质协同。

再次，冀域古代法律文化研究也是进行爱国主义教育和爱家乡教育的重要素材。文化是一个民族的精神支柱，文化深刻地影响着一个国家的发展进程，甚至于超过经济和政治的影响力。冀域法律文化对中华法系的形成和发展产生了重大影响、对中国古代法制建设作出了突出的贡献、为中国法律文明增光添彩、也为中国法律文化宝库留下了珍贵的历史遗产。冀域法律文化作为中国古代法律文化的组成部分，是中华文化王冠上一颗璀璨的明珠。对其进行挖掘和论述有利于增强人们的爱国情怀。此外，还可以培养当地人民的自信心，增强他们的自豪感、荣誉感和对家乡的归属感。

最后，冀文化可以渗透到高校乃至全社会的思想政治教育中去。传统文化是我们中华民族几千年发展的精华，传统文化中的价值趋向、思想观念、行为规范等都是思想政治教育工作需要借鉴的精髓，我们应该把中国传统文化渗透到大学生思想政治教育中去，找到传统文化和当代素质教育的切入点和契合点。冀文化是中华传统文化中不可多得的瑰宝，所以我们应当在高校，甚至是全社会的思想政治教育中弘扬这一优秀的历史文化，使其融入到当代的素质教育中去。

冀域法律文化博大精深，源远流长，还有很大的空间值得我们去不断地挖掘和探究，尽管笔者在写作过程中力求提高写作质量和水平，但由于本人理论修养水平及研究能力有限，不足和错误恐怕在所难免，某些观点的论述也许还有值得商榷之处，有待于笔者将来的进一步研究学习。

参考文献

[1] 郑玉敏.我国法律文化研究的现状与发展方向分析[J].现代情报,2004(7):13—15.

[2] 郑成良.论法律文化的要索结构[J].社会学研究,1988(2):41—44.

[3] 武树臣.中华传统法律文化[M].北京:北京人学出版社,2004.21—27.

[4] 刘作翔.法律文化理论[M].北京:商务印书馆,1999.13—15.

[5] 梁治平.法律文化的解释[J].法学研究,1992(5):22.

[6] 武树臣.法律文化研究的现状与趋向[J].法学理论,1989(1):54—56.

[7] [美]高道蕴.美国学者论中国法律传统[M].高桂等译,杭州:浙江人民出版社,1986年版.

[8] [英]汤因比.展望二十一世纪[M].明辉、李霞译,北京:中国国际文化出版社,1997年版.

[9] 百度百科.文化[OL]. http://baike. so. com/doc/5366095-5601798. html.

[10] [11] 贾载明.谈文化与文明的关系[OL]. http://jzmz008. blogchina.com. 2006-07-06.

[12] 南晓雪.反思法律文化的概念问题[D].吉林大学,2006.

[13] 刘作翔.从文化概念到法律文化概念:法律文化——一个新文化概念的取得及"合法性"[J].法律科学,1998(2):10—19.

[14] 王芳倩.中国传统法律文化中的情理法及其现代转型[D].曲阜师范大学,2012.

[15] 霍炎豪.我国法治建设中法律文化冲突问题研究[D].吉林大学,2007.

[16] 武树臣.中国传统法律文化词典[M].北京:北京大学出版社,1999:154.

[17] 曾宪义.中国法律史[M].第三版.北京:中国人民大学出版社,2009:17—26.

[18] [19] [20] [德]马克思、恩格斯.马克思恩格斯选集:第1卷[M].北京:人民出版社,2012:677,681,689.

[21] 于舒、曹缪辉.试论中国传统法律文化的特点[J].江苏教育学院学报(社会科学),2012(3):43.

[22] 毕玉亮.人内心的宗教哲学[J].魅力中国,2009(4):64—65.

[23] 孙伶伶.彝族法律文化[M].北京:中国人民大学出版社,2007:13—17.

[24] 徐金海、钱汉东.古代礼仪风俗谈[M].上海:上海文艺出版社,1991:04—09.

[25] 吕丹.中国古代各类礼仪大全[OL]. http//blog. sina. com.

[26] 天一阁《保定志》卷十三《人物》.

[27] 《慎子·因循》.

[28] 《慎子·逸文》.

[29] 《慎子·威德》.

[30] 《荀子》卷一《修身》.

[31] 《荀子》卷八《君道》.

[32] 张熙照.传统审判制度近代化研究[D].吉林大学,2007.

[33] 《汉书》卷五一《路温舒传》.

[34] 崔寔:《政论》,出自(清)严可均揖《全后汉文》.

[35] 《后汉书》卷八十二《崔寔传》.

[36] 《论语·秦伯》.

[37] 《贞观政要》卷五《公平》.

[38] 《旧唐书》卷九六《宋璟传》.

[39] 《新唐书》卷一二九《宋璟传》.

[40] 《战国策·赵策二》.

[41] 《汉书》卷二十三《刑法志》注.

[42] 郭启辉.韦昭《国语解》训古研究[D].福建师范大学,2008.

[43] 郭东旭、申慧青.渤海封氏——中国律学世家的绝响[J].河北学刊,2009
     (5):82—85.

[44] 《魏书》卷七《高祖纪》.

[45] 《食货志》.

[46] 《北齐书》卷三十.

[47] 《九朝律考》卷七《后周律考序》.

[48] 《隋书》卷二《高祖本纪下》.

[49] 《旧唐书》一百三十五《良吏传》.

[50] 《旧唐书》卷二十八《高季辅传》.

[51] 冯石岗、许文婷.京津冀文化圈的渊源和载体[J].河北工业大学学报(社会
     科学版),2013(2):09—15.

[52] 张晋藩.综述独树一帜的中华法文化[J].中国与以色列法律文化国际学术
     研讨会文集,2004:10.

[53] 《新唐书》卷七一下《宰相世系表》.

［54］《魏书》卷一一一《刑法志》.

［55］王彦人.浅谈中国传统法律文化的特征及影响［J］.安阳师范学院学报，2009(4)：12—14.

［56］《史记·秦始皇本纪》.

［57］《荀子·王制》.

［58］《荀子·劝学篇》.

第三编 宗教文化源远流长，世代传承多元包容

——冀域宗教文化研究

第一章　为什么研究冀域宗教文化

宗教作为一种客观存在的社会文化现象，对社会生活有重要影响。伴随着京津冀一体化协同发展上升为国家发展的重大战略，冀域宗教文化研究成为文化建设的重要组成部分。当今冀域社会宗教问题日益突出，梳理宗教文化历史脉络，剖析宗教文化元素，探寻冀域宗教文化特色，对于促进冀域宗教文化与社会主义社会相适应，加强冀域文化建设，增强冀域民族凝聚力和地区团结具有重要作用。

1.1　课题研究的目的及意义

1.1.1　研究目的

宗教作为一种客观存在的社会文化现象，无论追溯人类历史的长河还是探索空间的广度来看，都是人类社会的重要特征。宗教无论在古今中外，都是炙手可热的研究话题，宗教在人类社会发展的历程中，无疑会产生宗教问题，宗教问题是人类社会发展进程中一个长期存在的社会历史现象，也是目前全球性的重大政治问题。在当今科技和文化高速发展的社会背景之下，不同的意识形态之间的矛盾，人与人之间的矛盾，以及政治观点不同导致的宗教矛盾冲突却在阻碍着人类发展的步伐。当今世界国际争端和地区性冲突，大多与民族矛盾和宗教纷争相关联,宗教政局的稳定与否,直接关系到一个国家的兴衰存亡。本章的研究目的是通过研究冀域宗教文化的历史变迁,探究冀域宗教文化的基本内容和主要特点,并结合当前冀域宗教文化发展的现状和存在的问题进行分析,思考解决对策。"古为今用",研究和挖掘宗教文化中的优秀遗产为当前京津冀文化协同发展提供历史借鉴。

1.1.2　研究意义

在京津冀一体化协同发展的大背景下,研究冀域文化是推动京津冀发展的重要内容,而冀域宗教文化又是冀文化的重要组成部分。研究冀域宗教文化在历史发展中的优秀成果和消极影响,从而取其精华、弃其糟粕,对推动京津冀文化协同发展具有重要的理论意义和实践意义。

(1)理论意义。第一,丰富宗教文化研究的内容。宗教文化是整个文化建设的一个重要组成部分。研究冀域宗教文化,是研究我国传统文化的一部分,本课题通过对冀域宗教文化历史演变的梳理、宗教文化内容的总结和宗教文化特征的概括与解读,会在一定程度上丰富宗教文化研究的内容。第二,丰富京津冀文化建设内容。研究冀域宗教文化的历史变迁,系统梳理冀域具有重要影响的宗教代表人物、宗教建筑文化、宗教典籍文化、宗教艺术文化、宗教民俗文化等相关内容,使人们对冀域宗教文化有一个全面深入的了解,从而丰富京津冀文化建设内容。同时,通过对冀域宗教史和宗教文化元素进行分析,并概括总结这一区域的宗教文化特征,探索其文化价值以及对现代的启示,可以从一定意义上为京津冀文化协同发展、区域多元文化建设提供历史和理论支撑。

(2)实践意义。第一,有利于京津冀政治、经济、文化发展。本章通过研究冀域宗教历史变迁以及主要内容,分析冀域宗教现状及存在问题,对冀域地区发展具有启示性意义。在政治上,只有系统化研究冀域地区宗教和宗教文化,才能处理好冀域宗教问题,才能更好地团结少数民族和信教群众,促进冀域和谐稳定发展。在经济上,有利于文化与旅游业相发展,促进京津冀形成旅游文化圈、经济一体化协同发展。在文化上,在冀域宗教文化历史变迁和内容中,蕴含着丰富的有关和谐的训导与启示,本课题通过挖掘冀域宗教中的和谐资源,与社会主义新时期的民族精神与时代精神相结合创造,有利于促进冀域人民树立正确信仰观,创建冀域多元共存的社会文化环境,对冀域当代社会和谐发展具有启示意义。第二,有利于促进京津冀经济、政治、文化相互融合。2014年,习近平总书记亲自批示将京津冀协同发展上升为国家战略,而文化不仅是支撑京津冀协同发展的关键一环,还是推进京津冀一体化由交通、经济领域的接轨,向文化、文化产业及其市场的接轨进程中的核心力量。[1]文化在京津冀一体化发展中占领的优势地位越来越明显,在京津冀随着京津冀一体化的全面启动和深入发展,研究冀文化,对促进冀域地区的文化发展、创新与融合对政治、经济发展具有深刻意义。第三,有利于京津冀和谐社会建设。研究以首善之区北京为中心,天津、河北相环绕的冀域地区宗教文化,使人们对于冀域宗教历史有深入了解,有利于正确的认识宗教社会功能,扬长避短发挥宗教的积极作用,总结在冀域宗教历史文化发展进程中的得与失,以及对后世影响以及当代启示,对于冀域当下更好地处理社会主义制度下的冀域宗教文化的和谐发展有着积极的借鉴意义,也为冀域地区稳定发展,团结人民群众,促进社会和谐乃至对京津冀一体化的国家发展战略作出贡献。

1.2 本课题研究的现状分析

由于宗教在当代社会呈升温趋势,使宗教课题的相关研究已经成为近年来学者和社会人士普遍关注的问题,站在前人的肩膀上进行研究,对比国内外的理论成果,对明确本课题研究方向抓准本课题的研究重点具有重要的意义。

1.2.1　国内研究现状

（1）关于中国宗教的研究。国内学者对中国宗教的研究从中国宗教本身特点与西方宗教特点出发,论证中国到底有无宗教,以及中国宗教文化的特征进行论证分析,其代表性的观点如下:第一,中国宗教与西方宗教相比更加具有可替代性。许多学者从中国人民的选择和传统文化的角度出发,认为中国人是不需要宗教的,中国人的世界观中是不存在宗教的。例如,辜鸿铭[2]认为,在中国的一般百姓是不重视宗教的,中国人是不需要宗教的;蔡元培提出,"以美育代宗教",聂振斌[3]的《中国美育思想述要》分析蔡元培的观点,认为他的观点是符合中国传统文化和艺术精神的。认为中国与西方社会不同,中国人所追求的最高境界是艺术审美,不追求天上的"神",追求的是心中的"神",而西方以宗教和外在的神为最高境界的精神追求。冯友兰[4]提出"以哲学代宗教",他认为,相比宗教而言,通过哲学可以获得更高的价值,而宗教往往掺杂着封建迷信等腐朽思想。第二,中国宗教文化与西方宗教文化相比具有独特特征。许多学者将中西方的宗教观对比,突破了西方一神论宗教模式的思维方式来审视中国宗教文化的特征。唐君毅[5]对中西方宗教文化进行对比,认为中西方宗教特征具有明显差异,西方崇尚"一神论",而中国宗教文化中可以信奉多个神明,中国宗教更具有功利性和入世性;唐先生认为国外宗教将爱神之心凌驾于爱人之上,但在中国则不主张爱神多于爱人这种学说。我国当代宗教学者陈来[6]、牟钟鉴[7]、吕大吉[8]等对中国宗教文化进行研究,他们认为中国历来就有宗教,如陈来教授认为中国古代的宗教是"宗法伦理性宗教",牟钟鉴教授称之为"宗法性传统宗教"。彭无情[9]在《宗教文化的概念及其功能探微》一文里定义：
"宗教是以异化的方式反映现实生活而被实体化的一种社会体系和
文化生活方式。"

（2）关于宗教文化的理论研究。以往的研究成果基本上对宗教
应该作为一种文化去研究达成了共识，认为不能孤立的去研究宗教
而是要将宗教看做一种社会文化现象，将宗教文化归类于人类历史
文化的一部分去研究。学者普遍认为研究宗教文化应该与研究其他
文化一样不仅要研究其精神层面还要研究物质层面与制度层面。宗
教这个词在中国首次出现源自印度佛教。毛泽东[10]在 1963 年开展
关于宗教研究批示中讲到，要将研究宗教与研究历史、文化、哲学辩
证地联系起来。不对神学进行批判就写不好哲学史、文学史、世界
史，研究宗教就要求联系历史来研究。赵朴初[11]从 20 世纪 80 年代
开始就多次讲过宗教是文化，他重点论述佛教进入中国后，一方面吸
收中国固有文化，另一方面丰富中国文化，他认为文化性是宗教的重
要属性之一。方立天[12]曾指出要将佛教作为一种文化去考察研究，
将宗教看做一种文化现象是十分必要的。他还指出，人类文化可以
分为世俗文化和宗教文化两大类。彭无情[13]将宗教定义为宗教是
以异化的方式反映现实生活而被实体化的一种社会体系和文化生活
方式；而宗教文化大致包括器物文化、制度文化和精神文化三个方面
的内容，器物文化包括进行宗教活动所需的用物工具和场所、制度文
化包括构建宗教活动的一切形式和方法、精神文化包括宗教意识活
动及其形式。牟钟鉴在《宗教文化论》一文中指出："所谓宗教文化，
本质上是人们以宗教为表现形态的精神劳动成果，连同宗教本身也
是人类历史文化的产物，是人类感情、理想、审美的一种寄托与特殊
表达方式。"[14]

（3）对冀域宗教文化元素的研究。目前，对京津冀三地的宗教

文化历史,以及对单个地区器物、精神、制度的文化研究成果颇丰,如佟洵[15]的《北京宗教文化研究》一书和李新建、濮文起[16]的《天津宗教史》一书以及河北省政协文史资料委员会[17]编写的《河北文史集萃》一书中,总结了冀域宗教史以及精神、器物、制度文化。袁仕萍[18]对河北伟大佛学者、中国佛教界第一建设者释道安以及他的佛教哲学思想进行研究,研究释道安的一生以及为佛学作出的贡献。寺庙是宗教社会主要的建筑实体。习一五[19]描述近代北京沿袭了数千年的古代宗教文化建筑遗产,其中佛教、道教、儒教寺庙宫观众多,展现了北京地区历史悠久、文化底蕴深厚的古代宗教建筑文化。郭君铭[20]在研究河北宗教历史文化资源的同时,还对今后文化资源的开发进行展望。

（4）关于宗教问题及产生原因的研究。宗教文化在冀域历史发展过程中,不仅留下了丰富的物质遗产、精神遗产、制度遗产,同时也引起了一些社会问题。正确研究、分析其原因,才能引导冀域宗教文化与冀域当代社会相适应。贺彦凤[20]深入分析了我国宗教文化层面现存问题:问题包括国内外势力渗透,信仰、价值观取向错位,国内传统影响等;并积极分析问题产生的个人原因,社会原因和宗教自身原因等。龚学增[20]深入研究了中国共产党成立八十周年以来将马克思主义与中国宗教国情相结合的曲折道路,以及对解决宗教问题相关制度的调整和改革。叶小文[13]通过研究中国共产党人对中国宗教情况的实事求是的观察以及运用马克思主义宗教观对中国的宗教问题所得出的科学的、理论的认识,得出宗教性质:长期性、群众性、民族性、国际性和复杂性来研究当前我国的宗教问题。

（5）关于宗教与社会主义之间关系的研究。目前,我国宗教与社会主义社会相适应的理论研究十分丰富,研究解决当今宗教问题的指导思想,用科学的理论成果指导社会实践,才能落实冀域宗教与社会和谐发展相适应。袭学增[21]研究以马列主义、毛泽东思想关于社会主义与宗教关系的基本原理一脉相承的中国特色社会主义宗教理论。改革开放 30 年来，它作为中国共产党处理社会主义初级阶段宗教问题实践经验的理论升华，经历了邓小平理论的宗教观、"三个代表"重要思想的宗教理论以及党的十六大以来宗教理论的新发展三个阶段，已经形成了比较完备的以人为本、坚持独立自主自办的完整社会主义宗教体系。何虎生[22]致力于研究中国特色社会主义宗教理论体系，它是马克思主义宗教观与中国宗教的具体实际相结合而揭示的关于宗教问题的理论观点。这个观点由三个层面构成的：第一，宗教的本质特征、发展规律、社会作用；第二，宗教与国家建设和谐宗教之间的关系；第三，加强党对于宗教工作的领导。孙春兰在《深入学习贯彻习近平总书记重要讲话精神扎实做好新形势下宗教工作》一文中以习近平总书记的重要讲话为指导，研究党对于健全宗教工作的主导作用，在新形势下，应坚持党的领导、坚持发挥宗教积极作用、坚持宗教工作法治化、坚持宗教人才培养来做好社会主义社会宗教工作。[23]

1.2.2　国外研究现状

（1）对于宗教及宗教文化的界定。由于国内外学者立场的不同和理解态度上的差异，以至于众说纷纭。宗教学创始人麦克斯·缪勒[24]认为人们产生宗教意识的种子，乃是人们对无限存在物的认识和追求，因此，所谓宗教就是对某种无限者的信仰，宗教是一种信仰，是人们对于现存事物追求。而恩格斯[29]借对杜林宗教观点的批判，提出了经典的宗教定义："一切宗教都不过是支配着人们日常生活的外部力量在人们头脑中的幻想的反映，在这种反映中，人间的力量采取了超人间的力量的形成。"美国宗教哲学家保罗·蒂利希[26]认为正如文化在实质上是宗教，宗教在表现形式上则为文化，他认为宗教是以文化的形式表现,并且世代传承下去。吉尔兹从人类学的角度上把西方宗教文化解释为一套行为的外显形式,其行为的目的是最终建立起人类普适、有力、恒久的感情和意识。[27]在《宗教和当代西方文化》一书中,爱德华·塞尔[28]阐述了西方文化的宗教属性,他认为宗教是一种文化现象,它在历史上曾经对某些国家、民族和社会产生极为深刻而又深远的影响。董小川[29]教授在《儒家文化与美国基督教文化》一书中认为,美国文化是一种基督教文化,宗教文化是美国文化的一个极为重要的一部分。

(2)对中国宗教文化的研究。国外学者对中国宗教文化的研究多以西方宗教模式为背景,并以西方宗教理论为依据展开。同时,在西方宗教的发展过程中,宗教哲学始终是西方哲学的一部分,西方人常常从哲学的立场、以理性论证来研究宗教文化,并由此形成系统的宗教理论体系,从而使西方人的宗教信仰具有较高的信仰素质。[30]

正是从这样的背景出发,在西方宗教研究的视野中,中华民族是一个缺乏宗教信仰的民族。英国思想家罗素[31]认为,中国实际上是一个缺乏宗教的国家,中国人注重实用和现世的意义,对于超验的、彼岸的事情存而不论,因此中国人对于宗教缺乏西方人的那种严格的热情。德克·布德教授[31]说:"中国人不以宗教观念和宗教活动为生活中最重要、最迷人的部分。中国文化的精神基础是伦理,不是宗教。"相反,西方宗教学者孔汉思[32]认为中国宗教是一种独立于世界的第三大宗教体系,他认为古代中国宗教色彩浓厚,是人类世界宗教史中不可缺少的一部分,并且与现在的两大宗教——犹太告知型和印度神秘型宗教——并行,中国愈加鲜明地表现为完全独立的第三个系统。

(3)关于"冀域宗教文化"的研究。国外关于冀域宗教文化的研究资料几乎为零,但是有对区域文化的研究,国外对于"区域文化研究"是发展自德奥传播论的美国人类学观点,经过对文化和"文化区域"及"文化复合体"等概念的转变,博厄斯(Boas)、克虏伯(Kroeber)等学者认为,由于各个地区地理环境和自然条件各不相同,经过长期的历史变迁,形成具有独特地区特色的文化被成为"区域文化",研究区域内文化的各个单一事项,进而寻找区域内的文化特质。[32]国外学者对于区域文化的研究,为本课题研究区域内的文化特质提供了很好的研究方法。

1.2.3 国内外研究述评

综上所述,通过对已有资料的研究,国内外对宗教文化理论性研究成果丰富,对我国宗教问题以及与社会主义关系的研究也十分全面,这些研究对本课题的研究具有十分重要的理论意义。但是对冀域地区宗教文化研究成果稀缺,因此,本课题研究有很多需要继续研究和探讨的领域。

(1)理论研究成果丰富。目前国内外学者对宗教以及宗教文化的理论研究成果丰富,如宗教的内涵及本质,宗教的基本要素及类型,宗教文化的内涵及特点的研究形成了系统的理论体系。

(2)缺乏对冀域地区宗教整体性研究。对京津冀地区宗教历史研究、宗教人物、宗教艺术、宗教典籍、宗教建筑、宗教风俗、宗教制度研究取得较多成果,但是缺乏对于冀域地区的宗教文化元素整合,缺乏对冀域地区和中国其他地区宗教文化的深入对比,缺乏分析出冀域宗教文化特色特点和冀域宗教发展给予当今社会的现实意义和启示。

(3)本课题的研究重点将深入而系统地研究冀域地区宗教文化的历史变迁以及主要内容,试图通过较为全面地对冀域地区宗教历史的研究,总结出地区特色,通过发展现状,分析存在问题,深入剖析冀域宗教文化对当代冀域政治、经济、文化和社会的作用,为促进冀域地区和谐发展尽绵薄之力。

第二章　相关概念界定及理论阐释

　　研究此课题首要的任务是明确基本概念等问题,明确宗教和宗教文化的相关概念,明确冀域从古到今的地域范围,为后面的冀域宗教文化历史研究做好铺垫。只有先明确相关概念,具有相关理论基础,才能进行后面的相关研究。

2.1　关于冀域范围的界定

2.1.1　古代"冀州"

　　古代冀州作为九州之首,在我国悠久的历史中,具有重要地位,据《尚书·禹贡》记载:"大禹分天下为九州分别是徐州、冀州、兖州、青州、扬州、荆州、梁州、雍州和豫州"[32],历史悠久。到汉朝时,冀州正式成为行政区划地名,是十三刺史部之一。而后随着时代的变迁,从唐朝以后,冀州行政区域越来越小,逐渐退出全国大区、九州之首的地位,取而代之的悄然变成了河北衡水市下辖的一个县级市,但是,"冀"是河北的观念基本稳定。

　　京津冀在古代属于幽州、燕赵,从元代起到清代经历了八百多年的时间,元属中书省、明为北直隶、清为直隶省,保定一直为直隶省省会。民国初北京为京兆,天津属直隶省;民国定都南京后,北京改为北平,与天津同属河北省。

2.1.2 现代之"冀"

现在的冀州是河北省衡水市下辖的一个县级市,位于河北省中南部,地处华北平原腹地,滏阳河流经本市。北距北京 300 公里,西距河北省省会石家庄 110 公里,辖区总面积 918 平方公里。

现代之"冀"指河北省整个区域,河北,简称冀。河北省春秋战国时期属燕、赵、中山以及魏、齐等国,汉为幽、冀等州,唐朝称为河北道,宋朝称为河北东路、河北西路,元代又分为真定、保定、顺德、广平路等,明代时称为北直隶,清代称为谓直隶,1928 年以后改称河北至今。现代之"冀"包括整个河北省,辖石家庄、唐山、邯郸等 11 个地级市,省会为石家庄,河北省是中国唯一兼有高原、山地、丘陵、平原、湖泊和海滨的省份。[33]

2.1.3 本书"冀域"

本书中的"冀域"是指以九州之首的冀州为基础,经过五千年兴衰变迁发展至今,包括今日河北省、北京市和天津市的区域。

京津冀协同发展已经上升为国发展战略,研究京津冀区域的宗教文化应该是一个重要组成部分。本课题的研究对象主要是以河北省为主的京津冀地区,命名"冀域",其根据是历史上的"冀州"曾包括现在的京津冀地区。研究这一区域的宗教文化,又要与河北之"冀"区别开来,因此使用了"冀域"来代表京津冀地区。再者,有学者已经提出了以京津冀为主体的文化研究,称谓为"冀文化"研究。同时,为了行文的方便,本书的"冀域"所指就是京津冀区域。

2.2 宗教和宗教文化概念解析

宗教文化是宗教的文化表现方式,虽然宗教和宗教文化是密不可分的,但是宗教与宗教文化又是相互区分的。马克思宗教观认为宗教是会随着人类社会的发展逐渐消亡的;但是宗教文化中也分为优秀文化、落后文化、腐朽文化,需要对宗教文化进行研究,发扬优秀宗教文化,改造落后宗教文化,取缔腐朽宗教文化。这一章将通过对相关概念解析,理解宗教和宗教文化。

2.2.1 宗教的内涵及本质

(1)宗教的内涵。研究宗教的有关问题首先要明确"宗教是什么",必须要对宗教的涵义进行探讨和研究,但在宗教文化历史的发展中,无论是国外还是国内,学者们对宗教的见解见仁见智,多种多样,比较普遍的观点如下:

第一,以对神灵的崇拜和信仰来定义宗教。如犹太人会把对上帝耶和华的信仰称之为宗教,穆斯林会把对真主的信仰称之为宗教;二者相比较,只是对神赋予不同的性格特点而已。宗教人类学家爱德华·泰勒[35]给宗教下的最低限度的定义是对于精灵实体的信仰。宗教学创始人麦克斯·缪勒[36]认为人们产生宗教意识的种子,乃是人们对无限存在物的认识和追求,因此,所谓宗教就是对某种无限者的信仰,宗教是一种信仰,是人们对于现存事物追求。这一观点将宗教定义为崇拜、信仰"神"的体系,指人对神的敬仰和崇拜以及人与神之间存在着某种沟通,这一观点受到了不同学者的质疑。

第二,在中国古代汉语中,"宗"的本意在室内对祖宗进行祭祀。许慎的《说文解字》说:"宗,尊祖庙也从'宀',从'示'。"[37]其主要释义是祭祀。"教"在古汉语中的本意是"教化",如《说文解字》说:"教,上所施,下所效也。"[38]可见,"教"是指导、教导的意思。宗教在本质上是一种"教化"。《现代汉语词典》是这样解释宗教的:宗教是"一种社会意识形态和文化历史现象,是对客观世界的一种虚幻的反映,相信在现实世界之外存在着超自然、超人间的力量,要求人们信仰上帝、神道、精灵、因果报应等,把希望寄托于所谓天国或来世"[39]。宗教要求人们"把希望寄托于所谓天国或来世",潜在的意思就是说宗教用虚幻的天国或来世欺骗人、安慰人。定义宗教的内涵应该站在一个客观的、中立的立场或角度,我们就不能断言终极的、超人间的神圣力量与境界如果存在,就是一个绝对错误的结论。

通过对宗教概念的辨析,虽然国内外对"宗教"一词的含义定义不同,但还是蕴涵着一些共性。共性有三点:第一,宗教是一种崇拜和信仰;第二,宗教是信仰者对信仰对象的敬仰和崇拜,两者之间存在着某种联系;第三,宗教是信仰者与信仰对象意向上的统一。综上所述,虽然这三点并不能完全概括宗教本质的全部,但是宗教本质基本内容不可分割的一部分。

(2)宗教的本质。由于世界上各个国家、地区的地理位置、历史环境、政治、经济、文化立场不同,所以对宗教本质的理解也不尽相同。20世纪以前,西方学者对宗教的定义基本上可以归纳为"人对神的信仰"。20世纪以来,世界格局各个方面都发生了巨大的变化,人们认识到宗教本质现象及其形式要比过去复杂得多,由于宗教是一种世界性的历史文化现象,各民族由于历史环境的不同,对宗教的理解也极不相同,所以,对各种宗教现象进行本质的揭示是很不容易的。

马克思在《〈黑格尔法哲学批判〉导言》一文中指出:"一个人,如果想在天国这一幻想的现实性中寻找超人,而找到的只是他自身的反映,他就再也不想在他正在寻找和应当寻找自己的真正现实性的地方,只去寻找他自身的假象,只去寻找非人了。"[38]这句话帮助人们了解宗教的本质,即不要把希望寄托于"天国"和"超人",要发挥个人的主观能动性,寻找自己真正现实性的地方,马克思对宗教的批判,揭示出了宗教的本质是现实世界在头脑中的幻想反映。

恩格斯在《反杜林论》中指出:"一切宗教都不过是支配人们日常

生活之外的力量在人们头脑中的幻想的反映,在这种反映中,人间的力量采取了超人间的力量的形式。"[38]恩格斯的这一界定,只对宗教作为一种社会意识形态所具有的本质特征予以了揭示,所以我们不能把它简单的当作宗教的定义。事实上,宗教除了是一种对现实世界的主观反映外,它还是一种社会文化现象、一种社会组织,还是一种有着诸多社会功能和作用的社会历史现象。所以我们对宗教的认识,应该在恩格斯的这一指导思想指引下,从文化的角度、社会系统的角度以及功能分析的角度对它进行全面的概括和总结。

随着马克思主义宗教观的不断发展,对宗教本质的界定虽有多种坎坷,但还是有所发展。在 1982 年中共中央 19 号文件中对宗教做出了新的界定,在文件中将宗教界定为一种特殊的信仰相适应的社会历史现象,将其看成是一个本质和现象的结合物,明确了宗教不仅仅是一种社会意识形态,它还是一种拥有亿万信徒及各种社会活动、并将宗教组织作为其外在表现的社会体系,这不仅从理论上更科学地界定了宗教,而且从现实意义上,有助于我们正确地分析宗教的社会功能。

2.2.2 宗教的社会功能

宗教的社会功能,是指宗教在社会中的不同活动方式及其对社会体系所具有的客观结果,即它对所属的社会体系所能起到的作用。[39]宗教不同的基本要素相互作用,发挥着不同的功能,从而使宗教变成社会历史发展中的其中一部分。宗教功能具有两重性,一是对社会秩序和社会系统正常运作具有积极意义的功能;二是阻碍社会发展,破坏社会秩序和人类生活的消极功能。分析宗教各个功能的具体作用有利于正确评价宗教在冀域社会中的影响。

(1)积极作用:首先,宗教具有社会整合功能。宗教的社会整合功能表现在宗教中的某些精神、文化元素,将社会中的个人、不同社会组织、社会群体凝聚成为一个统一的整体,从而促进社会的发展,例如宗教共同体与民族乃至国家共同体相一致,具有一致的价值观导向,就会对民族团结、国家稳定起到促进作用。其次,宗教具有社会心理调节功能,当今社会经济发展迅速,社会节奏日益加快,同时带给人们的社会压力也与日俱增,社会问题也与日俱增,宗教具有帮助人们调适心理的机制,具有心理调适功能,关怀个体身体健康与人格健康,主张惩恶扬善,调节缓和社会成员心理矛盾,帮助社会成员塑造良好的道德认识。第三,宗教具有促进社会交往功能。宗教作为一种特殊的媒介,可因为信仰的凝聚力使居住在不同国家、不同地区的宗教信徒彼此往来,并互相传播文化,促进民族、国家之间文化、思想的传播交流,促进世界友好往来。第四,具有补充法律、道德的功能。如佛教主张因果报应,促使人民行善事,不作恶,有助于辅助法律和道德,塑造社会良好道德观念和行为。第五,宗教会促使社会认同感的产生,宗教作为一种社会意识,通过对宗教信仰的认同,参加宗教仪式,从而产生崇拜感和认同感,认同功能会产生强大凝聚力。第六,具有丰富人类历史文化的功能,宗教是人类历史文化发展中的重要组成部分,丰富人类文化,对人类社会发展具有重要影响。惠心惠德的宗教人物、汗牛充栋的宗教典籍、丰富多彩的宗教艺术、琼楼玉宇的宗教建筑、内涵丰富的宗教民俗等,极大地丰富着人类的物质文化和精神文化,对人类社会发展具有重要意义。

　　(2)消极作用。首先,宗教的整合功能也有可能是消极的,会破坏社会和谐。当宗教整合功能的发生与民族国家共同体价值观不一致时,就会破坏民族团结和国家统一。其次,宗教的心理调节功能也可能是消极的。马克思认为,宗教不是人摆脱苦难获得解放的现实途径和方法,它是对"现实苦难的抗议",归根到底是使人麻醉的"人民的鸦片",对人具有负面功能。马克思一针见血地指出:"宗教是被压迫生灵的叹息,是无情世界的感情,正像它是没有精神的制度的精神一样。宗教是人民的鸦片。"[39]马克思揭示了宗教消极的社会作用,容易使人产生宿命思想,消极地依赖于命运的摆布,失去为追求实践的主观能动性,使人逃避现实,使人盲目乐观,依赖于"神明"而减少可能行动和改革社会的现实愿望。第三,宗教的认同功能也会产生反作用,认同功能产生强大凝聚力的同时,也会引起排斥异教的情绪。例如在我国全民族信仰某一种宗教的地区,宗教认同感则会导致狭隘民族主义的产生,而造成与其他民族的冲突和国家局势的动荡。

历史的经验说明,判断宗教作用的两重性,不仅要结合不同历史时期的政治、经济、文化因素而判断,还要研究宗教对当代社会产生的影响来判断。在当今社会主义社会中,只有积极引导宗教发挥正功能,才能抑制其负功能的产生。

2.2.3 宗教文化的内涵界定

(1) 宗教文化是宗教的一种文化表现形式,是一种社会文化现象。人类文化活动的开始便是宗教产生源头,彭无情在《宗教文化的概念及其功能探微》一文里定义:"宗教是以异化的方式反映现实生活而被实体化的一种社会体系和文化生活方式。"[40]他将其定义为宗教的文化属性,宗教文化不仅是靠思想来传播,宗教文化的发展总是依靠于文化实体之上,通过与社会实体发生的实际相作用,例如道德、艺术、典籍、哲学、习俗、活动来影响着人们的精神世界和身体活动。我国学者吕大吉先生提出了自己的宗教定义:"宗教是关于超人间、超自然力量的一种社会意识,以及因此而对之表示信仰和崇拜的行为,是综合这种意识和行为并使之规范化、体制化的社会文化体系。"[40]吕大吉对于宗教的这个定义是比较系统的,受到我国学者的普遍认同。

178

（2）宗教文化与其他文化相同大致包括器物文化、制度文化和精神文化三个方面的内容。器物文化包括进行宗教活动所需的用物工具和场所，如佛教场所寺庙，基督教场所教堂，伊斯兰教场所清真寺，以及在举行仪式过程中需要用到的祭品、供品等统称为宗教器物，是宗教发展的物质基础。制度文化包括构建宗教活动的一切形式和方法如宗教组织结构、教阶制度、宗教礼仪、宗教习俗等这些宗教制度是宗教得以建构的组织力量。精神文化包括宗教意识活动及其形式，如宗教典籍、宗教艺术、宗教哲学、宗教伦理。宗教精神文化是宗教器物文化和宗教制度文化的核心内容，可见器物文化和制度文化是宗教文化的物质外壳，精神文化则是宗教文化的内核，而宗教精神文化又是通过器物文化和制度文化表现出来的。

（3）根据中外学者们对宗教文化的研究成果，从文化视角来定义宗教，本章倾向于将宗教文化的内涵定义为：宗教是以超自然、超人间的信仰力量为前提，以神圣的实在为基础，并使其意识和行为规范化、制度化的一种社会文化体系。对宗教文化本质内涵的理解可以从以下几个方面来把握：第一，宗教是一种特殊的社会意识形态。与其他社会意识不同，它虽然是对现实生活虚幻的反映，但却与人类现实生活相关。第二，宗教文化是以信奉超自然、超人间力量为核心的信仰体系。支配自己日常生活的外部力量虚幻地反映为超自然、超人间力量，构成了信仰和崇拜的对象。可以看出，宗教是以信仰为其主要特征的。第三，宗教有一套特定的活动方式。宗教活动及宗教行为，是通过宗教信徒和宗教组织的行为和活动表现出来的。第四，宗教是一种有组织的社会实体，是一种不可忽视的社会力量。第五，宗教是一种社会历史文化现象。与其他文化一样包含着器物、制度、精神文化三个方面。上述五个方面共同构成了宗教文化的内涵，它们相互联系、相互渗透、相互作用。

中国文化是由各种相对独立却又互相联系、影响的文化形态所构成的历史文化总体,是一个文化大系统,中国历史上的各种形式的宗教文化,则是博大精深的中华文化的有机组成部分,包括外来宗教和本土宗教的各种中国宗教是构成中国文化结构的基本内容之一。包括各种宗教在内的不同文化要素之间的冲突融合,共同组成了中国传统文化,他们之间的内在统一性成为中国文化的历史主体,并且推动着中国文化的发展。

2.2.4　宗教文化的基本特征

(1)宗教文化的一般特征。第一,虚幻性。宗教为人们提供一个幻想的彼岸世界来对人进行一种终极关怀,它通过描绘一个美好的来世,让人们忍受现世的苦难。宗教成了人死后的归依和寄托,也是人"活着"的最大支撑和精神归宿。费尔巴哈曾经深刻地揭示了宗教生活的虚幻性,他深刻地指出:"宗教的本质就是人的本质,神不过是人的本质的异化。"[41]费尔巴哈对宗教的理解,在一定程度上戳穿了宗教所具有的虚幻性质。第二,民族性。作为人类创造物的宗教文化又表现出差异性的特征,正如斯大林所说:"每一个民族无论大小,都有他自己的、只属于他而为其他民族所没有的本质上的特点,即特殊性。"这种特殊性即民族性,各种宗教文化是由不同的种群、不同的民族在不同时期所创造的,民族是宗教文化的载体,所以宗教文化具有了丰富的多样性就是民族性。第三,融合性。一个个体、一个民族、一个时代向另一个个体、另一个民族或另一个时代的延续发展和积累叠加,所有的宗教文化都是发展的,而这种发展建立在继承和融合基础上,积累继承是发展的前提,没有融合继承也就很难有发展。例如中国的儒教、佛教、道教三教合一融合发展体现了宗教的融合性。第四,冲突性。所谓的冲突是指文化在积累发展过程中不断变化的,如不同宗教信仰的冲突会导致民族、国家的冲突,要正确把握宗教特征。宗教文化的融合性与冲突性统一的特性,是一个辩证内容的两个方面,要注意问题的主次矛盾,具体宗教问题具体分析。

第五,神圣性。宗教信仰的世界是一个超凡脱俗的、神圣的世界。这个神圣的世界是对此岸世俗世界的否定。在著名的宗教社会学家涂尔干看来,宗教思想的最大特征就是两个世界的划分,即世俗世界与神圣世界的分裂。"所有已知的宗教信仰,不管是简单的还是复杂的,都表现出了一个共同的特征:它们对于所有事物都预设了分类,把人类所能想到的所有事物,不管是真实的还是理想的,都划分成两类,或两个对立的门类……正因如此,整个世界被划分为两大领域,一个领域包括所有神圣的事物,另一个领域包括所有凡俗的事物,宗教思想的显著特征便是这种划分。"[41]既然彼岸世界是神圣和崇高的,而此岸世界是卑微和荒谬的,那么,由此得出的结论是,只有通过宗教信仰,人才能体验并使自己的存在通向那神圣和崇高的领域,获得自身存在的意义。

(2)中国宗教文化特征。中西方宗教存在着重大的差别,而这种差别的根源就在于中国独特的历史国情和文化传统。宗教文化对于中华文明的发展有着广泛的渗透和持续的影响。中国宗教文化所具有的独特性其根源就在于中国传统的思维方式、文化背景及政治经济结构。我国传统文化博大精深、源远流长,宗教文化作为我国传统文化的一部分,由于传统社会以农立国的生产活动和宗法社会的长期存在,使中华民族形成了独具特色的宗教文化。

第一,中国宗教文化具有依附性,中国宗教依附于王权,服务于王权。在中国的历史上,从来没有出现过像东南亚一些国家那样以佛教为国教的现象,也没有出现像欧洲中世纪的天主教和近代阿拉伯国家的伊斯兰教在国家生活中占绝对统治地位的情况。在中国始终是政权决定宗教,宗教总是服务于政权,中国历代王朝对宗教的指导思想是利用其为政治服务,这就决定了宗教在强大的王权统治下其活动与发展是有限度的,其地位必定是依附性的、从属的。中国教权从来也没有凌驾于王权之上,这是中国教权与王权关系的一大特色,也是中国宗教文化的显著特点。

第二,中国宗教文化具有入世性。这里主要是指儒家文化。儒家文化是中国传统文化的代表,有学者称为"儒教"。广大民众则期望在与神灵的交往中,得到神灵帮助,改善生活状况,满足自身心理慰藉的需要,以及消灾免祸,治病去邪,发财致富,仕途顺利。所以,中国民众信仰的动机,从基本的生存需求,到精神上对人生价值和意义的寻求,大都为今生现实的困惑所驱动,极少有对来世的思考或追寻。

第三,中国宗教文化具有包容性。中国宗教文化的包容性还表现在儒佛道三家思想的相互会通上。自从佛教大规模传入中国的南北时期起,中国就有了佛、道、儒三家互补之说。儒释道三教在思想上的逐渐合流,使得中国宗教思想不太有排他性,彼此之间的差异并没有不可逾越的鸿沟,于是中国人对宗教文化的认同也无须固执地坚守一种宗教,而可以出入于多教之间。

第四,中国宗教文化具有功利性。"'无事不登三宝殿。'中国民众对于宗教及鬼神的崇拜往往出自于比较现实的心态,将其作为享受人生的一种辅助方式。"[41]统治者也总是从政治利益出发决定对宗教文化的态度。中国宗教神灵无数,然而神在中国民众心目中并不怎么神圣。他们出于功利的动机敬神,也依此为标准来评判神。

第三章 冀域宗教文化的历史变迁

研究京津冀宗教文化就要对冀域宗教历史发展脉络进行梳理，本课题通过对中国宗教史以及天津、北京、河北宗教历史的研究，可知中国古代宗教依附于皇权政治，而不同朝代的兴衰发展与不同朝代对宗教的政治政策，决定了不同时期宗教文化的发展状态必定各不相同。冀域宗教文化作为中国宗教文化的一部分，其宗教文化发展的历史脉络与中国宗教史发展的历史脉络基本一致，根据宗教文化在冀域地区不同的发展状态，将冀域宗教文化划分为萌芽期、形成期、发展期、多元化期、世俗化期、衰落期、规范化发展期七个时期进行分类总结。这种阶段的划分不是以朝代的更替为标准，主要按照宗教与文化演进的起伏开合所形成的阶段性特色为根据。[42]

3.1 春秋战国宗教文化萌芽

萌芽时期的冀域宗教文化开始出现祭祀、举行仪式的习俗，其宗教内容和宗教制度正处在慢慢诞生的阶段。秦国时期百家争鸣，奠定了中国两千多年封建文化的基础。此时以天神祭拜和祖先祭拜为核心的传统宗教已经产生，继承和完善了原始宗教，并且成为维系社会秩序和宗法家族体制的根本力量。这一时期，对天地、祖先和鬼魂的崇拜并没有摆脱传统的认识,各种祭祀典礼仍然存在。在河北邯郸赵国都城遗址西部的百家村和河北怀来北辛堡的战国燕墓,都曾发现数量不等的殉葬人。各种祭祀活动和丧葬仪式都反映了冀域宗教发展的萌芽状态。

3.2　秦汉魏晋宗教文化形成

古代宗教一般皆同占统治地位的特定民族及其国家政权紧密结合,其信仰内容基本限于本民族,宗教风习也同民族风习大体相同。秦汉时期中央集权制度统一了多民族国家,此时统治阶级对宗教予以支持的政策,冀域宗教体现出三个方面的特点:第一,古代传统封建迷信继续发展;第二,本土宗教道教已经建立;第三,异域宗教佛教初次传入我国。东汉末年的河北的太平道是中国第一个正式意义上的道教,由河北巨鹿人张角所创,道教自东汉顺帝时期在北京流传。由于当时宗教意识在人们头脑中占主导地位,神的权威至上,故社会运动及政治运动都采取宗教的形式,披上宗教的外衣出现。天津地区佛教最早出现在魏晋时期,僧人在蓟县盘山建立了法兴寺,俗称北少林寺。北魏时期佛教传入北京地区,其最早的寺庙为福奉寺,该寺"起于后魏孝文之世,时值公元五世纪下半叶,其规模之大,为院百有二十区"[42]。河北是佛教最早传入中国的地区之一,也于魏晋时期传入,位于邢台的普彤寺建寺时间比有"中国第一寺"之称的洛阳白马寺还要早一年。晋代河北高僧道安法师是中国第一批佛学理论研究者。

这一时期冀域宗教文化逐渐发展,道教在在冀域地区得以发展,西域佛教融入到中国传统文化,结合形成了中国传统佛教文化。宗法性国家宗教在此期间非常盛行,儒、佛、道形成鼎足而立局面。这一时期,冀域民众对道教和佛教的认同逐渐开始并不断扩大。

3.3 隋唐五代宗教文化发展

宗教的发展是与社会经济、政治、文化的发展相适应的。人们对社会认知和认识能力发展到一定水平时,宗教才具备相对规范的发展规模。对宗教演化最有影响的基本因素是人类生产方式与社会结构的发展变化和人类认识能力与意识形式的发展变化。隋唐五代宗教的繁荣,是冀域政治、经济、文化长足发展的结果。天津地区最早的道教建筑是位于静海县的王口镇药王庙。幽州(现北京)建造的长天观是如今北京白云观的前身。河北正定县一带在唐朝称恒州,是当时道教最兴盛的地区。隋文帝、唐太宗、武则天先后在幽州建舍利塔、悯忠寺、大云寺,燕地还出现了房山云居寺、幽州城区和盘山(今天津蓟县)三个各具特色的佛教发展中心,并且以雕刻石经、弘扬律学和举扬禅宗而各具特色,在这一时期闻名于世的"临济宗"是义玄禅师在河北定县临济寺创立的。这个时期冀域地区时局平稳,经济发达,政策宽容,儒释道三家的地位稳步提升,其中以道教地位最高,但佛教对民众的影响却比道教更加深刻。

3.4 辽金元朝宗教文化多元化

这一时期,冀域本土宗教和外来宗教日益繁杂、派别众多,同时又不断发生宗派分裂,一些较大宗教在教义哲学化、精致化的同时,还在民间流行着与精致教义并不处处一致,民间宗教呈现出多元化发展的趋势。金元时期北京道教日趋成熟,发展为两大派别——全真派和正一派,并成为中国道教两大派别。在金朝统治下汉族知识分子王重阳创立道教全真教,在北京地区道场占有重要地位,金大定年间宝坻县城内又建造了三清观。元朝初期,王志谨曾两次邀请其师傅长春真人丘处机到天津蓟州盘山传道。同一时期出现了道教宫观——河东大直沽天妃宫,这是天津最早的道教观。元朝天津出现一位道教艺术大师——刘元,史书记载诸名寺巨观之佛道造像凡出于刘元之手,天下无与伦比。[43]"全真七子"之一的丘处机在今保定市一带留有多处活动遗迹。辽王朝拨款支持北京房山云寺刻石经,最著名的莫过于契丹经(世界上最早大藏经刻本),辽金元是入住中原的少数民族政权。元朝,藏传佛教兴起,北京兴建庙宇如雨后春笋,兴建了有名的白塔寺。虽然北京当时以喇嘛教为主,但是对汉传佛教以及其他宗教也不排斥,采取宽容姿态。[44]金代,天津佛教在今静海县大邱庄镇修建大愿禅寺,元代著名妙文法师弘扬净土法门,感化甚重。

异域宗教伊斯兰教在冀域的发展也始于元朝。元朝定都北京,便有大批信仰伊斯兰教的阿拉伯人、波斯人以及东欧人携带家属在北京定居。元代,随着回族群众在津门长期居住,伊斯兰教在天津开始流传,并随着回族人口增多而昌盛起来。天津的"三会海口"三岔河口地方是天津发祥地,金朝在这里设立"直沽",穆斯林移民与伊斯兰教正是从这里进入直沽到达天津的,其军事、经济、交通的重要战略地位,吸引着穆斯林来此居住,并经此传入河北。景教(天主教)在北京建堂传教追随到元朝,在北京因为统治者对景教的扶持,在大都(元朝帝都北京)修建了中国第一座天主教圣堂。后在天津、河北有传道踪迹。1368年元朝灭亡后,天主教在北京绝迹。

元代是冀域宗教史上比较有特色的一代,宗教派别繁衍增多、人才辈出,呈现出多元化发展和开放性发展的特色。藏传与汉传佛教融会贯通,使佛教发展到一个全所未有的新阶段。元朝统治阶级采取诸教并蓄的政策,佛教、道教、伊斯兰教、天主教都在冀域得到了广泛传播和发展。

3.5　明清时期宗教文化世俗化

随着社会的变迁,社会关系、社会生活以及人的意识活动日趋复杂化。这些宗教开始注意到人普遍关心的某些问题,诸如:人世苦难的根由和解决办法,善与恶的来源、性质和结果,以及现实世界与彼岸世界的关系等。随着社会生活的世俗化,各教的成员也日益世俗化。明朝政府在北京设立道录司,管理全国宗教事务。明代以后天津道教空前发展,至清中叶,共建宫观近300座,最著名的是玉皇阁。清朝中叶仅天后宫就有16座,其中大小直沽两座天后宫最为著名。明朝的北京道教为统治阶级服务,走向鼎盛。后受到废庙兴学运动冲击,许多宫观被改作学堂,冀域道教在清王朝迅速走向衰落。然而,道教虽然不受统治阶级重视,却在民间迅速发展并趋于世俗化。

这一时期佛教在北京发展形成一个新的高峰,兴建寺庙的规格相比元代毫不逊色,明代灭亡前北京的佛教寺庙达到一千多所。明清统治者对藏传佛教持尊重和控制的态度,对达赖喇嘛和班禅大师予以厚待。明清时期倭寇入侵,为安抚百姓,天津兴建大量佛教寺院,其中有著名的潮音寺、海光寺、大悲禅院。佛教在日趋世俗化,与民俗、民间信仰相结合,办庙会、法会成为天津百姓的重要庆祝节日形式。清代,河北承德形成了北方藏传佛教中心。明清时代伊斯兰教发展,沧州北大寺是河北著名的伊斯兰寺。明代,直沽凸显其军事、经济地位,改名为天津,在此派兵镇守,于是一批穆斯林军官被派往天津,许多家属随行定居天津。清代的天津发展为大商阜。天津地区最早的伊斯兰教徒礼拜场所是建于明永乐二年(1404)的天穆村(现属北辰区)清真寺。

义和团运动失败后,外国传教士凭借《辛丑条约》占领寺庙、修建教堂、搜刮赔款,基督教势力得以扩张。随着异域宗教在冀域地区的兴起,本土宗教日渐衰落。

3.6 民国时期宗教文化衰落

当本民族、地区及国家衰落后,其宗教往往也随之而衰。冀域宗教在各个不同历史阶段中,都受到社会制度和社会关系变化的影响而发生相应的变化。不同的社会集团及其代表者,在一定客观条件下,亦能促使宗教起到某些符合其意愿的社会效应,但不可能超越宗教效应的根本限度。废庙兴学运动兴起后,许多寺庙被改建为学堂。鸦片战争后,中国的本土宗教佛教、道教进入了多灾多难的时期。外强侵入,民不聊生,佛教、道教在冀域日渐衰微,丧失了以往神圣、崇高的地位。1912 年,白云观方丈在北京组织成立中华民国道教会,1913年天津道教和河北道教都改为隶属于中华民国道教会的分会。民国期间,《道藏》传播于世,改变了鲜为人知的局面,道教更加世俗化。五四运动中道教受到打击。1937 年,日军占领京津冀等地后,冀域佛教活动被迫停止,直至抗战胜利后,佛教活动和佛教传播才得以恢复。

在新文化运动中涌现出一批为革新和复兴伊斯兰文化与教育事业的新型学者,他们为伊斯兰文化的教育事业做出卓越贡献。北京的王宽为牛街清真寺教长,组织发动了近代中国回教徒第一次自觉的文化运动。王静斋翻译的《古兰经》为中国伊斯兰教文化做出卓越贡献。在冀域,伊斯兰教还提倡教育,并创设报刊,如天津伊斯兰教创办《明德》《回民公报》等报刊,传播文化,并且积极投身于反对帝国主义的斗争中。1922 年 2 月 3 日天津回教联在天津清真大寺召开第一次全体穆斯林大会,明确"兴教救国"宗旨。

第二次鸦片战争前,天主教就存在于冀域地区,但是由于清政府限制天主教没能得到发展。英法联军占领天津、北京、河北后,天主教在冀域大规模进行传教。第二次鸦片战争后,清政府被迫签订《天津条约》《北京条约》等一系列不平等条约,条约规定天主教、基督教等在中国享有传教自由,基督教从此打开了中国宗教的大门。基督教和天主教在冀域开办教育学堂,兴办医院,救济救灾,妇女工作,招募义工等。1870 年天津教案,火烧望海楼,"老西开事件"使天主教在冀域的发展受到阻碍。

社会政治、经济、文化的变化必然引起宗教生活的相应变化。外来入侵者替外来宗教彻底打开了中国的大门,导致本土宗教的没落,此时宗教发展不平衡、不稳定。

3.7　新中国宗教文化规范化发展

新中国的成立使冀域宗教发展到一个全新的阶段,1957 年,在北京,成立中国道教协会,2005 年北京道教协会正式成立,会址在北京西城区,白云观作为道教圣地,向世人展示道教风采。天津道教自"文革"期间受到重创之后,至今未恢复。河北道教 1995 年成立道教协会,2000 年召开第二次代表大会后稳步发展。新中国成立后,佛教剔除个别反动分子,成立天津市佛教会,天津佛教对外友好交往,专注慈善事业,2004 年,天津第一本佛教刊物《极乐》出版。1953 年,中国佛教协会在北京成立,十一届三中全会后宗教界开始拨乱反正,宗教信仰自由政策逐步得到落实。在这样的背景下,基督教和天主教重新开放教堂,恢复了宗教活动。

中国不仅是一个多种宗教兼容并存的国家,而且是一个拥有 56个民族的社会主义国家。宗教文化的发展不仅影响我国历史的发展,而且对我国社会主义经济建设、精神文明建设,乃至社会稳定都有着深刻影响。研究冀域宗教发展历史,铭记历史,传承冀域优秀宗教文化,妥善解决在冀域宗教文化历史发展中遇到的问题,吸取教训,铭记历史,对促进冀域全面发展,有现实意义。

第四章 冀域宗教文化基本内容考略

在对冀域宗教文化历史变迁进行梳理的基础上,本章将阐述冀域宗教文化的基本内容和相关元素的主要成就,对冀域宗教具有突出贡献和重大影响的著名人物、典籍、艺术、建筑、民俗进行梳理,以总结冀域宗教文化相关特色。

4.1 冀域宗教代表人物

本节研究冀域宗教文化中具有代表性的历史人物。宗教人物,是宗教文化的研究者,弘扬宗教文化,是冀域宗教思想的建构者,也是宗教思想的实践者和组织者,是研究冀域宗教人物的重要研究内容。

4.1.1 印度佛教中国化第一人——释道安

释道安出生于公元 312 年,常山扶柳人(今河北冀州)。他 7 岁上学,学习四书等儒家书籍;自幼予外兄所养,12 岁出家为僧,却因为相貌平凡,只能做农务,功夫不负有心人,他勤劳肯学三年,终于拜师就学,正是这段艰苦的经历,不仅没有让他放弃,反而练就了他勤于学习、求真务实的态度指引他日后学佛成功。

公元 335 年,道安游学来到后赵京师邺都(今河北临漳县)。当时正是后赵盛世,北方众多地区属于武力管辖范畴,为了加强对百姓的思想统治,后赵统治者提倡佛教,允许人们出家。邺都当时兴建寺庙,僧众云集,逐渐成为北方佛教活动的中心。道安来到邺都后,以十分恭敬虔诚的态度求见了被后赵统治者奉为"大和尚"的北方佛教领袖佛图澄,二人很有缘分,交谈甚久后大有相见恨晚之感。但佛图澄的徒弟见道安相貌丑陋,全然不放在眼里,但看见自己的老师对他特别看重,心中不解。佛图澄看出弟子们的心思,教导弟子不要以貌取人。道安就此留学邺都,做了佛图澄的授业弟子。这一段时间的学习,为他一生的事业打下了坚实的基础。

由于政局变化,道安带领徒弟们离开牵口山,颠沛流离于山西、河北等地,师徒隐居长达一年多时间,生活极其艰苦。但僧众以苦为乐,每日精进修学,坚持参加每一次的佛法活动。道安利用业余时间,与冒着战乱前来探望他的同仁道友共同切磋,对有关经卷进行详细解析,最后由他对安世高所译的《阴持人经注》《大道地经注》《大十二门经注》等佛学著作研究整理,花费很大功夫做注写序,为发展佛教注经事业做出了自己的贡献。道安于公元 365 年南下襄阳,在襄阳研究佛学 15 年,并在此开启他翻译经书的工作,颇有建树,在此期间最具有创建性意义的是《综理众经目录》一书,是中国佛教目录学第一书。

释道安不忘初衷,顽强拼搏的精神使他成为佛教领袖。梁启超是这样评价他的:"佛教之有安,殆如历朝创业期,得一名相,然后开国规模具也。"[26]通过学习释道安的平生事迹,才能领悟到梁启超对他客观的评价,而熟读道安事迹,则方始领悟其中。释道安对学习佛法的态度和对于佛学的解析能力,使他成为魏晋南北朝时期佛学的楷模人物,他对于经书的脉络整理,使佛经更加通俗易懂,为佛学打开了新的篇章。

4.1.2　太平道创始人——张角

张角,出生于中国东汉时期(约公元 2 世纪),钜鹿(治今河北省邢台市巨鹿县)人。东汉末年张角兄弟三人创立了道教中的太平道这一组织,主要受《太平经》的影响,加上早期流行的"黄老"思想,并把这种思想化为自己的教义,广泛向信徒们宣传。他因得到道士于吉等人所传《太平经》,所以崇尚宗教拯救世界,利用其中的某些宗教观念和社会政治思想组织群众。太平道的教义宣称在天上有鬼神监视人们的行为,并根据人们行为的善恶来增加或减少他们的寿命,要求人们多行善事,少做坏事。经过十多年的努力,张角的太平道发展到中国的许多地方,教徒人数达到了几十万。而张角就以教主的身份来布道,据历史记载,他布道的方式主要是以给人治病来扩大影响。

由于当时社会腐败,政治黑暗,民不聊生,所以张角就顺势而起,提出了"苍天已死,黄天当立,岁在甲子,天下大吉"的口号,发动了黄巾大起义。在起义失败后,太平道也就基本上销声匿迹了。

张角领导的黄巾起义,震撼了东汉王朝的根基,直接导致了东汉末年军阀割据、混战,进而演变为三国鼎立的局面。同时,它也是我国历史上第一次由宗教领导的农民起义,具有深远的历史意义;它也奠定了道教今后主要在社会下层传播、发展的历史格局。宗教常被统治阶级控制利用,被压迫者由于不能掌握自己的命运,亦容易接受统治者通过宗教所散布的麻痹斗争意志的思想。另一方面,弱小民族和下层群众中的先进者,也常通过宗教来体现自己的愿望,甚至发动起义。但宗教本身既不能使剥削阶级永久保持统治地位,亦不足以推翻剥削阶级。

4.1.3　《古兰经》中文译制者——王静斋

王静斋,1879 年出生于天津清真北大寺附近一阿訇世家,8 岁随父王兰庭阿訇读阿拉伯文。1894 年 15 岁的王静斋正式进入经堂学习《古兰经》《圣训》及阿拉伯语言读本,间亦涉猎一些浅近教法学、波斯文法和伊斯兰教义。1896 年王静斋去往北京求学,先从学于前门外筲帚胡同清真寺于阿訇,及教子胡同金五阿訇门下,后又随金阿訇回到天津,之后投入天津金家窑清真寺刘绪魁阿訇门下攻读。1900年,王静斋年 21 岁,回天津完婚后,值庚子事变,洋兵侵入天津,社会动荡,王静斋数次往返京津之间。1905 年,王静斋出任大兴县属白塔村南寺阿訇之职,此为阿訇正式开学之始。1907 年,转任怀来县新保安清真寺教职,在此期间,因当地教民坚持娶亲奏唱乐器,阿訇愤而去职,又受白塔村礼聘。在此阶段,阿訇先后订阅《大公报》及《爱国报》等新闻报纸,从而眼界开阔,王静斋决心凭借自身力量实现社会价值。不久,丁宝臣先生亲赴天津与阿訇会晤,并礼聘阿訇担任北京崇文门外花市清真寺教长职务,是为静斋阿訇在大都市大寺坊担任阿訇之始。1910 年,就任奉天(今辽宁)开源教职,长达 3 年。在此阶段,阿訇广泛地阅读许多时代书籍,如《中国魂》《饮冰室文集》《法政浅说》等书,并醉心于孙中山的三民主义,加入国民党,又跻身国事运动的行列。

王静斋学识渊博,通晓《古兰经》经注学、圣训学、教义学、教法学、凯拉姆学及伊斯兰教历史。精通阿拉伯语、波斯语,对古汉语、英语亦有一定造诣。历任河北、北京、辽宁、黑龙江、天津、山东、台北等地 10 余所清真寺教长,设帐讲学,门徒众多。1927 年 9 月,在弟济民、子宝琮协助下,王静斋创办《伊光》月报,社址设于天津清真北大寺。月报每期 4 版,1 万多字,内容丰富,有经训、教义、教法、教史等译文,也有述评、游记、人物介绍、专访、问题讨论、新闻报道、各地教务活动、答读者问等栏目,全面介绍伊斯兰教历史、文化,介绍中国穆斯林生活,其中大部分文字均系王静斋亲自译写或撰写。创办《伊光》是他一生中最重要的活动之一,为此,他付出了极大的心血。从创刊至 1939 年 2 月止,坚持出刊长达 12 年之久,月报印数每期一二千份,读者遍及全国,全部免费赠阅。抗战期间,社址频繁变更,常常是王静斋走到哪里,就把社址设在哪里,把《伊光》出版在哪里,充分体现了静斋阿訇百折不挠、一往无前的精神。可以说,《伊光》月报不仅是研究中国伊斯兰教文化的宝贵资料,在中国伊斯兰教报刊史上也占一极富特色重要地位,更是全面了解和研究静斋阿訇品德、思想、学问、性格的第一手珍贵资料。

1937 年,阿訇重译《古兰经》,并拟扩大解注,迄今尚为教中奉为最佳之译本。王静斋毕生潜心从事伊斯兰学术研究和伊斯兰经典翻译及著述,作品极为丰富多样,被誉为"近现代中国伊斯兰经学大师"、"学通古今中外、品学兼优的伊玛目"。

4.1.4　基督教爱国先锋——侯孚允

侯孚允,祖籍河北省沙河市,1931 年"九一八"事变,日本帝国主义侵占了我国东北三省,相继向冀域地区蚕食。时至 1933 年,日寇于 3 月侵占山海关后,步步紧逼长城一带。正在燕大宗教学院进修的侯孚允先生满怀一腔爱国热忱,在青年会发动会员为二十九军募集物资抗敌爱国义举,并连同慰问袋等运送喜峰口前方阵地,大大鼓舞了抗日官兵志气,宋哲元将军亲自执笔写了谢函。1937 年,"七七"事变爆发,在祖国危急存亡时刻,侯孚允先生更加燃起爱国激情,立即投身抗日救亡运动。积极组织青年会会员成立"青年服务部",为抗日战伤将士日夜服务。该时日本基督教青年会驻京机构企图侵吞北京青年会,曾派日本牧师多次往访侯孚允先生,商谈合并事宜。侯先生以国际基督教青年会的条文准则,"各国基督教会应该保持各自的独立性"为依据,严词拒绝,从而维护了北京基督教青年会的独立和纯洁性,有利于爱国青年的抗日救亡活动。1949 年,北京解放不久,北京基督教青年会为向广大青年介绍新民主主义革命伟大胜利,即将过渡到社会主义新阶段,组织了"新民主主义讲座"以及"青年讲座","科学知识讲座"等。

侯孚允先生一生为基督教青年会的健康发展事业贡献了很大力量。特别是十一届三中全会以后,在当时拨乱反正,恢复宗教政策期间,70岁高龄还是保持那种对教会事业执着的精神,非常使我们这些干部,尤其作为我们宗教干部感动。宗教处处长曾这样评价他"老牛自知夕阳晚,不用扬鞭自奋蹄。"他这一生不仅执着追求于基督教青年会事业,还为冀域抗日救亡和社会稳定作出了巨大贡献。

4.1.5　宗教艺术大师——刘元

刘元,字秉元,今天津市宝坻县刘兰庄人。古代雕塑是我国文化艺术宝库中的一颗璀璨的明珠,作为中国历史上一位杰出的雕塑大师,使元代的雕塑艺术达到了巅峰,其作品一直被后代当作鉴别元朝绘画、塑像乃至古建筑的代表。

他把密宗的雕塑技术和中国的雕塑手法结合起来,使中国雕塑艺术得到了新的发展,给明清各代的雕塑留下了极为深刻的影响。刘元塑像的作品风格、特点造型精美,比例匀称,面部表情神气而生动,丰富而深刻。腰部细长,希腊鼻子,栩栩如生,不流时俗。可惜的是刘元的塑像传到后世的很少,在张彦远的《名画记》中,记录画人数十名,而塑像者仅一二人,说道:"良画可传玩,模拓久远;塑者滞一处,好事识者或不得而观览,使精艺不表白于后世,诚可慨也。"[46]当时他已意识到雕塑并不能久远的流传下来,但却未考虑到后代的大量破坏。刘元一生从事雕塑艺术近六十年,活动范围很广。河北易县和固安县,北京白云观、广济寺,香山和京西翠微山大悲寺,天津市宝坻县广济寺及东关外的东岳庙,都有刘元手迹,每个神像的身上,在不同的位置都附着一个不同的小动物,非常生动,确使国内外游人叫绝。

4.2　冀域宗教建筑文化

冀域拥有着丰富的宗教建筑资源,其中建筑作为一种长久保留下来的历史遗存能从多个方面反映出冀域宗教文化或宗教的内涵。不同地区因为地理、气候、信仰、经济、政治的各种影响,其宗教建筑也各具特色。

4.2.1　古香古色的北京宗教建筑

北京地区宗教建筑作为敬天祭祖、宗教传播、民俗文化展示的主要场所,对于北京地区这个有着丰富历史的古都来说,是皇家宫苑建筑与百姓合院胡同建筑形式的有机补充。相对于金碧辉煌、富丽堂皇的宫殿建筑,普通百姓所生活的市井小巷显得极其简陋。宗教建筑的形制类似于宫苑建筑的院落模式,但又小于皇宫王府的规模,在城市中成为了建筑等级严格的过渡形式。它不仅仅承担着祭祀、礼制、信仰、风俗的精神文化需求,也是人们聚集休闲、交换生活用品的重要场所。北京早在西周时期就已经成为燕国的都城之一,从元朝建都至此之后经过明朝和清朝的大规模改扩建之后,形成了规模宏大的古建筑群落和遗迹。现存城区内的宗教建筑数量多,建筑类型丰富全面,各种建筑遗存保护状况较好。北京的传统宗教建筑包括典型的皇家泛宗教坛庙祭祀建筑、汉传佛教、藏传佛教、清真寺和道观。其中不乏旧时仅供皇家使用的宗祠和寺庙,等级与建制较高,保存的也较为完整。

纵观北京地区的宗教建筑,其数量之庞大,宗教源流之丰富,在国内首屈一指。北京因其建都历史悠久而保有丰富的古建筑,它不仅仅是中国古代建筑史的瑰宝,还是我国古代礼制文化的一种传承。直至今天,即便宗教传播与礼制祝祷的功能早已退去,我们仍能从这些宗教建筑中体味历史的印记和宗教带给建筑特有的肃穆之感。北京地区的宗教建筑可以按照宗教源流分为 6 类：皇家泛宗教祭祀、佛教寺庙、道教宫观、清真礼拜寺、天主教和基督教教堂建筑。按宗教建筑所有隶属关系可以分为：皇家宗庙、民间寺庙。作为一种祭祀建筑，在表达统治阶级思想追求、信仰变迁、风俗民风上有得天独厚的优势。由于祭祀对象、精神信仰等的差异，宗教建筑在外形风格上也有所差异。北京地区宗教建筑中皇家泛宗教祭祀宗庙，现仅历代帝王庙与国子监孔庙为世人所用；佛教建筑以潭柘寺历史悠久、雍和宫建筑等级最高为代表；道教建筑以白云观保存最为完整；清真寺最有代表的是牛市口清真寺。虽然这些宗教建筑的寺院、寺庙、道观中都总有其独特的与宗教有关的建筑形式与符号，如皇家祭祀建筑中的祭坛、汉地佛教中的佛塔、藏传佛教中的白塔、伊斯兰教清真寺中特有的圆顶、弧线和月牙符号等等，但中国传统建筑的合院形式作为其建筑的始祖，始终潜移默化的影响着其发展与演化过程。

4.2.2　博采众长的天津宗教建筑

天津自明永乐二年十一月二十一日正式筑城，是中国古代唯一有确切建城时间记录的城市，已有 600 多年历史，相比北京和河北，天津属于一座较新的城市，其因漕运兴起，造就了天津西学中用的独特城市风貌。天津近代时期产生的各式建筑，其风格特征是前近代时期所没有的独特样式，天津近代建筑风貌呈现出了中西合璧、兼容并蓄的地域特色和地方文化底蕴，很多保存下来的近代建筑被列为历史风貌保护建筑成为天津城市的历史文化遗产。建筑蕴含的各式元素成为吸取地方文化的源泉，这些素材在新建筑中有机的插入是保持地方文化、吐故纳新的整合过程。这种过程将有价值的历史文化因素通过物化形式体现出来，不断巩固原有环境中维护城市结构机理和环境秩序稳定的地方文化元素，形成人们对建筑空间布局、建筑形式的习惯认知,成为社会和环境变迁过程中的稳定因素和历史文化的传播媒介。同时运用现代建筑技术手段引入地区建筑的形式和空间组织,使建筑成为传统与现代、本土与西方建筑风格融汇的物质体现。

天津的宗教建筑按照宗教种类分为三类:西方传入宗教建筑、民间宗教建筑、本土建筑。

西方传入建筑。天主教建筑望海楼天主教堂因民间反帝运动在1870年的"天津教案"和1900年的"义和团运动"两次文化冲突中被焚毁,经过1940年第三次重建,该建筑在天津中西文化碰撞中有着特定的人文历史价值,成为天津近代建筑中人文背景与建筑本身同样精彩的代表建筑。基督教建筑西开教堂因其位于墙子河老西开地区而得名,西开教堂正对着法租界福熙将军路(今滨江道),成为西方城市道路规划中视线端点的对景建筑,使城市景观增色不少。今时今日繁华热闹依旧的滨江道商业街上,在从另一端和平路交口的尽头向南观看,西开教堂成为视线端部底景尽收眼底。

民间信仰宗教建筑。妈祖文化建筑天后宫在天津旧城外东面的位置,靠近海河边,始建于元泰定三年(1326),百姓俗称娘娘宫,明永乐元年(1403)重建,是天津现存最古老的一座木结构建筑,也是中国现存年代最早的妈祖庙之一,"由于天津自元代以来作为北方河海重要的交通枢纽地位始终没有改变,所以几百年来妈祖文化在天津传承不断,这在中国的大城市里也是绝无仅有的。"[47]

本土宗教建筑中的道教建筑玉皇阁位于天津旧城外东北方向,始建于明初,明宣德二年重建,弘治、万历和清代康熙、光绪年间都有过修缮处理,是天津市区内保存完好的明代道教建筑,也是天津市区现存年代最早的木结构高层建筑。佛教建筑大悲禅院因庙内供奉着大悲观音菩萨而得名,建筑群保存完好,是天津市内规模最大的佛教寺院。伊斯兰教建筑穆庄子清真大寺是伊斯兰教清真寺中最著名的四座寺庙建筑之一,始建于清顺治元年,是穆斯林群众礼拜和集会的场所。这座清真大寺位于天津回族传统聚居区内,是一座中国宫殿式伊斯兰教建筑群。天津宗教建筑建造方式中西合璧,博采众家之所长,是冀域宗教文化历史传承的载体,对研究冀域宗教文化具有重要价值。

4.2.3　历史悠久的河北宗教建筑

冀州作为九州之首,自古以来宗教就在此蓬勃发展,宗教建筑是河北深厚的历史文化的外显形式之一,其中尤以佛教建筑和道教建筑的资源最为丰厚。

河北是佛教最早传入中国的地区之一。位于邢台南宫市的普彤寺,建寺时间比有"中国第一寺"之称的洛阳白马寺还早一年,在佛教史上有重要影响的寺院或遗址遍布河北各地。石家庄市赵县的柏林禅寺,如今已重现辉煌,成为河北的"文化名片"之一。正定县城内以临济寺为代表的"八寺四塔",是国内不多见的佛教寺院和遗址群。其中就有被梁思成先生推为"京外名刹之首"的隆兴寺,其规模之大、保存之完整,在国内实属罕见,以铜铸千手千眼观音为代表的"四绝",更是令人叹为观止。定兴县沙丘寺内有国内现存唯一能体现北齐建筑风格的义慈惠石柱。定州开元寺内料敌塔,为国内现存最高的古砖塔。邢台市除南宫普彤寺外,还有宋太祖赵匡胤曾留驻的清河隆兴寺等著名遗址。邯郸市的响堂山石窟为华北地区佛教艺术精华,成安县的匡教寺和元符寺是禅宗二祖慧可的说法地及安葬地,大名县兴化寺是义玄禅师的舍利安奉地。衡水市景县云盖寺,是著名诗人贾岛出家祝发之处。承德市的外八庙,为内地藏传佛教胜地。唐山市玉田县的净觉寺有"京东第一寺"之称,丰润区境内的观鸡寺在《水经注》中即有记载。河北境内的这些佛寺和遗址,既有佛教初传之时的古老道场,也有清代以来兴建的名胜。正定临济寺,建于东魏兴和二年(540),因晚唐著名禅师义玄在此创建临济宗(中国佛教禅宗五家之一)而闻名于世。赵县柏林寺,始建于东汉末年,历史上该寺殿宇成群,碑碣林立,以"古佛道场"而闻名遐迩,现经重修已具一定规模,为省级佛教活动场所。南宫市普彤寺,始建于汉明帝永平十年,乃印度高僧迦叶摩腾与竺法兰所建。鹿泉市龙泉寺,始建于西夏大德五年(1139),公元1162年住持净琛奏请朝庭赐名龙泉寺。俗称大佛寺,是外八庙之一,始建于乾隆二十年(1755)平定准噶尔部达瓦齐叛乱后,乾隆御书"普宁寺"额,以示"永永普宁"之意。普宁寺属藏传佛教格鲁派,建筑属于汉藏结合风格,主殿大乘之阁供奉一尊木雕金漆千手千眼观世音菩萨,为世界全木质大佛之最。

河北也是道教的发源地之一。道教遗址、遗迹多分布在河北中南部地区。鹿泉市境内的金阙宫,建于清康熙七年,是全国最早的道教学院之一,在道教史上有重要地位。此外,保定中南部地区,也分布着不少道教历史文化遗产。唐县境内的青虚山又名葛洪山,相传东晋时期大名鼎鼎的葛洪曾在此山中隐居修道。唐县、阜平交界处的大茂山即古北岳恒山,是道教"三十六洞天"第五洞天所在地。曲阳县城内的北岳庙始建于北魏,是历代帝王祀祠北岳大帝的宗教活动场所,在道教史上具有相当重要的历史地位。易县境内开元观的"道德经幢",建于开元二十六年,至今保存完好,是不可多得的道教历史珍迹。在长期的历史演进中,佛教、道教与河北地域文化相结合,成为冀文化系统的重要组成部分,可供开发的资源非常可观。

4.3 冀域宗教典籍文化

历史悠久的冀域宗教文化在继承发展和弘扬中需要有载体来记

载,这个重要的载体就是典籍文献,只有历史留存下来的文献典籍,才能作为文化曾经存在的凭证和依据。典籍文化是先贤历尽艰辛创造和保护的财富,是为我们留下的昨天记忆。研究冀域宗教文化重要典籍,既是保护文化遗产的责任,也是更好展示冀域宗教文化的根本。

4.3.1　古兰经译解

《古兰经译解》是由中国伊斯兰教协会审定的最新《古兰经》译解的精装图书,可供相关研究者阅读。《古兰经》是伊斯兰教的根本经典,它的全部内容确立了伊斯兰教义、教法、哲学、伦理道德和典章制度的总精神,是研究伊斯兰教及其历史文化的百科全书;它的内容反映了先知穆罕默德时代阿拉伯半岛的社会现实和伊斯兰教传播过程中所遇到的各种民族矛盾和斗争的种种情况。译者为现代知名阿訇王静斋,是涉猎甚广、译述颇丰的学者,仅《古兰经》之全译,曾奉献3种译本问世。其特点为用汉语体文直译兼意译。译文中有不少夹注,译文后有编码释文共1943条,另有不少"附说"或"略解",书眉有眉批式内容提要,每页均标有卷次和章节序数,足以表明译者治学之严谨。

4.3.2　重建礼拜寺记

中国元代清真寺汉文碑记,是最早记录我国伊斯兰教教史的汉文碑。石碑立于河北省定县清真寺内。元至正八年(1348)二月,承务郎真定路安喜县尹兼管诸军奥鲁杨,受命撰文并书丹。碑文一共19行,每行有59字,用楷书所写。碑文的主要内容:首先记录了奉命统领中山府兵马的普公率众捐资重建礼拜寺的经过,其次记录了作者对伊斯兰教历史、教义、经典、清真寺制度的基本看法。关于元代定州穆斯林及礼拜寺,碑上记载:"回回之人遍天下,而此地尤多,朝夕亦不废礼。"开伊斯兰教与儒学相互交融的先河,对后代穆斯林学者有很大影响。作为迄今中国伊斯兰教最早的汉文碑记之一,是冀域地区重要的文物,具有极高的学术价值。

4.3.3 《益世报》

《益世报》是天主教于 1915 年 10 月 10 日在天津创办的第二份报纸,(第一份是《大公报》)而《益世报》在老西开事件和五四运动中,支持中国人民反对帝国主义名声鹊起,奠定了在天津名报的地位。1921 年《益世报》开始连载周恩来在法国勤工俭学时期写的《旅欧通讯》,受到社会广泛关注。1931 年"九一八"事变后,《益世报》坚决主张抗日,先后以重金聘请罗隆基等社会名流作为主编撰写《益世报》,说出了别人不敢说的话,刊登了别人不敢登的文章,犀利的时政分析,深受读者欢迎,报纸销量供不应求,这份报纸为当时反对帝国主义思想在冀域的传播做出了巨大贡献。

4.4 冀域宗教艺术文化

宗教艺术,是为了表现宗教思想、价值观,以宗教崇拜为目的宣扬宗教教义与宗教仪式相结合起来的艺术形式,它是宗教思想、价值观、精神、表现形式与艺术相融合的结果,在宗教发展的漫长历史中,宗教艺术也随宗教的发展而发展,在冀域历史中以不同的方式传承。

4.4.1 国之重宝——房山石经

我国石经始于汉灵帝嘉平年间,放置石碑,把经典著作镌刻于石碑之上,方便读书人传抄,石经的流行因为写在纸上的经书受到环境、气候、人为因素等影响难以长久储存,于是将经书刻于石上便于保存。

房山刻石经是由静琬所刻,房山海拔 450 米,这里不仅是房山石经刊刻起源之处,也是佛祖舍利出土之处,4196 块隋唐石经为国之重宝。山腰分两层,凿有九个藏经洞,洞内存放自隋至明朝的刻经石板 4559 块。其中雷音洞为开放式,洞内宽广如殿,四壁镶嵌经板都是静琬早期所刻。洞中有四根石柱,石柱上雕刻佛像千余尊,故称千佛柱。此山被群山环抱,因当地盛产大理石,僧人静琬法师率领弟子把天然的石洞壁磨平,将石刻佛经镶嵌于四壁,是隋代雕刻中的精品。为了保存石经,弟子们又在悬崖下开辟了 8 个洞。石经山目前保存隋唐石经四千余块,是刻经史上最早最重要的经典著作。石经山藏经洞外,山顶有五台,每座台上曾有一座唐塔,抗日战争后仅存 2 座。在石经山众多的景观中还有朝阳洞、石佛洞等多处洞穴,并且有绵羊石、望秀亭、唐僧殿等历史遗迹。房山石经历史悠久,传承了中国传统文化,无论是对如今冀文化历史的研究,还是对石经山景区旅游的开发,都具有十分重要的意义。

4.4.2　佛教艺术珍宝——法海寺壁画

藏传佛教传入北京地区始于元朝定都北京之后,而藏传佛教宗教教义、理论思想及部分与之相关的建寺、造像在元大都的发展和传播则与元统治者及其尊崇的藏传佛教萨迦派关系甚密。法海寺大雄宝殿壁画完成于明正统八年(1443),是北京地区存留至今的明代壁画中年代较早、画面保存最完整、绘制最精美的一处壁画遗存。虽然法海寺大雄宝殿各壁绘制的壁画题材,如北壁东、西堵的"二十诸天"、东西壁青绿山水上的"五方佛"和北壁前背屏后的"三大士"等,他们均是汉传佛教寺院主要殿堂内在配置壁画和塑像时善于表现的宗教题材,但在这些表现汉传佛教题材的画面中还是明显地渗透着同期藏传佛教的艺术因素。

法海寺的建造融合了汉藏两族人民的心血,并为我们留下了弥足珍贵的宗教艺术遗产。它不仅为明代佛教艺术珍宝,更是汉藏两族人民友好往来的见证,虽然大雄宝殿内具有明显藏传风格的造像早已不存,但其内四壁及北壁前背屏后同样受到藏传佛教艺术影响

的壁画却吸引了无数中外游客前来观赏,感受宗教艺术的历史与
沧桑。

4.4.3 佛教音乐艺术

冀域佛教音乐艺术以北京佛教音乐最为出名。北京著名的佛教
音乐艺术始于雍和宫。据《雍和宫志略》书中记载,雍和宫过去表演
的羌姆并非由本寺僧人表演,而是由北京及周围地区的藏传佛教寺
院的僧人前来献演。[48]同时,雍和宫过去也没有汉传佛教的器乐。
据了解,目前雍和宫所演出的音乐与汉传佛教乐队的组成形式及其
乐曲,皆是在 1970 年代初期,从辽宁省阜新蒙古族自治县的藏传佛
教寺院瑞应寺学习后传入北京的。传授了瑞应寺的全套表演,共约
十余段。但目前雍和宫僧人表演的乐舞,段落数量及舞蹈动作皆较
高寿山当年所授者有所简化。雍和宫历来与蒙古族地区藏传佛教寺
院有着密切联系,这是由于 18 世纪中期雍和宫的首任住持十五世章
嘉活佛即是蒙古族高僧,其后众多历任住持皆为蒙古喇嘛,寺院的僧
人据档案记载亦多来自蒙古地区,因此雍和宫与蒙古族地区的藏传
佛教寺院关系密切,便成为顺理成章的事情。公元 13 世纪以来藏传
佛教由西藏传入蒙古族地区长达数百年的历史和其后的传播状况、
演变形式,以及雍和宫与蒙古族地区藏传佛教寺院之间长期以来的
密切联系,宗教文化传播的脉络以及蒙古族地区藏传佛教音乐多元
化的现象,形成具有多元化特色的北京佛教音乐艺术文化。

4.5　冀域宗教民俗文化

宗教民俗文化,又称宗教民间文化,是指一个民族或一个社会群
体在长期的生产实践和社会生活中逐渐形成并世代相传、较为稳定
的宗教文化事项,可以简单概括为民间流行的宗教风尚、宗教习俗。
是以大众所乐见的形式出现,是一种来自于人民、传承于人民、服务

于人民的文化。

4.5.1　北京庙会民俗

北京庙会民俗,它往往与佛、道教的宗教活动结合起来活动,是最富有北京的民俗特色。经过几百年的发展,到了清代,庙会的商业性、娱乐性功能逐渐取代了宗教性,成为北京民众喜闻乐见的一种游乐和购物形式。而今在北京过年,庙会绝对是不容错过的民俗活动,尝京城美食小吃,再买些精致又特色的礼品,听一曲京韵大鼓,即便是土生土长的北京人,也常常逛得津津有味。北京的庙会之所以得以流传,是因为它的存在适应了社会的需求,庙会文化中宗教的主导作用发生根本动摇,商业贸易与文化功能日益增强,民众云集的庙会集市,为丰富多彩的民间游艺,提供了更加广阔的天然舞台,"过大年,逛庙会",成为了北京市民春节游乐的"传统项目"。

4.5.2　天津妈祖文化

从元代起,天津就将观音堂与妈祖庙联接在一起,元代天津大、小直沽两座天后宫,都有江南来的和尚做主持。而天津自古就是水路交通要地,使得天津成为一个多种文化并存的城市。妈祖文化传入之后,并不仅仅负担起保佑海漕运输安全的功能,更多的要满足当地民众的信仰需求。天津人历来崇拜菩萨,当然也希望妈祖这样的外地神在天津能像观音一样保佑百姓的生活。尤其是天津的广大妇女,在封建伦理和生儿育女的传统思想下,在当时社会医疗条件比较落后的情况下,自然要向观音和妈祖祈求子嗣、祈求儿女健康成长,这种强烈的世俗愿望,也就促进了两个偶像的结合。天津的天后宫同时供奉了天后娘娘和观音菩萨,并且逐渐将两者的职权相融合。

妈祖信仰在天津根深蒂固,天后宫遗址挖掘被考古学家证明为天津市区内历史最早的古文化遗存,佐证了"先有大直沽,后有天津卫"的津城名句,大直沽比天津设卫筑城早 200 年,是天津之根,是城

市发展的见证、民俗文化的发祥地。每年天后诞辰庆典已成为天津
百姓除春节之外最盛大的民俗节日。妈祖信仰还体现出天后娘娘功
能的多样化,妈祖娘娘的法力除了护航、保佑平安以外,首要的就是
送子,求子、繁衍后代关系重大,是人类生存观的重要内容。天津的
妈祖文化,不仅见证了天津的文化历史,也是冀域民俗文化中具有特
色的一部分。

4.5.3　河北民俗文化

河北是中华民族的发源地之一,它拥有博大精深的文化基础,河
北吹歌是中国传统器乐吹打乐之一种,流行于河北,大约有 200 年以
上的历史。它主要以吹管乐器为主,辅以打击乐器及弦乐器,演奏曲
目大多来自民歌和戏曲唱腔,故名吹歌。演奏这种吹打乐器的班社
团组织则称为吹歌会。河北吹歌的乐队组合有两种基本类型:一是
以管子、海笛为主,辅以丝选,再加一种打击乐器;另一种是以唢呐为
主,加上一组打击乐器。吹歌通常是在迎亲、喜庆、迎神、送殡等场合
演奏,年节时也为民间歌舞伴奏。其中有根据民歌和地方曲艺演变
而来的《快乐的春天》《拆破街》,还有《金字经》《五圣佛》《上桥祭》等
反映宗教仪式和僧侣生活的乐章。

沧州武术有其本身的特色,即有大开大合勇猛无比的长势,又有
推拨擒拿小巧灵活的招数,并具有速度、力度大和善于攻守的实战特
点。宗教与武术同是中华民族传统文化中两个子系统文化,在长期
历史发展过程中,二者之间发生了千丝万缕的联系。河北武术门类
基本可分少林、武当两大派系。少林武功,民间传说始于南北朝时期
南印度禅师菩提达摩所授十八罗汉手及《易筋经》中的十二式运动
法,受到佛教的影响,少林拳中有华拳、燕青、功力、劈卦、长拳、通臂、
明堂、弥宗、八极、太祖、六合、螳螂、沙脚、戳脚、翻子、大洪拳、小洪拳
等多种;而武当武功,是道士所创,武当拳中有太极、八卦、形意等都

受到道教影响。

邯郸圣井中掏牌祈雨民俗,"圣井"在九龙圣母大殿中,深丈余,雨不溢,旱不枯,井水清澈如镜,常年水量均等,故名圣井。旧时附近官民时常前来请牌求雨,应验后再将牌送回,1986年修缮时,从井中掏出97块银、铜、锡、铁取水金属牌。来圣井祈雨的官员们,数不胜数,其中级别最高的是同治帝,这些官员被颂为"有德于民",他们的事迹不仅被载入史册,还渐渐流传为一种民俗,人民大众来圣井掏牌、许愿、还愿,成为河北著名民俗文化之一。

4.6　冀域宗教组织和制度文化

古今中外,任何一种出现在历史中的宗教都是由具有相同信仰、相同价值观取向的众多个体组织起来的,结成宗教群体或宗教团体;他们的信仰和表达信仰的行为方式与活动方式被有组织的规范化,宗教信仰者必须按照一定的组织和制度规范去参加宗教群体或团体活动。宗教组织和制度是一切宗教得以形成、不断发展的基本要素。

4.6.1　冀域宗教组织——太平道

宗教组织是宗教信仰者在其中过宗教生活、进行宗教活动的机构、团体、社会或其他形式的群体。当一种宗教信仰不仅被某个人而接受,而是得到更多人的认可的时候,他们就会在共同信仰下组织起来,形成宗教组合或者宗教团体,但是任何宗教组织和宗教团体都是共同宗教信仰的产物。宗教组织的形式和体制既是多样的,又是可变的,不同的宗教各有不同的组织形式和构建体制,同一种宗教的不同教派人员在不同地区的组织形式也往往不同,而宗教组织又是一种社会性存在的群体组合,它的表现形式又受到社会形态、社会需要、社会演变的影响。

例如冀域著名宗教组织东汉末年的太平道,张角建立太平道的理由是"苍天已死,黄天当立,岁在甲子,天下大吉",大意是汉朝即将灭亡,取而代之的是我们黄巾军。张角利用当时的社会背景建立了太平道,其宗教组织是救世型的,他们追求的是彼岸的终极幸福,但宗旨在于解救现实间人世的苦难,免除生活中的灾祸,希望救世主直接君临这个世界,建立"地上小天堂"。在特定的历史时期,传统宗教处于垄断地位的时候,人民变革社会的愿望,只能采取神学异端的形式,被迫披上宗教的外衣,这时,宗教就成为组织群众、掀起社会变革的纽带。

4.6.2　冀域宗教修行体制——临济宗

在宗教体系中,存在着一种与追求宗教理想境界的修行或修道生活,有些宗教还把这些修行者组织起来,把修行生活制度化,形成了一种宗教制度,如河北临济宗,是禅宗的五个主要流派之一,其所倡立的禅宗新学主旨是无心,即"无心说"。对此,临济宗的创始人认为,只有心中无物,才可以不被外界所动摇,除心中以外的一切都是虚幻的,没有住处,没有得失之说,做到心外无物。因此,临济宗的禅法是教外别传心法。临济宗运用其禅法思想接引、教诲弟子和来自各地的参禅者,有一套独特的方式方法。临济禅法非凡绝妙,蕴含巨大禅机(禅智、机锋,具有巧妙昭示解脱之道的功能),可以适应情况不拘一格地运用各种语言、动作等来传递佛法信息,与学人交流思想、悟境;灵活自如,具有断除执着、迷误和烦恼的无限威力。禅宗史书称之为"临济施设""临济门庭"。

4.6.3　冀域宗教礼仪

宗教信仰者的宗教活动总是通过一定的礼仪形式表现的,没有礼仪或不符合礼仪规定的宗教活动一般被认为是亵渎神灵的行为,所以有些宗教学者甚至认为礼仪意味着宗教,宗教礼仪本质上是宗教行为的程式化、制度化和规范化,所以,有什么样的宗教行为,就可以在其规范后产生相对的宗教仪式。现如今普遍的宗教仪式有巫术仪式、禁忌仪式、献祭仪式、祈祷仪式等。巫术属于人类对神或者神秘力量的控制和利用，这属于宗教文化中的消极文化，在冀域地区属于迷信活动。献祭和祈祷属于对神秘力量的祈求，如河北邯郸六月六敬谷神，为了感激上苍赐粮食给人民，到农历六月六带上自家蒸的馍去自家种的田地里祈祷，发展到现如今的美食文化；每逢农历二月初二，磁州附近的山村姑娘们有过乞巧节的习俗，这一天，姑娘们自行结伴，穿漂亮的衣服，带好小米、白面、油、盐、锅碗，一起上山野餐。这些宗教礼仪并没有随着时代的变迁而消失，而是随着时代的变迁变为了民间的民俗文化。

第五章 冀域宗教文化的主要特点

基于对冀域宗教文化相关概念,宗教文化历史和宗教文化元素进行研究,发现在京津冀一体化发展的大背景下,冀文化的发展是具有其地区特色的,宗教文化也不例外。本章通过对冀域宗教文化的总结概括,得出冀域宗教文化鲜明的特色。

5.1 传承性与包容性

5.1.1 "天人合一"思想在冀域宗教文化中传承

早在新石器时代晚期,氏族成员对天的信仰就已经成为主要宗教意识。到春秋战国时期,"天人合一"思想居于社会的主导地位。在河北邯郸赵国都城遗址西部的百家村和河北怀来北辛堡的战国燕墓,都曾发现数量不等的殉葬人,在这一时期冀域通过各种祭祀活动和丧葬仪式来体现对天的崇拜。到了两汉时期河北景县人董仲舒兼取阴阳五行思想,形成自己一套完整的天人合一神学体系。董仲舒称"天"是有意志、有感情的至上神,是百神的长官。他的天人感应神学思想体系,是秦汉专制主义中央集权的发展产物。隋唐五代起,宗教被统治阶级崇奉并且扶植,宣扬天人合一思想,其信仰上的崇拜居于次要地位,主要是出于政治上的利用。其表现之一是封建统治者神化皇权和帝王,宣扬天人合一,巩固其至高无上的地位。表现之二是统治者利用宗教劝善惩恶的教义来维护三纲五常的封建道德。表现之三是统治者利用宗教尤其是道教寻求长生不老。直至明清时期,宗教的"天人合一"思想一直被封建统治者利用,也正是因为宗教文化对历代统治者的有利性,才使得中国的宗教文化得以长期的传承保存下来。

儒家所推崇的"天人合一"的另一层宗教释义是天地人的相互统一,并没有将天地放在人的对立面,没有将人凌驾于天地之上,也没有将天地看作不重要的存在,而是人对天地万物的精神价值的统一,人与自然并不是相互对立的,是共生共存的,人类的尊严得以体现是在尊重自然的前提之下。强调了人应该尊重自然,保护自然,而维护人与天地自然界之间的和平相处,是宗教的基本教义,也是对于"天人合一"的另一个解释。各大宗教自创立之初就提倡对生态环境的保护,继承这一优秀宗教文化特色,对于冀域如今正确处理经济发展和环境保护之间的关系,有着十分重要的借鉴意义。各大宗教都以对生命的爱护,对自然的保护为教义。佛教认为"万物皆有灵",主张将大自然的一切看作是生命的存在,主张珍爱自然,重视自然物的价值。道教强调"道法自然",人与自然,只有相互协调,相互依赖,保持平衡,才能共生。

冀域宗教物质遗产和非物质遗产丰厚,其遗迹数不胜数。如冀域宗教建筑如天津大悲院,北京卧佛寺。邢台南宫市的普彤寺,建寺时间比"中国第一寺"之称的洛阳白马寺还早一年。冀域宗教艺术如北京东四清真寺艺术珍品、北京法海寺壁画、天津佛教音乐艺术。冀域宗教民俗文化如冀域庙会民俗、天津妈祖文化。这些文化遗产,种类繁多,博大精深。正是冀域宗教文化"天人合一"的这种价值观导向,才使冀域宗教文化物质遗产和非物质遗产流传至今,对冀域宗教历史文化的传承和传播具有重要意义。

5.1.2 "和合"思想促使冀域宗教文化多元发展

在中国传统文化的发展历程中,"和合"思想为中国传统文化之精髓,而这一思想又贯穿了冀域宗教文化发展的整个脉络,冀域不仅有主流儒家思想还有本土宗教道教、外来佛教、伊斯兰教、基督教以及一些民间宗教,这构成了中国宗教的多元性、包容性特点。传统文化"和合"精神的这种包容性,就决定了宗教文化的多元化和包容性的特点。

第一,多神崇拜的形式体现冀域宗教文化多元化。在日常生活中,冀域民众"于圣贤仙佛各种偶像,不分彼此,一律崇拜"[49]。供奉的诸多神祇中有管辖各地域的神,如河北多供奉土地神;有控制风、雨等自然神,如沿海城市天津的妈祖庙天后宫,主要功能是企求航海安全,是历代海祭中心,也是古代船工海员娱乐聚会的场所,除了举行隆重祭祀海神天后的仪式外,还经常有各种中国特色的酬神演出;有主管一家福祸、健康的神,如北京三圣庵,供着释迦牟尼、阿弥陀佛和药师佛。冀域道教是以作为道的化身的三清尊神为主神的多神教。其主神就有三位:元始天尊、灵宝天尊、道德天尊;神之下、是天帝、星君、仙人、俗神。[50]其主神为核心,组成了一个有高低尊卑之分的等级体系,他们和睦相处,各安其位,各司其职,共同影响和支配着人的生活。多元化的宗教信仰,使信教群众不仅局限于信奉一种宗教,而宗教文化也深深融入到社会和群众之间,影响着冀域社会意识和社会存在的发展。

第二,儒释道三教合一体现冀域宗教文化包容性。自从佛教大规模传入冀域的南北时期起,中国就有了佛、道、儒三家互补之说。唐宋以后的士大夫中,具有三教合一信仰的人愈来愈多。宋初理学家周敦颐从道教理论中变创出太极图说。朱熹虽对佛教多有批评,但在其理学思想中吸收了大量的佛教思想资源。王阳明则以"一间三厅"之喻说明儒释道三教之间的关系,不讳言三教融合。儒释道三教在思想上的逐渐合流,使得冀域宗教思想不太有排他性,彼此之间的差异并没有不可逾越的鸿沟,于是中国人对宗教文化的认同也无须固执地坚守一种宗教,而可以出入于多教之间。例如在研究河北张家口宗教文化时,不但可以发现佛教、道教内各派并立,而且更可以发现在一个寺院中儒佛道三教并尊的现象。张家口市区的赐儿山云泉寺内既有释迦牟尼殿、观音殿,也有三清宫、三宫殿。下花园鸡鸣山永宁寺、赤城县滴水崖朝阳观则都建有三圣殿,蔚县重泰寺则建有三教殿,祀奉佛祖、老子与孔子。这种三教并尊的现象,体现着冀域地区民族融合,文化包容并蓄的特色。

5.2　中心地区引领性

5.2.1　北京宗教文化的中心引领地位

北京是中国首都,是全国政治、文化中心,而且也是国际化大都市,从宗教文化角度讲,北京的地理位置尤为重要,首都北京的特殊地位,造就了北京宗教文化的中心引领性特征,宗教是没有国籍的,但是宗教教职人员是有国籍的,宗教文化是具有区域特征的。中国五大宗教团体除基督教外都设在北京,各大宗教在北京都建有自己的宗教活动场所,有自己的传承文化,北京宗教文化内涵深厚,地位突出。其现状、发展、走向,都会对冀域乃至全国宗教文化产生较大影响。

北京自元朝统治时期,就已经是全国政治、经济、文化中心并且是国际化大都市。到明一代,北京宗教文化的中心引领地位并没有改变,而且这一局面还得到进一步发展。据文献记载:当时北京"全城内外的寺、庵、宫、观、庙、堂祠共有千余座……西山风景优美的地方以及环城百里建的寺庙、香火墓地比比皆是"。[51]在北京宗教文化影响下,冀域宗教文化得到发展。

5.2.2　以北京为中心形成冀域宗教文化圈

宗教文化的传播,早期在冀域的传播和发展主要途径是通过各宗教派别自己的组织形式进行传教活动和统治阶级对于宗教的传播和发展。道教是中国土生土长的宗教,东汉灵帝年间,河北巨鹿有太平道的崛起,其组织者为巨鹿(今河北平乡西南)人张角,太平道也是中国第一个意义上的道教,中国早期道教自东汉顺帝时期在河北产生后就开始流传入北京地区,从文献记载来看,当时河北、北京等地是太平道的传教区域。《后汉书·皇甫嵩传》记载:"角因遣弟子八人使于四方,以善道教化天下,转相诳惑。十余年间,众徒数十万,连结郡国,自青、徐、幽、冀、荆、扬、兖、豫八州之人,莫不毕应。遂置三十六万。方犹将军号也。大方万余人,小方六七千,各立渠帅。"[52]太平道在北京地区传播,河北地区宗教文化输入北京,早在东汉年间冀域宗教就有所交流。

在元朝统治者诸教并蓄的政策下,当时以北京为中心,津冀环绕的宗教文化圈吸引了本土宗教(佛教、道教)和异域宗教(伊斯兰教、景教)在此地长足发展。到明朝时期,虽然明王朝在政治上实行高压政策,但是在文化上却实行开放包容政策,在宗教上实行抑制与利用并举的政策。明朝政府在北京设立道录司,在天津设有隶属中央道录司、道正司、道纪司,管理天津道教事务。[53]以北京为中心管理天津、河北宗教事务,形成冀域宗教文化圈。到了清朝时期,清朝政府沿袭明朝的宗教制度并且进一步完备了国家宗教祀典,对佛教、道教本土宗教予以推崇,而且宽容对待伊斯兰教、基督教等外来宗教并承认其合法地位。冀域宗教文化发展集京津冀数千年宗教发展之大成,为冀文化的研究和丰富发展产生了深刻影响。

由此可见,冀域宗教形成以北京为中心管理津冀宗教文化及事物,由津冀宗教文化传播,输入北京的冀域宗教文化交流圈的模式,这一宗教文化交流模式在东汉时期产生,明清时期得以发展。

5.3　入世性与功利性

5.3.1　入世性的宗教文化服务于冀域社会生活

随着历代宗教文化在冀域的传播与发展,其文化内涵与思想逐渐走出庙堂,融入到民众之间,显示出其入世性的特征。"而宗教的实体寺庙和教堂等建筑,正是宗教社会由无形向有形的具体转换。"[54]冀域宗教文化不断与社会、生活相融合,宗教这一字眼不再局限于寺庙教堂的院墙之中,宗教的节日、习俗、教义,逐渐与市民的世俗生活相融合,与本地生活习俗相融合,并最终成为民间积久成习的岁时风俗。

佛教、道教的庙会活动是冀域宗教文化发展至今现存的最主要的入世性特点。庙会活动起源于宗教祭祀,北京地区"京城寺庙民众性的宗教祭祀活动,大约自元代起,形成定期集会规模,经明代的繁衍发展,到清中叶形成鼎盛局面"。[55]冀域农历四月初八释迦牟尼佛生辰这一天"举行隆重盛大的法会庆祝佛爷生日"。北京雍和宫、白云观每年大年初一逛庙会的多达五六万人。而天津的大悲禅院,河北赵县的柏林禅寺都香火鼎盛。由这些广为民众喜闻乐见的庙会活动就可以清晰地折射出佛教与道教对冀域民俗文化的深刻影响,并成为冀域人民生活中的一部分,入世性的宗教文化深深扎根并服务于冀域社会生活之中。

5.3.2　功利性发展的冀域宗教文化

冀域宗教神灵无数,然而神在冀域民众心目中并不怎么神圣。他们出于功利的动机敬神,也依此为标准来评判神。"人对于神有求的权利,有求必应的神才能证明它的神性,否则崇拜者很轻易地就会另请高明。"[56] 冀域民众常会根据需要不断地创造新的神仙、偶像,增加已有神灵的管辖范围、应用对象,同时不断地淘汰只受香火而毫无用处的神佛。即便跪在神佛面前,人们心中因为怀有许多不同的请求,也使得虔诚的信仰在香烛、供品和磕头等一系列行动中变得带有实用色彩。如费孝通所说:"我们对鬼神也很实际,供奉他们为的是风调雨顺,为的是免灾逃祸。我们的祭祀很有点像请客、疏通、贿赂。我们的祈祷是许愿、哀乞。鬼神在我们是权力,不是理想;是财源,不是公道。"[57]

总之,冀域民众对宗教神学没有多大兴趣,一般不进行繁琐的神学思辨,不关心神学真理性。为了享有世间的幸福欢乐,保持社会生活平顺康泰,他们包容多种宗教及其神灵,通常是见神就磕头,进庙就烧香,是神三分敬。宗教与社会是一个相互作用的关系,宗教的发展可以影响到社会性质、结构等方面的变化,同时当下的社会也在潜移默化地作用着宗教。另外,宗教作为一种意识形态,一种文化,一种信仰,宗教在改变着人的世界观以及价值观的同时,也在被宗教信仰的人群所改变,这种改变有内容,也有形式上的东西;有积极的方面,也有消极的方面。在这个大的环境当中,社会的功利性将直接影响到宗教的各个方面。

5.4　冲突性与融合性

5.4.1　外来宗教在冀域社会发展中的对立与冲突

一个国家政权的变动,必然带来其经济、文化、社会的变动。推翻中国两千多年封建王朝的统治,其宗教发展格局也随之改变。清末之后,政府对佛教、道教加以抑制,1919 年"五四运动"中,儒释道成为被批判、打倒对象,而基督教、天主教等外来宗教,凭借对中国的不平等条约传入冀域，人民群众对外来宗教持以排斥的态度，冲突事件时有发生。1862年天津天主教主教占领道教宫观崇禧观，建立望海楼，并欲占领三岔河要地，其主谋者为北京教区教主，他认为将教堂建立在这里，不仅地势良好，而且，天津是通往北京的重要战略门户，欧洲人经常从此处过往，所以在这里建立教堂很有必要。其侵略野心昭然若揭，引起冀域民众对天主教的不满。1870年，冀域民众群情激奋，焚烧望海楼教堂。1916年，法国领事借口保护老西开天主教教堂，强行占领冀域领土。天津人民奋起反抗，最终老西开地区恢复原样。在此之后冀域宗教情况发生转变，一方面传教士减少政治活动，而是将重心转向文化教育事业，发展与冀域人民心理相适应的宗教活动，这样一来，西方宗教逐渐融入冀域社会发展之中。

5.4.2　外来宗教"中国化"与宗教社会相互融合

辛亥革命后，冀域传统宗教佛教、道教为了生存，致力于对传统宗教的改革，道教为了适应近代社会的变化，1912年由北京白云观方丈发起，由各地18名代表在北京成立中华民国道教会，去除道教中腐朽文化，民国期间白云观版《道藏》影印本问世，为新中国道教的学术研究产生深刻影响，冀域道教取其精华、去其糟粕，传扬冀域优秀传统宗教文化。

与此同时冀域佛教积极参与社会变革，发扬爱国主义传统，开创新宗教面貌。佛教在天津通过弘扬佛教教义，发扬佛教"庄严国土，利乐有情"的优良传统，积极倡导人间佛教精神；本着"慈悲济世"的精神，天津佛教从事慈善事业，特别是为四川汶川大地震，向灾区捐款200万元，弘扬佛学精华，为冀域树立正确价值观导向。

冀域基督教也与天主教情况相同，在受到冀域人民排斥的时候，外来文化为我所用，将自身发展与冀域地区社会需求相适应。冀域基督教为中国的教育事业做出非常重要的贡献。公元1864年，美国基督教公理会在北京东城灯市口大街创办"男蒙馆"和"女蒙馆",开始推行西学,据考证,这是北京历史上最早的教会学校。天津基督教会仓门口堂成立于 1912 年 10 月 19 日,是华北地区第一座由华人自立、自养、自传的"三自"爱国教会。教会多年来在传道授业、蒙养赈济和近代历次爱国运动中均有突出表现。在近代天津基督教青年会,借助《益世报》用新的科学知识、新的世界观和人生观来塑造青年人,以从人格的改造到对社会的改变来推动冀域社会的变革和发展。

冀域的本土宗教和外来宗教,通过对时代的适应和对自身的调整,融入到冀域社会之中。为冀文化的研究和冀域社会稳定发展,做出贡献。

第六章　冀域宗教发展现状及存在问题

研究冀域宗教文化对当代的启示,其中重要一环是研究冀域宗教现状以及宗教在冀域发展中存在的问题,只有发现问题,分析问题产生原因,才能解决问题,为后世宗教在冀域的发展做出启示意义。

6.1　冀域宗教发展现状及作用

6.1.1　冀域宗教发展的现实现状

改革开放以来,天津的宗教获得了空前发展。到 2014 年,全市共有教徒 42.6 万人,其中佛教徒 10 万人,伊斯兰教 20 万人,天主教徒 10 万人,基督教徒 2.6 万人。另外,还有道教信众 2 万人。[58]如果加上有一定宗教信仰,但还没正式入教的群众,估计人数要近百万。截至 2014 年底,北京市佛教协会依法登记为佛教活动场所的寺庙(含居士林)共有 24 处,信教群众约 40 万人。北京市道教协会依法登记为道教活动场所的宫观共有 12 处,信教群众约 1 万余人。[59]河北有佛教、道教、伊斯兰教、天主教、基督教五种宗教,信教群众 250多万,占全省总人口的 3.64%,分布在全省 173 个县(市、区)。其中天主教徒近百万人,占全国天主教徒总数的四分之一,信教群众 200多万人。[60]可以得知,冀域宗教主要特点:一是五大宗教俱全,信教人数众多,分布广;二是河北省信仰天主教人数众多,影响大;三是冀域有悠久历史的寺庙,在一些国家和地区影响比较大吸引众多海内外教徒来观光朝圣。

6.1.2 冀域宗教发展的积极意义

由于宗教具有群众性、民族性、国际性、复杂性、长期性,还会受到一定范围内存在的阶级斗争和国际上一些复杂因素的影响,宗教的社会作用仍未完全摆脱其两面性。就冀域而言,一方面,宗教对社会发展具有正面影响:第一,通过伦理和道德观念,直接制约着信徒们的现实生活,与世俗的伦理规范一起协调着社会关系,宗教作为一种精神领域的活动,有着强大的号召力和凝聚力。例如河北太行山农民信徒在正确的引导下,积极乐观地面对生活,具有共同信仰教众之间具有较强的认同意识,宗教能够利用自身教义影响教徒的世界观、人生观和价值观,宗教教义提倡教徒克己利他、行善积德、宽厚待人,这样就使教徒和教徒之间、教徒和群众之间和睦相处,也避免了一些不必要的纷争,这样虽然不能提高太行山区农民信徒的科学文化知识,但是至少提高了太行山区农民教徒的道德素质。第二,宗教团体在冀域各地都不同程度地办起了自养事业,如开商店、经营织袜厂等,既达到了自养,也为当地经济建设做出了贡献;宗教界举办了各种文化活动,赢得国内外客商和游人的关注和重视,有力地加强了与国内外的联系,促进了冀域旅游业的发展。

6.1.3 冀域宗教发展的消极影响

宗教在冀域的社会发展之中具有积极一面,但是宗教的消极影响也不容忽视。首先,宗教宣扬天命论、宿命论,会抑制个体的主观能动性。比如在冀域一些农村,由于缺医少药,一些久病不愈或遭受生活中挫折和打击的人便把自己的命运寄托于宗教;有的群众经济状况不好,心理失衡,盲从信教,麻痹精神。其次,受境外渗透和国内一些复杂因素的影响。出现了地下宗教组织和非法宗教活动,比如河北某非法宗教组织,受其影响控制的有 6 万多教徒,他们不断举行跨地区的非法宗教活动,对社会秩序产生了不良影响。另外,还有些人打着宗教友好往来的幌子在冀域传经布道,扶植地下势力和邪教组织。我国在社会转型阶段出现了道德失范、利益冲突、贫富分化等社会现象,致使一些迷信陋俗又找到适宜的土壤,如河北山区农民教徒把宗教看作是他们发泄自我情感和蒙蔽自我现实的精神寄托,他们通过对神灵的膜拜而逃避现实,但是逃避只能解决一时的心理障碍,并不能实际的解决问题,宗教的消极面阻碍了人们主观能动的去改造世界。

6.2　冀域宗教发展中存在的问题

6.2.1　宗教内部教职人员文化程度偏低

五大宗教共有的一个问题就是教职人员素质偏低,人才缺乏的问题,因为我国传统上是一个无神论的大国,前文已经提到了,我们传统的信众结构是"五多"的特点,老年人多、受教育水平低的比较多,在这样一种信众结构水平的基础之上形成一种神职人员、教职人员的受教育水平的素质就有一种普遍偏低的现象。前不久国家宗教局对全国宗教教职人员受教育情况进行了一个调查,通过这个调查发现,在全国五大宗教所有的教职人员当中,受过大专以上教育和接受宗教院校教育的人不到总数的 8%,这个比例还是比较低的,受过普通教育的人就更少了,具有普通高等学校研究生以上的只有 100 多人,教职人员受教育状况的普遍偏低,而我们现在宗教发展那么快,教职人员作为宗教信仰的传播者,他们的知识、信仰、理念将直接影响到信教群众,这是五大宗教共有的一个问题。

6.2.2　各宗教自身存在着弊端

汉传佛教所具有的一个比较突出的问题,过度商业化,神圣性缺失。如我们的烧香拜佛,烧香拜佛的原意是报佛恩,向佛学习,而不是满足各种世俗的欲望,现在很多人去拜佛是出于一种功利心,我烧香拜佛,我要求儿子考上学,我要求自己升官发财,把它给予一种功利化、过度世俗化了,这是汉传佛教的弊端。

藏传佛教被境外敌对势力利用而存在着政治化和藏独的问题。从传统上来看,因为西藏在 1959 年民主改革之前,是政教合一的地方政权,所以藏传佛教历史上是有干预政治、参与政治的传统。1959 年改革以后,实现政教分离。上世纪六七十年代,藏独在国际上影响不大,但 80 年代中后期,尤其是冷战结束后,西方反华势力加大对藏独活动的支持,"达赖"披着宗教的外衣,大搞分裂祖国的活动。现在在改革的趋势之中,藏传佛教确是有一种干政的政治化倾向,西藏藏传佛教存在被"藏独"和民族分裂分子利用的危险。

由于伊斯兰教的内部矛盾,近几年恐怖事件频频发生,疆独、东突更是利用宗教信仰为借口进行暴力恐怖活动,虽然冀域伊斯兰教一直都是爱国守法的先锋榜样,但是一定要注意到问题的存在。

冀域宗教现状是它有好的一面,但它也有与社会不相适应的一面,也存在着一定的宗教问题。正如江泽民所指出的,宗教问题从来就不是孤立存在的,是社会总问题的一部分,它总是与一定社会的经济、政治、文化问题交织在一起。既然宗教问题是和社会的政治、经济、文化各种问题交织在一起的,那我们看待它,我们去解决它,也不能是单纯就宗教问题而论宗教问题。

6.2.3　宗教的异派——邪教的危害

邪教是一种反政府、反社会、反人类的邪恶组织,邪教的"教"不是指宗教的"教",而特指一类邪恶的说教,邪恶的势力,因而其与宗教组织具有质的不同。但是,当代中国绝大多数的邪教组织都披着宗教的外衣,以达到获取民众认同的目的。它们或从传统文化中蜕化变质而来,或借用传统宗教的某些词汇和术语、假借宗教之名而创立。1980 年代以后,伪科学现象在我国社会生活中时有泛滥。邪教在我国的广大农村更为猖獗。我国的经济体制改革是 20 世纪 80 年代首先从农村开始的。农村家庭联产承包责任制推行以后,原有的人民公社迅速瓦解,农民成为经济利益各自独立的群体,大部分成了个体农民,农村原有的管理体制失效,新的基层管理体制未能及时建立和完善。邪教组织正是利用了转型时期社会管理体制缺陷、部分社会功能缺失的时机和普通民众功利性的宗教需求动机,鱼目混珠,以假乱真,借此吸引群众参加。在当代广大农村的医疗资源极其有限,农民的医疗保健缺乏保障,一些邪教组织正是针对群众的这种需求,以"健身强体、消灾治病"为名,许诺只要入教练功,不花钱就可以治好病,大搞"祷告治病""赶鬼驱魔",诱惑一些患有疾病的群众入教。

再有,当前冀域农村中,人们生活在以自己的家庭为中心的比较狭小的范围内,生活单调,消息闭塞,在大量的农闲时间里与空虚为伍,几乎没有什么文化娱乐活动。这样在农村公共的文化生活、文化资源缺位的情况下,某些邪教组织的出现,恰恰填补了这一空白。它们借着布道劝善的名号,以集体传教练功的形式,展开了对道德、宗教等文化资源的争夺。据调查,许多邪教组织的成员最初参加时根本不了解邪教的性质,而将其视为一种文化娱乐、宗教活动。"在一起活动,练练功,热闹,高兴,闲着也是闲着"。此外,农村社会中的互助机制不健全、主体缺位,地方政府、村委会对军烈属、孤寡老人等的慰问求助活动不到位,这也给邪教组织提供了可乘之机。不少邪教组织都注意提倡互相帮助、解急救困,使之成为一种保护系统。邪教组织正是以强身健体、文化娱乐、互助济救等为诱饵,以宗教为外衣蛊惑民众,以达到自己的险恶用心。同时又由于个体农民经济地位的脆弱性和科学文化知识及宗教知识的贫乏,他们总是希望得到外在力量(神)的保佑,邪教的鼓动宣传特别容易被他们相信。如发生在 2014 年山东招远的"麦当劳杀人案",邪教"全能教"信徒残忍地将无辜的陌生人杀害,邪教对于社会的恶劣影响,是在我们当今建设冀域社会主义和谐社会中,坚决不能容忍的。

6.3　现存问题产生的原因

6.3.1　社会转型期经济发展不平衡

京津冀区域自然资源丰富,交通便利,具有良好的科技、人才、技术基础,具备区域经济一体化的基本条件;是我国北方地区的经济中心,也是环渤海经济圈的核心。[61]经济迅速发展,其特殊的地理位置越来越引起国家的重视。国家十二五规划中,"推进京津冀区域经济一体化发展,打造首都经济圈,推进河北沿海地区发展"上升为国家战略,京津冀区域市场机遇将会持续涌现,实现环渤海经济圈的迅速崛起。京津冀区域是提升国家竞争力的重要区域,可以带动环渤海经济圈的快速发展,进而带动全国经济水平的提高,提高整体竞争力,然而区域经济差异不仅影响着区域经济水平的提高,与之同时,出现的贫富差异使冀域部分人民的心态失衡,而宗教的存在对这些在冀域经济发展中的矛盾有一定的化解作用。

"宗教作为人们的信仰问题,作为远离经济基础的意识形态,利益矛盾往往以更为曲折、复杂的形式表现出来。"[62]社会主义市场经济下,作为一种社会实体的宗教,为了实现自身的自养和发展,自然而然地会与社会各方面进行联系,因而彼此之间的物质利益之争就不免会产生。在现今社会中,因物质经济利益引发的宗教矛盾问题日益突出。这与我国主流意识形态的要求是不相符的。我们要在相互尊重的基础上,通过商谈的方式来协调多方利益要求,从而发挥宗教人士在我国社会各方面建设中的积极作用。

6.3.2　政府对宗教事务管理力度不够

加强对宗教事务的管理,严厉打击各种违法宗教活动,取缔非法宗教组织。目前,冀域宗教管理上还存在诸多薄弱环节。一些冀域如河北县、乡、村三级管理网络尚有空当,乡、村两级相对薄弱,属地化管理尚未规范和制度化,首先,村级干部不仅管理失职,而且热衷于宗教;其次,各级宗教管理部门虽有机构,但普遍反映人员编制少,或干部配备不得力,经费短缺,难以保障工作的正常运转;再次,对宗教团体的纽带、桥梁作用认识不到位,一些组织人员、办公地点等不落实,从内部管理、学经教育、对外交流、反映信教群众的要求等各方面尚未充分发挥作用。

6.2.3　国内外反动势力对宗教的利用

国内外敌对势力利用宗教对我国进行分裂和颠覆活动,一方面是国内的敌对势力和敌对分子利用宗教攻击党和政府,进行反党反社会主义的非法活动,利用宗教破坏祖国的统一和民族团结;利用不同宗教不同教派的矛盾,挑起宗教冲突,破坏社会政治稳定。如在新疆境内有极少数分裂主义分子为了达到其分裂祖国的目的,极力煽动宗教狂热,支持修、扩建清真寺,鼓吹所谓的"圣战",并鼓动私办经文学校,有的经文学校还教学生习武、格斗,为所谓"圣战"做准备。另一方面,境外的敌对势力利用宗教加紧进行渗透活动。例如在河北易县,他们主要是利用广播进行"空中传教",鼓吹使"12 亿中国人归主"。境外敌对势力把宗教作为对冀域进行颠覆活动的一种武器,梦想达到改变我国社会主义制度的目的。由于这些境内外的敌对势力披着宗教的外衣,以传教为幌子进行渗透和颠覆活动,在一定程度上蒙蔽了一些人,使冀域宗教出现了一些盲目发展的现象,这对冀域乃至于国家安全和社会稳定也构成了潜在的威胁。

第七章 冀域宗教文化发展变迁的当代启示

宗教文化历史的经验告诉我们,正确的社会主义道路需要正确价值观的指引,坚持马克思主义宗教观,坚持走社会主义相适应的宗教道路,在遇到的问题和艰难险阻面前不惧怕、不退缩,认真总结经验教训,取冀域宗教发展之精华,去冀域宗教文化之糟粕,让宗教文化成为能促进冀域社会和谐发展的优秀文化。

7.1 冀域宗教文化变迁对政治变革的启示

人的政治思想属于意识形态方面,是受道德和宗教信仰支配的,因此人的宗教信仰与政治行为是不可能分开的。宗教涉及一定的价值观念和尺度,政治就是把这些价值观念和尺度施行出来,宗教的历史发展对政治具有反作用力。

7.1.1 完善冀域宗教文化圈,加强冀域地区民族团结

冀域已经形成以北京为中心,津冀环绕一体的冀域经济、政治、文化圈,而冀域宗教文化圈是其中的一部分,我们今天的宗教文化发展要充分利用中心引领性这一特点,加强冀域地区的民族团结和社会稳定。完善冀域宗教文化,要求冀域地区政府和人民要正确对待和处理宗教问题,妥善安排宗教事务,完善措施如下:(1)加强对冀

域信教群众的马克思主义宗教理论宣传教育,引导他们学习具有时代性特征的党的新时期宗教政策,摒弃落后、封建迷信的宗教观。(2)有关部门和相关负责人要积极对冀域地区落后的迷信现象与宗教文化加以区分,取其精华、去其糟粕。(3)不仅要加强政府对人民进行主流意识形态教育,也要求我党研究加强对百余万信教群众的团结教育,为冀域宗教文化的建设和发展作出贡献。(4)对于不信教群众要尊重他人信仰,做到不去打扰他人信仰;而信仰群众也要尊重他人不信教的权利,不强求、不干预他人的信仰。冀域社会主义的和谐建设,需要靠我们每一个人的力量。(5)宗教界应积极参与打击危害社会危害人类的邪教组织的斗争,政府积极管理宗教事务,积极团结冀域宗教界人士,不仅促进冀域地区民族团结,更能促进国家统一和社会稳定。

7.1.2　提升政府对宗教事务的管理能力

宗教领域的矛盾是错综复杂的,能否处理妥当关键在于全面提高冀域党政干部特别是统战、宗教事务部门的党政领导干部处理宗教矛盾的能力。所以我们应加强政府宗教事务部门干部的自身素质建设,提高他们的依法执政能力,严格规范"政府领导"与宗教场所"自主管理"之间的关系,切实贯彻落实宪法和法律所规定和保护的宗教信仰自由政策,清理和整顿宗教事务中的违法乱纪行为,坚决打击各种行贿受贿、变相侵吞宗教界财产的做法。要提高宗教事务部门干部的依法行政能力,首先要提高他们对党和政府的宗教信仰自由政策的认识水平,其次要充实和增强他们对宗教基础知识和当代宗教学理论知识的掌握和理解。目前,各级宗教事务部门干部真正掌握一定宗教知识和当代宗教学知识的人非常少,一些宗教事务部门在进人、用人上,还是采取习惯做法:偏向于录用有关系而非宗教学专业的人,认为这样可靠,不会和宗教界打成一片;有的宗教事务部门的人事干部公然说,他们不需要宗教学专业的人才而需要政法、管理,甚至经济学方面的人才;有的宗教事务部门的领导,甚至区分不清"宗教学"与"学宗教"之间的关系,将当代"宗教学"错误地理解为"学宗教",将一些受过良好系统训练的宗教学人才排斥在宗教事务部门之外。事实上,选拔和使用宗教事务部门的公务员,应当以能否正确认识宪法和法律所规定的宗教信仰自由政策和能否掌握当代宗教学基础知识,作为基本条件予以强调。应当积极选拔政治素质好、法制观念强的高校宗教学专业的优秀毕业生,充实到各级政府宗教事务部门的队伍中。对于已在政府宗教事务部门工作但却缺乏当代宗教学基础知识的工作人员,应当分期分批到宗教学专业较好的高校和宗教学研究机构进行培训,鼓励他们到高校宗教学专业攻读硕士甚至博士学位。只有这样,才能真正贯彻执行党和政府的宗教信仰自由政策,才能真正赢得宗教界的信任和支持。

7.2 冀域宗教文化变迁对经济发展的启示

宗教作为社会实体的特殊性:不仅有其特殊的社会意识形态,而且有其特殊的经济基础,并发挥着特有的社会经济功能,经济功能不仅在宗教经济中运转,而且对世俗社会有一定的甚至很大的影响,有效地利用宗教文化,可以拉动经济的增长,经济与宗教相互作用。

7.2.1 促进冀域宗教文化与宗教旅游相结合

在明代,据《明宪宗实录》记载,自太祖立国,至宪宗成化十七年间"京城内外敕赐寺观至六百三十九所,后复增建,以至西山等处,相望不绝,自古佛寺之多未有过于此时者"。自明代起,冀域宗教建筑建庙建堂建寺已经蔚然成风。冀域地区的宗教旅游资源种类繁多、形式多样,不仅有物质文化遗产庙堂建筑、雕刻、音乐、壁画、经卷、碑文、宗教院校、历史档案等;还包括非物质文化遗产宗教节日、宗教庆典等。合理开发利用宗教文化资源,一方面满足了宗教信徒的精神和生活需求,另一方面也吸引国内外游客休闲、游览、仿古探幽的需求。从目前的情况看出,宗教资源为冀域旅游发展做出巨大贡献。例如,冀域佛教名寺北京的潭柘寺、天津的大悲院、承德的普宁寺;道教名观白云观;伊斯兰教著名清真寺牛街礼拜寺以及天主教著名教堂西开教堂,这些宗教建筑内的雕刻、壁画、音乐、经卷和碑文以及其节日与庆典等,成为冀域宗教旅游吸引人的重要资源。对此,冀域地区可以开发以宗教为主题的主题旅游形式来吸引游客,开发和完善以宗教为主题的景点、酒店、餐饮、娱乐设施等一体化旅游资源,拉动地区经济增长。同时,经济效益的提升还能反哺宗教文化资源的保护,以旅游开发的收入提高宗教教职人员的待遇、维护宗教活动场所的修缮,传承宗教文化的发展。

7.2.2　促进京津冀经济一体化协同发展

通过冀域宗教文化历史发展来看,宗教文化是慢慢融入到冀域社会和群众之中,具有其入世性的特点,这一特点可以发展宗教旅游业,服务于京津冀经济文化发展。"宗教文化以其独特的魅力,吸引了大批的旅游者,宗教旅游已经成为重要的全球产业。"[63]宗教文化的旅游开发,可以将文化资源优势转化为经济优势,大幅提高冀域经济收入水平,增强冀域经济实力。北京、天津、河北形成宗教旅游文化圈,展现冀域古代宗教文化特色;北京、天津带动河北旅游发展,形成冀域宗教旅游文化圈。旅游业作为第三产业的先导,具有极大的综合性和带动性,在优化产业结构中发挥重要作用。

7.3　冀域宗教文化变迁对文化建设的启示

积极引导冀域宗教与社会主义精神文明建设相适应。宗教是一种文化,也是一种意识形态。作为人类社会长期发展的一种文化积淀,它影响着相当一部分人的价值取向和行为方式。

7.3.1　加强马克思主义信仰教育,树立正确的信仰观

马克思主义作为一种信仰常常被称为共产主义信仰,这是因为马克思主义将共产主义作为社会理想。马克思主义信仰是中国人民的历史选择,"在近代中国,马克思主义之所以成为人民主导的思想信仰,这也是由社会状况决定的,是不以人的主观意志为转移的。"[64]

(1)充分发挥个人主观能动性。马克思主义信仰的确立离不开主体的积极主动学习;要勤于学习,全面而完整的学习和理解马克思主义理论体系。要多读马克思主义原著,认真学习马克思主义政党的宣传文件。

(2)加强在校学生思想道德建设。先要建立一支高能敬业精神的教师队伍,思想政治课教师应不断加强马克思主义理论学习,有坚定的政治立场,不被市场经济洪流中的腐朽的东西所迷惑。应始终坚持科学的态度,强调我国信仰鲜明的方向性,使马克思主义信仰成为学生世界观、人生观和价值观的核心。坚定马克思主义信仰在我国信仰领域中的主导地位,就要在落实马克思主义信仰理论基础知识教育的基础上,结合实践,批判地继承马克思主义文化遗产与精神实质。无论是从事高校思想教育工作者还是社会其他各阶级人士都应该参与马克思主义信仰宣传的实践活动。坚持以马克思主义信仰为指导,充分发挥马克思主义信仰作为冀域社会主义现代化建设朝着正确方向发展。

7.3.2　创建冀域多元共存的社会文化环境

宗教虽然不能直接和根本解决人们的现实问题,但是它能够把现实的一切都纳入到信仰的解释模式之中,从而以超越现实的方式来增强信教群众的心理接受能力和承受能力,起到一种"减压阀"的

作用。这不仅对遭受痛苦的人们是一种解脱，在客观上也能够减少社会的不稳定因素，为建设中国特色社会主义创造一个良好的文化环境，在社会主义精神文明建设中发挥独特的作用。目前，冀域社会存在的个人主义泛滥、拜金主义流行、崇高境界消退、道德理想沦丧等负面现象也让人触目惊心。宗教可以利用宗教教规和戒律，发挥自己在社会精神生活中的精神批判功能，如基督教的孝敬父母、不可偷盗、不可作假证、不可贪恋他人财产；佛教的不偷盗、不邪淫、不妄语；伊斯兰教的善行、忍耐、诚实等等，不仅是教徒的行为规范，而且与社会主义道德规范并行不悖，同样也是维系社会主义社会秩序不可缺少的规范，"换一种说法，宗教是用神圣的方式来进行秩序化的。"[65]

7.4　冀域宗教文化变迁对社会管理的启示

积极引导宗教与冀域社会主义社会相适应的理论，应该坚持党的领导以马克思主义宗教观基本原理为指导，在认真总结冀域宗教历史发展中的宗教问题，所得出的经验教训和新中国成立以来冀域宗教工作正反两方面实践的基础上，深刻分析冀域宗教工作面临的复杂形势和艰巨任务后得出的必然结论，是马克思主义宗教观与冀域宗教现状相结合的产物。

7.4.1　正确认识宗教的社会功能，扬长避短为我所用

积极引导宗教与社会主义社会相适应，最基本的要求就是宗教活动要在国家法律、法规和政策、地方政策范围内进行。法律保障宗教信仰自由，但宗教必须在法律范围内活动。要求冀域宗教将自身的发展和进步与社会主义社会的发展目标协调一致，要适合社会主义社会的发展要求，而不是社会主义适应宗教；党和国家在引导宗教与社会主义社会相适应的过程中起主导作用，要求在追求信仰的同

时要以"一个中国"为前提,相适应并不要求宗教信徒放弃有神论的思想和宗教信仰,只是要求他们在政治上热爱祖国,拥护社会主义制度,拥护共产党的领导,维护民族团结和祖国统一;对于冀域社会来说,要改革不适应社会主义社会的宗教制度,利用宗教教义、教规和宗教道德中的积极因素为社会主义事业服务。[66]积极引导宗教与社会主义社会相适应的实践活动。

发挥宗教的积极作用,扬长避短,要支持宗教界发扬爱国爱教、团结进步、服务社会的优良传统,拥护党的领导和社会主义制度,遵守"维护法律尊严、维护人民利益、维护民族团结、维护国家统一"的行为准则,为促进经济建设和社会稳定多作贡献;要支持宗教界根据我国社会深刻变革的实际对宗教教义作出符合社会进步要求的阐释,努力挖掘和弘扬宗教教义、宗教道德、宗教文化中有利于社会和谐、时代进步、健康文明的内容。冀域要通过全面贯彻党的宗教工作基本方针,努力实现宗教与社会和谐相处,各宗教和谐相处,信教群众和不信教群众、信仰不同宗教群众和谐相处;要鼓励各宗教开展对话交流,增进理解,消除误解,以包容之心处理相互之间关系,紧密团结,相互协作,为建设中国特色社会主义事业共同奋斗;要鼓励信教群众、不信教群众和信仰不同宗教群众相互尊重、和睦相处,不允许利用信仰差异挑起矛盾和对抗。

7.4.2 求同存异,合作共赢,谋求冀域社会稳定和谐发展

宗教冲突是宗教内部或不同宗教之间,差异扩大后采取的极端措施行动,宗教冲突不仅会造成自身的影响,更会造成社会的混乱。在冀域宗教史上,本土宗教和外来宗教的相互冲突与融合,促使冀域宗教文化不断发展,化干戈为玉帛,将冲突转变为和谐发展。宗教文化的发展本身就是一个和而不同,相互借鉴,彼此互补,共同发展的过程。宗教的和谐不仅对于冀域和谐统一具有重要的意义,还关乎

国家和谐稳定。制定宗教宽容政策尤其重要,也直接涉及到冀域地区的广大居民对于祖国的认同感、向心力,以及如何处理冀域人民的和谐共生。为了冀域宗教的和谐共处,冀域社会的和谐发展,在工作过程中,要坚持全面贯彻党和国家的宗教信仰自由政策,在尊重每个公民信仰自由的权利的同时,也要加强社会主义核心价值观的宣传教育工作,积极引导宗教文化服务于冀域社会主义建设,将社会主义核心价值观教育与党的宗教政策统一起来。在价值多元背景下,更需要通过深入细致的思想教育求同存异,包容共赢。

7.4.3 传承冀域古代优秀宗教文化,促进冀域生态文明建设

宗教文化具有历史传承性,研究宗教文化的发展,是研究冀域古代优秀文化的一部分,也为如今的社会发展和环境保护带来启示。古代封建统治者神话皇权和帝王,宣扬天人合一,而"天人合一"有两层解释。第一层意思是封建统治者为巩固其至高无上的地位,"天人合一"的思想维护和促进了冀域古代宗教文化的传承。"天人合一"的第二层意思是维护人与天地自然界之间的和平相处,人不去过多的开发和冒犯天地自然,维持和保护天地自然界,是宗教的基本教义,也是对于"天人合一"的另一个解释。各大宗教自创立之初就提倡对生态环境的保护和可持续发展,继承这一优秀宗教文化特色,对于冀域如今正确处理经济发展和环境保护之间的关系,有着十分重要的借鉴意义。各大宗教都以对生命的爱护,对自然的保护为教义。佛教认为"万物皆有灵",主张将大自然的一切看作是生命的存在,主张珍爱自然,重视自然物的价值,尊重自然,爱护自然,佛教还强调"因果",如果我们今天不爱护自然,将会对自己和子孙后代种下恶果。道教强调"道法自然",人与自然,只有相互协调,相互依赖,保持平衡,才能共生。

　　冀域古代优秀宗教文化的传承和发展,在利用宗教文化、发展宗教旅游,促进京津冀经济一体化的同时,首先要注重对于有历史有特色的宗教活动场所和宗教文化遗迹的重视、留存和保护;对冀域宗教文化资源本身和周边的基础设施和服务设施建设的保护和不断完善。其次通过宗教文化旅游的协调和可持续发展,诸如造林植绿、涵养水源等许多配套工作也同时跟进,对生态环境的保护和改善起到积极作用;对整个冀域地区的生态文明起到积极的促进作用,对于如何改善我们的生存环境,宗教所蕴含的"天人合一"的生态理念提供了很好的思路,利用宗教生态理念推动整个冀域的生态文明建设。

第八章 结论

2015 年 1 月全国政协主席俞正声在河北调研时强调,要深入贯彻落实党的十八大和十八届三中、四中全会精神,全面贯彻党的宗教工作基本方针,精心做好宗教工作,积极引导宗教与社会主义社会相适应,发挥好宗教界人士和信教群众在促进经济社会发展中的积极作用,为全面建成小康社会多作贡献。

2016 年全国宗教工作会议 4 月 22 日至 23 日在北京召开。中共中央总书记、国家主席、中央军委主席习近平出席会议并发表重要讲话。他强调,新形势下,我们要坚持和发展中国特色社会主义宗教理论,全面贯彻党的宗教工作基本方针,分析我国宗教工作形势,研究我国宗教工作面临的新情况新问题,全面提高宗教工作水平,更好组织和凝聚广大信教群众同全国人民一道,为实现"两个一百年"奋斗目标、实现中华民族伟大复兴的中国梦而奋斗。

走宗教文化与冀域社会主义相适应的道路我们要做到:第一,坚持马克思主义宗教观,马克思主义宗教观仍然是我们当下处理宗教问题的重要指导思想,是我们认识和处理宗教问题的世界观和方法论。马克思主义宗教观是历史唯物主义的宗教观,它教育人们要从社会生活之中寻找宗教的答案,学习宗教中合理因素,坚决抵制宗教中不合理因素。第二,加强党对宗教工作的领导,是做好宗教工作的根本保证。党对宗教工作的领导,主要是政治领导,掌握政治方向和重大方针政策。中央一再强调,各级党委和政府要把宗教工作纳入重要议事日程,定期研究分析宗教工作形势,认真检查宗教政策贯彻落实情况,及时研究解决重大问题,动员全党、各级政府和社会各方面进一步重视、关心和做好宗教工作。第三,要坚持宗教问题"四句方针"。处理宗教问题的四句方针即"全面贯彻党的宗教信仰自由政策、依法管理宗教事务、坚持独立自主自办原则、积极引导宗教与社会主义社会相适应"。第四,促进冀域社会和谐,要通过全面贯彻党的宗教工作基本方针,努力实现宗教与社会和谐相处,各宗教和谐相处,信教群众和不信教群众、信仰不同宗教群众和谐相处,为建设中国特色社会主义事业共同奋斗。

　　由于掌握的资料有限和笔者自身水平的限制,虽然笔者已经尽力的搜集资料,整合资料,寻找特点和现代启示,但难免出现知识的遗漏,希望通过自己的研究能为京津冀一体化协同发展和冀文化的研究,作出一点贡献,同时达到抛砖引玉的效果。冀域宗教文化博大精深、源远流长,还有许多值得关注和研究探索的地方,希望冀域宗教文化乃至冀文化,受到更多的学者关注,对其进行探索和研究。

参考文献

[1] 陈旭霞.京津冀都市圈文化软实力建设思考[J].济南大学学报(社会科学版).

[2] 辜鸿铭.中国人的精神[M].南京:译林出版社,2012 年 8 月.

[3] 聂振斌.中国美育思想述要.

[4] 中国哲学简史.北京:北京大学出版社,2012 年 12 月。[M].广州:暨南大学出版社,1996:346 — 347.

[5] 1956 宗教信仰与现代中国文化.

[6] 陈来.《古代宗教与伦理——儒家思想的根源》(三联书店,1996)牟钟鉴.

[7] 吕大吉.中国宗教与中国文化[M].北京:中国社会科学出版社,2005.3.1.

[8] 宗教学通论新编[M].北京:中国社会科学出版社,2010,9.1.

[9] 彭无情.宗教文化及其特征与功能[J].丝绸之路.2009(1):147.

[10] 加强宗教问题的研究[M].毛泽东文集,第八卷.北京:九州出版社,2012:879.

[11] 赵朴初.北京宗教历史文化资源的价值与开发前景[J].领导之友,2010(6):4—10.

[12] 方立天.中国佛教与传统文化[M].上海:上海人民出版社,1988,1.

[13] 彭无情.宗教文化及其特征与功能[J].丝绸之路.2009(1):147.

[14] 牟钟鉴.宗教文化论[M].北京:宗教文化出版社,2003.

[15] 佟洵.北京宗教文化研究[M].北京:宗教文化出版社,2007,01.

[16] 李新建,濮文起.天津宗教史[M].天津:天津人民出版社,2013,5.

[17] 河北省政协文史资料委员会.河北文史集萃[M].河北人民出版社,1991.

[18] 袁仕萍.20 世纪 80 年代以来释道安研究综述[J].襄樊学院学报,2008(04).

[19] 习一五.近代北京寺庙的类型结构解析[J].北京期刊,1994(03).

[20] 郭君铭.河北宗教历史文化资源的价值与开发前景[J].领导之友,2010(6):4—10.

[20] 贺彦凤.当代中国宗教问题的文化研究[D].东北师范大学,2007.

[20] 龚学增.中国宗教问题和中国共产党[J].世界宗教研究,2001(02).

[20] 叶小文.当前我国的宗教问题——关于宗教五性的再探讨[J].世界宗教文化,1997(01).

［21］吕大吉、袭学增.马克思主义宗教观与当代中国宗教卷［M］.北京：民族出版社.2008 年版.

［21］袭学增.试论中国特色社会主义宗教理论体系［J］.西南民族大学学报，2008(11)：207.

［22］何虎生.中国特色社会主义宗教理论重大问题研究［J］.中国特色社会主义研究，2010.5.

［23］孙春兰.深入学习贯彻习近平总书记重要讲话精神扎实做好新形势下宗教工作［J］.民族论坛，2106.08：384.

［24］麦克斯·缪勒.宗教学导论［M］.上海：上海人民出版社，2010(03).

［25］马克思恩格斯选集.第 3 卷［M］.北京：人民出版社，2012：354.

［26］保罗·蒂利希.文化神学［M］.北京：工人出版社，1988(8).

［27］Fiona Bowie, *Anthropology of Religion*, Oxford：Blackwell Publishing Ltd.，2000，p. 23.

［28］Edward Cell, *Religion and Contemporary Western Culture*, Nashville：Abingdon Press，1967.

［29］董小川.儒家文化与美国基督教文化［M］.北京：商务印书馆，1999.

［30］［美］克里斯蒂安·乔告姆.中国的宗教精神［M］.北京：中国华侨出版公司，1991.

［31］［英］罗素.中国问题［M］.北京：学林出版社，1996.

［31］Derk bodde.中国文化形成中的主管导念［J］.理论导刊，2008(7)：124—126.

［32］孔汉斯.中国宗教与基督教［M］.北京：生活·读书·新知三联书店，1997.

［32］［英］艾伦巴纳德.人类学历史与理论［M］，王建民等译.北京：华夏出版社，2008：58—59.

［32］尚书·禹贡(第四卷)［M］.北京：九州出版社，2012：879.

［33］河北概况，河北省政府门户网站，2015,03,29.

［34］贾建梅、杨国玉、王紫璇.冀域演变及京津冀文化圈考略［J］.河北工业大学学报(社会科学版)，2014,6(30).

［35］爱德华·泰勒.原始文化［M］.英文版，1987(01)：4.

［36］麦克斯·缪勒.宗教学导论［M］.上海：上海人民出版社，2010(03).

［37］中国社会科学语言研究所.现代汉语词典［M］.北京：商务印书馆，

2005：1812.

[38] 马克思恩格斯文集[M].第 1 卷,第 2 页.

[38] 恩格斯.反杜林论,马克思恩格斯选集,第 2 卷[M].北京：人民出版社,1972.

[39] 马克思恩格斯选集,第 1 卷[M].北京：人民出版社,1972.1.

[39] 张春风.宗教与社会[M].上海：上海科学普及出版社,2004,53.

[40] 彭无情.宗教文化及其特征与功能[J].丝绸之路.2009(1)：147.

[40] 吕大吉.宗教学通论新编[M].北京：中国社会科学出版社,1998.79.

[41] 侯杰、范丽珠.世俗与神圣：中国民众的宗教意识[M].天津：天津人民出版社,2001：140150,85.

[41] 路德维希·费尔巴哈.费尔巴哈哲学著作选集(下卷)[M].荣振华等译.北京：商务印书馆,1984.222.

[41] 爱弥尔·涂尔干.宗教生活的基本形式[M].渠东等译.上海：上海人民出版社,1999.42—43.

[42] 张立勋、富丽、罗志发.北京的宗教[M].天津：天津古籍出版社,1995：163.

[43] 冉玉.元代雕塑奇人刘元及其雕塑艺术研究[J].兰台世界,2014(9)：135—136.

[44] 佟洵.北京宗教文化研究[M].北京：宗教文化出版社,2007;45.

[45] 梁启超.佛教教理与中国之发展(见氏著.佛学研究十八篇转引)[M].上海：上海古籍出版社,2011(12).

[46] 张彦远.历代名画记[M].北京：人民美术出版社,1963(05).

[47] 罗文华.消逝的天津风景[M].福州：福建美术出版社,2006(1)：12.

[48] 金梁.雍和宫志略[M].北京：中国藏学出版社,1994(01).

[49] 梁漱溟.中国文化要义[M].南京：学林出版社,1987：69.

[50] 范丽珠.世俗与神圣：中国民众的宗教意识[M].天津：天津人民出版社,2001：140—150,85.

[51] 劳允兴、于守和.北京文化综览[M].北京：北京师范学院出版社,1990.

[52] 后汉书.皇甫嵩传[M].北京：中华书局,1982;33.

[53] 莫振良、濮文起.天津宗教的历史与现状史[J].世界宗教研究,2004(2)：99—101.34.

[54] 贺彦风.中国宗教文化的特征及其生成原因[M].长春:吉林大学出版社,

2008：43.

[55] 佟洵.略论北京宗教文化的五大特征[J].北京联合大学学报：人文社会科学版,2006(3)：29—32.

[56] 陈其南.文化的轨迹[M].沈阳：春风文艺出版社,1987：171.

[57] 费孝通.美国与美国人[M].北京：生活·读书·新知三联书店,1985：110.

[58] 濮文起、莫振良.天津的历史与现状[J]世界的宗教研究,2004(02).

[59] 中国宗教基本场所信息,http：//www.sara.gov.cn/csjbxx/.

[60] 中国民族宗教网.http：//www.zgmzyx.com/html/report/105475-1.htm.

[61] 周立群、夏良科.区域经济一体化的测度与比较：来自京津冀、长三角和珠三角的证据[J].江海学刊,2010(4)：81—87.

[62] 王作安.中国的宗教问题和宗教政策[M].北京：宗教文化出版社,2002：327.

[63] 沈德昌.宗教文化旅游的开发利用研究[J].人民论坛,2011(04)：15.

[64] 陈秀红.信仰马克思主义是历史的选择[J].倍阳师范学院学报(哲学社会科学版),2001(05)：10.

[65] 彼得格尔.神圣的帷幕：宗教社会学原理之要素[M].上海：上海人民出版社,1991：33.

[66] 尚景友.从构建和谐社会的奴度积极引导宗教与社会主义社会相适[J].法制与社会,2007(01)：462—463.

第四编　宏观协调综合治水，
协同发展保护利用
——冀域津门古代水文化

第一章 为什么研究海河水文化

1.1 海河水文化研究的意义

1.1.1 京津冀协同发展的需要

京津冀协同发展是一个复杂的系统工程,有经济、政治、社会、生态等多方面的协同发展内容,有很多矛盾和问题需要解决和处理。其中,环境和水资源问题是协同发展的条件,海河水文化研究是思考水资源保护、利用和发展,促进一体化的文化基础。

海河流域西、北起自太行山脉、燕山山脉和坝上高原,东至渤海之滨,形成一具相对独立的流域单元——海河。海河流域构成了京津冀 90% 以上的面积,多年来,流域内平均水资源仅 370 亿 m^3,承载了整个国家 10% 的粮食、人口以及 GDP。[1]50 年来,海河总人口增加 1 倍,灌溉面积增加 6 倍,总用水量增加了 4 倍。把京津冀协同发展落到实处,必须科学处理海河流域的环境和问题。

海河流域水资源开发利用的历史和现实有哪些经验和教训?京津冀一体化应如何处理千百年来形成的海河流域经济政治和文化关系?三地协同发展中水文化在文化融合中有何作用?京津冀协同发展需要研究水文化。思考和解释这些问题,是选题研究海河水文化的目的所在。

1.1.2　研究海河水文化的意义

（1）研究海河水文化的理论意义。海河资源、海河环境、海河治理是海河流域的重要社会存在,并且已经内化为海河流域人民的文化现象,其精神财富对于形成京津冀的文化共识,促进京津冀协同发展都具有重要意义。

学术界目前关于海河的研究成果主要集中于开发保护利用海河水资源、治理改善海河水环境,以及海河的经济作用等方面,研究成果缺乏将自然科学与人文科学连接在一起的学科交叉研究。

从文化层面对海河的起源和发展、问题和治理、经济政治和文化多方面的贡献,对于深刻认识海河流域的经济政治和社会发展,对于深入认识环境和社会经济和政治的关系,对于丰富文化的外延和内涵,对于挖掘京津冀协同发展的文化资源,促进京津冀文化融合与创新都有重要的理论意义。

另外,海河文化的研究对于加强多学科之间的联系和融合,使海河研究的方法得到创新,有利于海河研究成果的进一步补充和完善。

（2）研究海河水文化的现实意义。从现实角度看,现在海河的开发利用中仍然存在很多问题,如水资源的浪费、过度使用、水污染严重等,这与人们在开发利用海河中只注重海河的经济价值,忽视了海河水文化的重要性密不可分。

为了促进经济发展、文化繁荣,同时提高全社会的水意识,我们需要开展水文化研究、加强水文化建设。为此,我们应该将水作为起点,注重现实,将水文化渗透到各个层面。对海河水文化及当代价值进行研究,一方面有利于人们对海河水文化深入了解,加深人们对海河的认知和热爱;另一方面可以在此基础上进一步地了解海河水文化给人们生活带来的积极意义,有助于加强人们对海河水文化的传承与保护。

1.2 海河水文化研究的现状

1.2.1 国内海河水文化研究现状

（1）关于水文化的研究。1988 年,国内水文化开始进入研究阶段,多年来,关于水文化的研究大致被划分为三个阶段。

1988 年至 1993 年为第一阶段,是研究的初步探索时期。1988年,专家在一次讲话中明确了研究水文化的重要性,并判断出水文化研究在水利宣传工作中占据重要的一席之地。这是“水文化”这个概念第一次在国内提出。

1993 年至 1998 年为第二阶段,这是国内水文化研究的发展时期。1993 年,水文化研究会成立,它的出现鼓励了水文化研究者拓展思维、深入研究,更加认识了水文化研究的重要性,并相继创办了杂志,出版了《水文化论文集》《水文化》等系列书籍、举办了全国水利艺术节。

1998 年至今为第三阶段,这是国内水文化研究的繁荣时期,在此期间,关于水文化的研究成果层出不穷、大放异彩。第一类是水文化研究的相关著作,如李宗新的《中华水文化概论》《漫谈水文化》,靳怀堾的《中华文化与水》,张盛文的《生态文明视野下的水文化研究》等;第二类是与水文化研究相关的刊物,如中国水利文协和松辽委联合创办的《水文化》《华北水利水电学院学报》(社科版)、《江苏水利》等;第三类是大量学术论文,如周小华的《水文化研究的现代视野》,李宗新的《试论治水新思路与中国水文化的创新》《浅议中国水文化的主要特性》《再探中华水文化》《简述水文化的界定》等;最后一类是水文化研究的相关文集,如水利部的《水文化论文集》,李宗新、闫彦的《中华水文化文集》等。[2]

（2）关于海河的研究。由于本章的研究重点针对天津地区，所以以下面内容为主要参考对象：

海河地区天津段的水利志、地方史志以及一些古籍文献、现代文献记载的与海河相关的资料。例如天津社会科学院历史研究所编写组编著的《天津简史》；当代中国丛书编辑委员会编著的《当代中国的天津》；海河水利委员会组织编纂的《海河志》；天津市水利局水利志编纂委员会编著的《天津水利志·海河干流志》；天津市历史学学会艺术史专业委员会编纂的《海河与津沽文化》；天津市地方志编修委员会办公室编著的《天津文化通览》系列丛书等等。

关于海河治水管水、水利工程、桥梁建设、建筑景观、风俗信仰、民间艺术等方面的学术论文。相关研究成果主要有：梁浩、张芳燕《天津海河景观文化保护与开发研究》；罗澍伟《浅析海河与天津历史文化的关系》；吕少英、慕春暖《海河桥建设发展的历史轨迹和文化寻绎》；张学礼、杨博《根治海河工程的历史经验与现实价值》；杨学新、刘洪升《周恩来与建国初期海河水利建设》；任宪韶《大力推进流域水利法治建设，为海河水利改革发展保驾护航》；滕明堂《天津四大民间艺术形式的梳理与特征分析》；刘鹤丹《天津妈祖信仰和文化遗产保护研究》等等。

1.2.2　国外海河水文化研究现状

（1）关于水文化的研究。现实中，水文化可以追溯到古埃及人开发利用尼罗河、用水力和水利工程提高工作效率、开挖运河来密切贸易往来和促进经济发展等。

1999 年，国际水历史学会正式成立，它的成立促使人类对于水有了更多的理解和关注。2000 年起，联合国教科文组织针对水与文化多样性问题展开了多次讨论，并于 2007 年设立了相关项目，提出了相关理念。2005 年，"水文化与水环境保护"国际会议召开，来自十多个国家的专家学者分别带来了关于水文化及水环境领域的研究成果。2006 年,国内外一些学者重新定义了水文化含义。2009 年 10月,"水与文化多样性国际研讨会"召开,大会致力于将水与文化多样性问题纳入政府间的正式对话,并筹备成立国际水与文化多样性学会。[3]

　　(2) 关于中国海河水文化的研究。国外学者对于海河的研究资料和成果很少,主要是对海河和海河流域的历史人名、建筑、民俗等进行简单的介绍和描述,没有深入研究,尚未发现外国学者专门研究海河水文化的成果。

第二章　津门人民生命之源——海河

海河水系是海河流域的主要水系,海河干流是海河水系的主要流段。海河流域面积广阔,包括多个省市;海河水系由五条支流和海河干流组成,支流于天津汇合、流经天津城区进入渤海。海河是海河流域城乡特别是天津的生命之源,她哺育了一代代生活在流域里的人民,为他们带来了幸福富足的生活。

2.1　海河与海河流域概观

2.1.1　海河和海河流域

海河,是我国七大江河之一,它由北运河、永定河、大清河、子牙河、南运河五大水系组成,多数支流发源于太行山,少数发源于燕山,它们分别穿过华北平原后,汇聚天津,注入渤海,像一把巨扇铺在华北的大地上。

海河流域,地处中国的东部,地理坐标在东经 111 度至 119 度、北纬 35 度至 42 度,流域跨越了北京市,天津市,河北省大部分地区,山西省东部、东北部,河南省北部,山东省北部,辽宁省小部分区域和内蒙古自治区。海河流域西部与黄土高原接壤,北部与内蒙古草原及东北山丘平原相连,南界黄河,东临渤海。总面积 31.79 万平方公里,占据全国总面积的 3.3%。人口 1.2 亿,耕地 1.66 亿亩。区内有纵横交错的京广、津沪、京山、京九等铁路大动脉,有华北、大港等油田,华北平原也是全国重要的粮棉生产基地。海河流域的地形呈西北高,东南低。如图 2.1 所示。

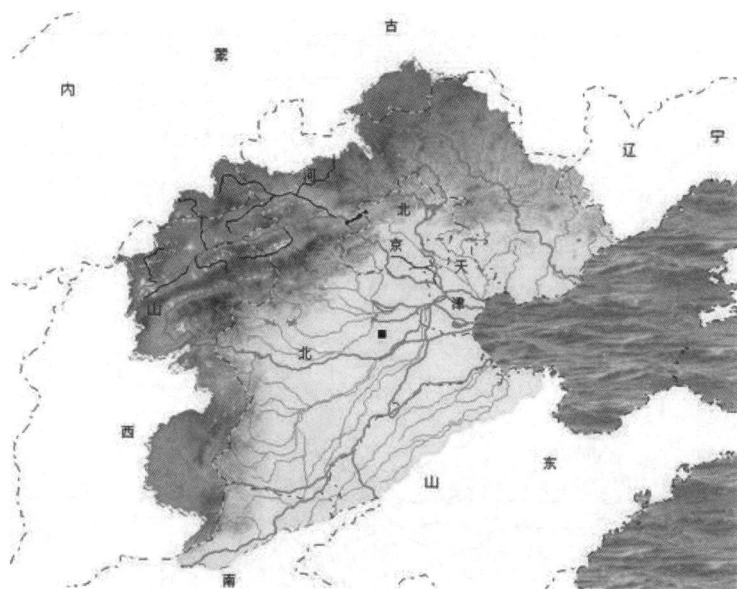

图 2.1　海河流域地图

海河流域面积地貌。海河流域大致分为高原、山地和平原三种地貌,其中大同—阳高—张家口—崇礼—四岔口—御道口一线以北为高原区,海拔均在 1000 米以上;高原区以南,东西向 50 米等高线以北及南北向 100 米等高线以西为山区,山区东北部分布着燕山山脉,西部为太行山山脉;流域东南部是辽阔的海河平原,海拔均在 100 米以下。[4]高原和山区面积共占流域总面积的百分之六十,平原面积占百分之四十。

2.1.2　海河流域水系分布

滦河、海河、徒骇—马颊河三大水系构成海河流域,三者之中,海河水系是主要水系,由大清河、北运河、永定河、子牙河、漳卫南运河五条河流组成;滦河水系包括滦河及冀东沿海诸河;徒骇—马颊河水系包括徒骇河和马颊河。如图2.2所示:

图 2.2　海河流域水系分布图

海河流域多年平均降水量为 400—650 毫米,80％集中在 6—9月份,丰枯变化十分悬殊,枯水时有些地区饮水十分困难,丰水时又泛滥成灾。

2.1.3　新中国的海河治理

新中国成立后,揭开了海河治理的新篇章。首先是针对旧中国留下来的残缺不全的水利设施进行全面恢复,在物质条件十分艰苦的条件下党中央、国务院英明决策,修建了新中国第一座大型水库——官厅水库。毛泽东、周恩来、刘少奇等党和国家的高层领导还到十三陵水库工地参加劳动,极大地鼓舞了广大干部群众。1958 年以后,海河进入全面治理,在各个支流上兴建了 1800 多座各种类型的水库,使山区面积 83％的洪水得到了控制。如图 2.3 所示。

1963 年 8 月,海河南系发生特大洪水。同年 11 月,毛主席号召"一定要根治海河",于是,在已建成的水库工程的基础上,海河人民又新开挖了漳卫新河、独流减河、滏阳新河、子牙新河、永定新河等新的入海河道,改变了历史上各河汇集天津后集中入海的局面,并在海河流域的中游地区设计开辟了 32 处滞洪区。这样,初步形成了"上蓄、中疏、下排、适当滞洪"的防洪体系。水利工程在抗洪中发挥了重要作用,1996 年 8 月海河发生大水,由于水利工程的拦蓄作用减少经济损失约 1000 亿元。

党和国家十分重视把海河的水害变为水利,在解决洪水出路的同时,充分开发水资源,使其为人类服务。先后建成万亩以上的灌区488 处,打机井 120 万眼,近亿亩耕地得到了有效灌溉,相当于新中国建立前的 5 倍多,粮食产量从新中国成立前的 95 亿公斤跃升到 1994年底的 491 亿公斤。另外,水能资源的开发利用也取得了令人瞩目的成绩,大些的电站有潘家口、岳城、官厅;小水电站星罗棋布,全流域拥有 500 千瓦以上的小水电站 200 多座,装机总容量达 105 万千

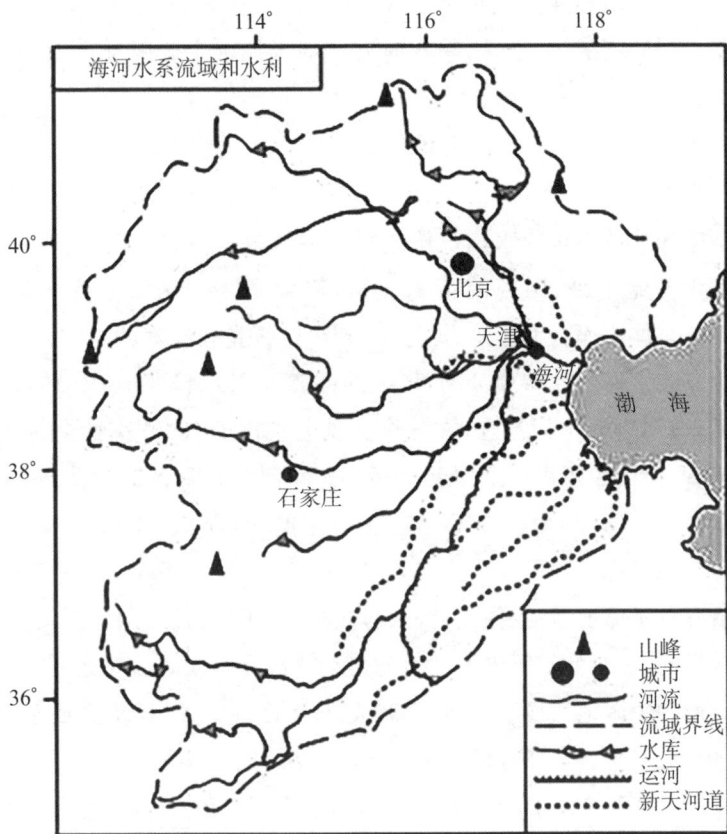

图 2.3　新中国海河流域水利工程

瓦。此外,还修建了岗南、潘家口、十三陵等抽水蓄能电站,为华北电网调峰、削峰提供了保证。

2.2　海河水系的历史变迁

2.2.1　海河水系前形态

海河水系形成之前,海河平原河道的变迁大致分为三个时期。

（1）史前时期。公元前 20000—前 7500 年,海河平原的漳河、滹沱河、永定河、滦河等河流基本形成,有的可能在陆地上已经合流,但多数分流至现在大连与蓬莱间的长山列岛处,然后合流至朝鲜半岛以南入海。公元前 7500—前 3000 年的全新世中期,经过大量资料和数据的分析得知,海河平原除去山前洪积—冲积扇以外,其余大部分地区为地下水位较高的低洼地区,河网密布,支流众多。据专家对全新世中期海河平原古水系进行研究考证,一些人认为当时黄河已经介入海河平原,但也有人认为当时黄河流经淮河一带,因此,在商周以前全新世中期,黄河有没有介入海河平原这一问题仍需要进行研究。

（2）商周时期。商周时期,黄河流经海河平原,现在海河水系中的大清河水系及其以南的各水系都曾流入黄河,属于黄河水系;以北的永定河水系和潮白河水系分流入海。

（3）战国至西汉时期。商周末期至西汉中期,黄河迁徙又改变了海河平原水系。公元前 602 年,黄河改道,经现在河南浚县、濮阳、清丰、南乐,河北大名、馆陶,山东冠县、高唐、德州等县市境,德州以下复入河北,经吴桥、东光、南皮、沧县东入渤海。从此,海河平原水系逐步由众流归一的局面变成分流入海的局面。汉武帝元封二年,海河平原水系最终形成分流入海的局面。

2.2.2　海河水系的形成

（1）水系形成过程。海河水系主要形成原因有三个：一是地势原因,海河流域内西、北、南三面地势高,东部地势低,使诸水顺势向东流;二是黄河北迁;三是人为因素。以上三点虽然都为海河水系形成提供了条件,但人为因素是其中最重要的原因。

《三国志》《魏书·武帝记》中记载：东汉建安九年（204）,正值黄河二次北迁结束 193 年后,曹操北征袁绍,"遏淇水入白沟,以通粮道",开凿了白沟渠,主要是为了截淇水(现今淇河)不再入黄河,并从淇水口开渠,引淇水向东北流入白沟,由于获得丰富的水量,提高了白沟通航的能力,曹操北征的船舶循白沟进入洹水(现今安阳河),进逼邺城(现今河北临漳),保证了军运。袁绍溃败后投奔乌桓,曹操为了斩草除根,攻下邺城后两年又北征乌桓。从东汉建安十一年(206)起,又先后开凿了平虏渠、泉州渠及新河。

　　白沟渠、平虏渠、泉州渠、新河的开凿以及各水道沟通使华北平原上自成体系、单独入海的沽水(下游即现今北运河)、滹沱水(现今滹沱河)、治水(下游即现今永定河)、泒水(尾即现今海河)以及清河(现今南运河)相互连通,并合流于现在的天津入海,初次形成海河水系。东汉末年到北魏初,清河与沽水已经在泉州县境内相会(相当于现今天津市三岔河口一带),东流至军粮城(当时的渤海西海岸)入渤海。这三岔河口至军粮城一段,就相当于海河干流在那时形成的部分。

　　海河水系形成初期,各河系靠人工运渠导致联系很不稳定,约公元470年,南北水道的联系已经中断。据《水经注》中记载的情况,当时清河、沽河等河流已不再汇流入海,由此可见海河水系又呈现了解体状态。而海河水系的初始形成阶段存在了约200年。

　　海河水系初步形成解体后,大约经过100多年,隋大业年间,海河水系再一次形成,这次形成的主要原因是大运河的沟通。《隋书·炀帝记》中记载:隋大业四年(608),炀帝召集河北百余万男女共同开凿永济渠。大业六年,又开凿南运河,总长约2500公里,至此,沟通长江、淮河、黄河、海河四大水系的南北大运河形成了。永济渠由沁水下游向东北开渠,由淇县境利用三国时的白沟北达楚旺,再向北入漳河,由西南、东北向贯通海河平原,并汇入多条河流,与潞水汇合,转入涿郡。永济渠全长1000公里,在军粮城附近入海。至此,海河水系再次形成。

以上格局由隋唐一直维持到北宋初期,经过400余年。北宋时期近50年间,黄河多次决口北迁,夺海河入海,使得海河流域大部分地区成为黄河下游。直至南宋建炎二年(1128)黄河南徙后,由于地形改变、河道变化等原因,才最终形成了大清河、漳卫南运河、子牙河、永定河、北运河逐步汇于天津,由海河干流统一入海的格局。[5]

(2)水系名称演变。北宋时期,海河是宋辽分界河流的一部分,所以被称为界河。元代,海河入海口常被称为直沽海口,所以海河在金、元时有直沽河的名称。

"海河"的名称见于史籍较晚,徐光启在明万历四十一年首先提到"海河"的名字,但不通用,直到康熙中叶后,陈仪在《直隶河渠志》中用到这个名字,从这以后,界河、直沽河等名字逐渐被"海河"所替代,至今约二百余年。

2.2.3 海河水系的素描

(1)海河水系概观。海河水系是海河流域的一条主要水系,位于滦河水系西南及黄河以东、以北,由多条支流及海河干流组成。水系以漳河为源头,至海河防潮闸全长共1031公里,流域面积约26万平方公里。

(2)海河水系支流。蓟运河,古称庚水、沟水,位于滦河以西,潮白河以东,河流全长316公里,流域面积约1万平方公里;潮白河,古称沽水、鲍丘水,位于蓟运河以西,北运河以东,由潮河、白河组成,河流全长467公里,流域面积约2万平方公里;北运河古称沽水,界于永定河和潮白河之间,是京杭大运河北段的一段,河流全长238公里,流域面积6千平方公里;永定河古称治水,东邻潮白、北运河,西接黄河流域,南界大清河,北为内陆河,河流全长747公里,流域面积约5万平方公里;大清河位于永定河以南、子牙河以北,处于海河水系中部,跨山西、河北、北京、天津四省市,流域面积约 4 万平方公里;子牙河又名沿河、盐河,在大清河、漳卫南运河之间,全长 769 公里,流域面积约 5 万平方公里;漳卫南运河,是漳河、卫河、卫运河、漳卫新河和南运河的统称,位于子牙河以南和黄河、徒骇马颊河以北,是海河水系中最长的河流,流经山西、河北、河南、山东、天津五省市,河流全长 959 公里,流域面积约 4 万平方公里。

（3）海河水系干流。海河干流地处"九河"下梢天津市,它横贯天津市区,西起子牙河与北运河汇流口,东流至海河防潮闸,全长 73 公里。海河干流原为自然潮汐河道,1953 年前是南运河、子牙河、大清河、北运河和永定新河的入海尾闾,并承泄天津市区沥水;1958 年入海口建防潮闸后,干流成为泄洪、排涝、蓄洪、航运和改善城市环境的多功能河道。

海河干流的范围北边以永定河右堤为界;西边自屈家店闸起,沿永清渠至西河闸;南边自西河闸起,东经杨柳青镇、李七庄,再沿卫津河、赤龙河、东排干向南至万家码头沿独流减河左堤至工农兵闸;东边自工农兵闸起,沿海岸线经海河防潮闸至北塘永定新河右堤,总面积约两千平方公里。

2.3　水文化与海河水文化

2.3.1　文化及水文化概念

"文化"一词有广义、狭义两个概念,"广义的文化是指人类在社会历史发展过程中创造的物质财富和精神财富的总和,狭义的文化特指精神财富"[6]。水文化是文化重要组成部分之一,它是关于水与人、水与自然、水与社会的文化,是人们将水作为主体创造出来的文化,是人们在进行和水相关的生产、生活中形成的以水为载体的各种物质、精神、制度与行为的总和。

据此,我们为"水文化"作如下解释:广义的水文化是指人类在水事活动过程中创造的物质、精神财富的总和,狭义的水文化指的是观念形态的水文化。水文化的内涵可以分为三个方面:一是物态水文化,是人们在生产活动中创造的全部物质成果及方法手段等;二是制度水文化,是人们为了对一定关系进行治理、规划、管理而制定出的成果措施等;三是精神水文化,是根据观念、思想表现出的文化。

2.3.2 海河水文化的内涵

根据上述对水文化的概念及内涵作出的解释,再结合海河的实际情况,我们可以作如下概括:海河物态水文化主要通过海河上的水利工程、桥梁建设以及周边的建筑景观等来体现;海河制度水文化中,主要通过与海河密切相关的治水行为、法律制度、管理制度等来体现;海河精神水文化主要通过海河地区的民风习俗、民间信仰以及孕育的民间艺术等来体现。

透过物质、精神和制度三个维度分析海河水文化,发现千百年来人民群众治水、管水、用水过程中的天人关系,经历了"自在——自为——自由"的变迁趋势。远古时代洪水泛滥,人类处在自在阶段;大禹治水到新中国治理海河,说明人类进入自为阶段;今后不仅要"根治海河"还要建设海河、利用海河为人类造福,不断向着自由的方向发展。这正是马克思主义的唯物辩证天人观。马克思主义认为,从发生学角度看自然界是第一性的,人类是自然界派生出来的。人产生后就成为自然界的主体,自然界是人类活动的客体,人通过发挥主观能动性可以认识自然规律,利用并改造自然,使之为人类服务。人类与自然的关系是由"必然"向"自由"进化的过程,人对自然并不是盲目的改造与征服,人应该尊重自然,保护自然,学会与自然和谐相处,让自然为人类服务。

总结天人关系的发展规律,不仅能够指导今后的海河治理,而且对于正确处理人和自然、人和社会的关系都有普遍的借鉴意义。

2.3.3　海河水文化的结构

海河物质水文化、海河制度水文化和海河精神水文化是相辅相成的关系，它们是有机统一的整体，相互依存，不可分割。其中，精神水文化是灵魂，制度水文化是保障，物质水文化是载体。

精神水文化支配着制度水文化和物质水文化的实施，民间习俗和信仰的存在是水利工程、桥梁、建筑景观以及各种制度产生的精神指导；制度水文化保证了物质水文化和精神水文化的产生和进行，治理管理制度的制定实施是水利工程、桥梁、建筑景观及人民行为的制度保障；物质水文化是精神水文化和制度水文化的具体体现。水利工程、桥梁及建筑景观是海河水文化的物质表现，它们是河流治理管理制度和民间信仰、习俗的物质载体。

第三章　因地制宜工程利民——物态水文化

物态水文化指的是以物质为载体的水文化,它是水文化在物质上的表现形式。海河物态水文化主要通过海河上的水利工程、桥梁建设以及海河周边的建筑景观来体现。由于水利工程无法进行小面积研究,所以本章内容将对整个海河水系的水利工程进行概述,而桥梁建设和建筑景观本章则着重对天津地区进行系统研究。

3.1　海河的重大水利工程

3.1.1　海河水利工程概览

(1)水利工程修建原因。"历史上任何一项水利工程都是当时一定政治、经济和社会发展的产物,都在一定程度上满足了当时生产发展和人们生活的需求,也体现了工程组织者和参加者的知识、观念、思想、智慧,这些著名的水利工程往往成为水文化的重要载体"[7]。

海河水系流经多个省市,直通渤海,它不仅是连接城市和城市之间、城市和海洋之间的交通要道,更是城市人民生活的保障,所以,保证河流航道水量充足、减少河流灾害,保障河流畅通无阻是十分必要的。为此,海河水系兴修了众多水利工程设施。

(2)新中国成立前水利工程概览。春秋至东汉时期,现今的海河水系为了抵御洪水修建了多道堤防。东魏时期,为了防止河水泛滥,高隆之修建了漳水长堤。隋唐大运河开通后至明清时期,为了分泄洪水、确保漕运,历代人民均在运河沿线开挖了大量减河。民国时期,社会动荡不定,水利工程有所减少,仅修建了个别重点工程。大运河纵贯南北,阻挡了海河水系各条河流的入海通道,所以,各条河流从各个方向在天津汇流,经由海河干流流入渤海。这个原因加大了海河下游的洪水压力,使得天津城市遭受严重危害。

(3)新中国成立后水利工程建设。新中国成立后,海河流域水灾频发,最终导致毛主席发出"一定要根治海河"的号召。在党和政府的领导下、在正确方针的指导下,海河流域人民在各河上游增修和加固大中小型水库,开展水土保持工作;在中游疏通河道,增固堤防,兴建闸涵和枢纽建筑,修建蓄洪区工程,采取洪沥分流措施;在下游开辟各河单独入海尾闾。经过多年的努力,海河流域最终形成了各河协作、洪水分流入海的防洪工程体系。

3.1.2 海河水利工程建设

海河水系修建的水利工程主要包括河道治理工程、河道枢纽工程和水库工程。由于水系中修建的大中小工程众多,且海河干流作为本章的重要研究对象,所以在此我们仅挑选与海河干流关系密切或对水系影响重大的重点工程进行分析研究。

(1)河道治理工程。海河干流自形成后,为了维持航运、减少洪水灾害、保证人民生活而进行了一系列河道治理工程。

金泰和四年(1204),重开新河,永济渠北段东移后直趋三岔口,导致漕渠通航经由三岔口通向北运河,促使天津地区成为河海要塞及漕运枢纽。元代开始,除了对运河继续整治以维持漕运畅通外,还在海河干流开辟了航运航线,使得海河干流成为连接河海运输的要道。从元初实行海运至清末天津开埠(1860)初,除为了减轻三岔口地方的洪水威胁而继续在天津外围南北运河上开挖减河分泄洪水外,针对防洪问题还提出了新要求。在保护航道和保护天津的双重要求下,原有的外围减河已经不再需要。为了更有效控制洪水危害,明清起在天津附近特别是三岔河口地段先后开挖过多处引河(减河)。其中北郊南仓附近的主要是为了宣泄北运河洪水,三岔河口附近的是用来排除永定河、大清河、子牙河的洪水。为了减轻泥沙对海河的淤塞,明清以来还进行了滞洪放淤,用以维持干流航道通畅及洪水宣泄。同时,清代还在海河沿岸修建了方便交通并用作堤防的海河叠道。

天津开埠以后,西方列强入侵,海河干流航运的作用日益显著,由于河道弯曲、上游带来的泥沙沉积,导致干流航道淤塞,海轮不能于码头停泊靠岸,因此,围绕海河干流河道的治理又先后进行了开挖新开河、截弯取直、疏浚、放淤等工程。

(2)河道枢纽工程。海河干流的枢纽工程主要包括耳闸枢纽和海河闸枢纽:

耳闸枢纽,1921年建成,位于新开河入口处,由拦河节制闸和船闸组成,主要功能是在汛期分洪,平时用于挡水、通航,枢纽的修建为天津市的防洪、通航和防止潮水上溯起到了至关重要的作用。

海河闸枢纽,1958年建成,位于天津市塘沽区天津新港右侧,枢纽主体工程由海河防潮闸(简称海河闸)、渔船闸和拦河堵坝组成,枢纽功能是泄洪、挡潮、蓄水、方便渔船进出海河干流。海河闸枢纽工程的修建是为了改善天津的供水情况和改造海河、实现海河的"咸淡分家""清浊分流"。如图3.1所示。

图 3.1　海河防潮闸

（3）水库工程。官厅水库：是根治永定河的重点工程。永定河是海河北系的最大河流，同时也是水系中受灾程度严重、治理困难的一条河系。永定河的地理位置导致如果该河发生洪水，会严重威胁到首都北京的安全。于是，为了减少永定河发生洪水灾害、保证北京人民的生活安全、稳定工农业生产的水源，官厅水库被批准修建。该水库位于北京市西北 80 公里处，1951 年开工，1954 年竣工，主要建筑物包括主坝、溢洪道、输水道和发电引水洞，总库容 22.7 亿立方米，具有防洪、供水、灌溉、发电等功能。如图 3.2 所示。

密云水库：位于北京市密云县城北的山区，横跨在潮河、白河主河道上，距离首都约 100 公里，是海河流域最大的水库。1958 年，为了解决京津地区供水不足，密云水库被批准修建，该水库是我国自己设计、规划、修建的水库。水库于 1958 年开工、1960 年竣工，主要建筑物包括主副坝、溢洪道、输水洞、泄空洞和电站，总库容 43.75 亿立方米，具有防洪、供水、灌溉、发电等功能。如图 3.3 所示。

图 3.2　官厅水库

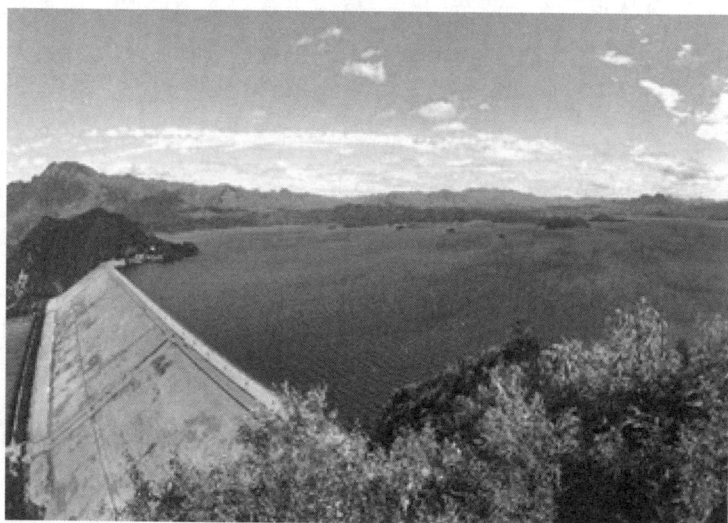

图 3.3　密云水库

于桥水库：天津市民生活、生产用水的水源地，同时也是引滦入津工程的调蓄水库。水库位于天津市北部蓟县城东 4 公里处，于 1959 年动工、1960 年竣工，主要建筑物包括拦河坝、泄洪洞、溢洪道和电站，总库容为 15.59 亿立方米。该水库是一个以防洪为主，兼顾城市工业和生活用水、灌溉、发电等综合功能的大型水利工程。

3.1.3　海河水利工程的文化价值

（1）战胜水患创新发展。新中国成立后，海河流域的水利工程数量明显增加，更重要的是，水利工程在技术上有了一定的创新。近现代是一个以工业生产为主的时期，人类在防治水灾害、改造水环境、调配水资源、修建水利工程上不再像以前一样单一、简单，随着科学技术的进步、国外先进水利工程技术的引进以及社会的发展，我们的水利工程建设能力远远超过了历史水平，不只局限于建堤坝、开凿沟渠，海河上众多的水库工程及调水工程的建设是人类战胜水患的象征，充分体现了人类调节、开发、控制水资源能力的提升和水利工程在技术上的更新，这对海河流域水利工程的整体发展具有强大的推动作用。

海河流域的水利工程一定程度上会保护周边环境，恢复生态环境。现在的水利工程主要功能为发电，这在一定程度上缓解了海河流域地区的能源紧缺情况，且对环境无损害、零污染，对环境产生负面影响的几率很小，从而可以减轻污染物的排放，更好地保护环境。在污染物排放得到控制的基础上，温室效应以及酸雨等环境问题也会得到更好的改善。除此之外，通过水利工程还可以保持水土、避免水土流失，降低水土流失带来的危害和影响。[8]

（2）治理海河英雄辈出。新中国成立后，海河治理问题被党和国家提上了日程。周总理在海河的开发治理和水利工程建设问题上耗费了大量精力，他主张在上游修建水库，在下游修建防洪除涝工程，同时,对于海河流域出现的旱情,周总理也提出了针对性的治理建议。

十三陵水库的修建得到了周恩来总理的极大重视,虽然工作忙碌,但周恩来总理还是挤出时间到水库工地参加劳动。1958年3月,周总理到十三陵水库工地视察,听取相关负责人汇报工程的进展情况,并传达毛泽东的指示;同年5月、6月,他又先后三次同毛泽东等党和国家领导人或是率领国务院和中央机关干部到十三陵水库工地参加劳动,和水库的建设者们一起吃、一起住、一起劳动。

1958年6月,为了缓解京津地区供水不足的情况,密云水库被批准修建,周恩来总理作为水库修建的主要决策者和主要指挥员参与查看地形、选择坝址、处理基础渗漏、组织水库移民,除此之外,水库建成后的保护等问题也没有被忽略,各种细节问题周总理都一一过问,细致入微。

周恩来总理对水利事业的决心和水利工程建设的重视使得他在繁忙的工作中多次参加水库建设的劳动并视察水库工程,这极大地增加了海河地区水库建设者的信心和斗志,并且对海河地区乃至对全国的水利工程建设产生了积极的影响。[9]

(3)彰显人文精神。海河地区水利工程的建设促进了经济的发展、保障了社会的安全稳定,它对人民和社会带来的益处表现得十分明显。[10]一方面,它促进经济保障民生,海河水利工程的建设促进了海河地区的防洪、灌溉、发电、航运、促进资源合理利用等方面,这些带来的效益对加快天津城市经济发展和保障城市人民生活有积极的意义;[11]另一方面,水利工程地建设可以减少灾害发生,为区域内人民提供安全稳定的生活环境。

总结来说,水利工程的建设是以人民利益为主,主要目标就是保障海河地区人民的生活安全、改善人民的生活质量,让人民可以在安定舒适、物质充裕的环境中生活。

3.2　海河的主要桥梁建设

3.2.1　海河桥梁建设概览

世界上很多著名的城市都是和河流紧密相连的,而河流和桥梁的建设更是息息相关。海河水系上建设的桥梁数不胜数,其中最有名的桥梁大多集中于天津城市中的海河干流一段。

海河承载着天津政治、经济、文化、历史的发展,而海河上的桥梁正是记录着城市发展进程的录影机。"桥文化"作为一个概念,在1965年由茅以升先生首次提出。桥梁是一个城市的文化载体,自三岔河口起至渤海入海口,在海河72公里的流程中,形形色色的桥屹立于海河之上,它们的存在为天津的城市文化和海河的水文化添上了浓墨重彩的一笔。海河干流上的桥梁主要包括:金汤桥、解放桥、金刚桥、狮子林桥、大沽桥等。

(1)海河桥梁历史进程。早期在天津市区,渡船是连接海河干流及流经的较大河流两岸的交通工具。随着天津城市的日益发展繁华,清末时期起,一些浮桥开始修建于重要的河口。据记载,天津第一座浮桥于康熙五十四年(1715)修建,此后,多座浮桥陆续建成,供行人来往于河流两岸。

1860年后,天津开埠,海河浮桥的历史被改写。为了适应河两岸交通的需要,浮桥被钢桥取而代之,当时修建的钢桥大多是开启式桥梁,包括金刚桥、金汤桥、老龙头铁桥(解放桥)等。桥梁建成后,各种车辆及行人往来行走于桥上,再加之桥梁为开启式桥梁,大货轮可以顺利通过,使得当时繁荣的水陆运输实现了双赢。天津城市的工商业因此拥有极大的发展空间,带动天津步入了空前未有的繁荣景象。

改革开放以来,海河上的桥梁建设发展迅速,收获颇丰。北安桥、狮子林桥、赤峰桥、大光明桥等一系列现代化桥梁屹立于海河之上，缓解了海河两岸的交通拥挤、阻塞等问题，实现了桥通路畅，为天津人民的交通和生活带来了极大的便利。[12]

2003年，随着城市的发展进步，海河地区开始综合开发改造项目，其中，桥梁建设工程备受瞩目。综合开发改造项目使海河上的桥梁焕然一新，一些旧桥被整体重修改造，原有的开启式桥梁的开启功能被修复、海河上之前衰退的航运功能被恢复，新建的桥梁数量大幅度提升，海河上出现各种新型桥梁。造型丰富独特的桥梁不仅各具风采、为人们带来了视觉上的美观，同时更加方便了天津人民的生活。

（2）主要桥梁概览。解放桥：解放桥于1927年建成，原名"万国桥"，它经历了90年的沧桑，是海河上的重要标志及跨越海河的重要交通枢纽。海河综合开发改造工程的实施修复了解放桥的开启系统，使之成为了天津市目前最大的也是唯一还可以开启的立转式开启桥梁。这座桥在历史上见证了天津人民的解放，现在又维持着海河两岸的沟通联系，是海河上一道永恒的风景。如图3.6所示。

图3.6　解放桥

金刚桥：金刚桥 1903 年始建，由于各种原因，1924 年又建新桥。[13]金钢桥新桥从 1924 年建成至 1996 年改建共经历了 72 年，由于时间久远，整座桥梁破坏严重，被列入危桥，所以天津市政府决定对桥梁进行改建。1996 年，改建后的金钢桥亮相，这是一座双层的拱桥。新桥建成后的造型美观新颖，成为海河上又一道宏伟壮观的风景。金刚桥的存在记录了辛亥革命爆发后革命志士发动的起义，记录了"一二九"运动中河北爱国学生奔向天津市中心高呼"抗日救亡"的英勇，这座桥不只是现代交通的枢纽桥梁，更是承载了一个城市的历史。

金汤桥：金汤桥建于 1906 年，桥名"金汤"取自"固若金汤"，它是中国目前唯一的钢制平转式开启桥梁。该桥又名"会师桥"，在天津解放战役中，中国人民解放军于金汤桥顺利会师，"会师桥"由此而来。金汤桥有百年历史，经历了时间和战火的考验，被列为市级文物保护单位和市级爱国主义教育基地，由于年代久远，金汤桥进行过多次修复，最后一次整修后桥梁于 2004 年完工并恢复交通，所以说这座桥梁是具有使用、文物、历史纪念三重价值的历史名桥。如图 3.7 所示。

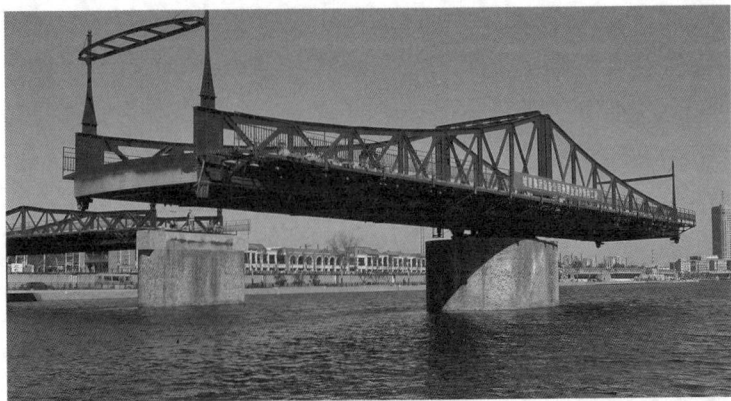

图 3.7 开启时的金汤桥

（3）桥梁承载了城市文化。桥梁的建造跟随城市的发展、顺应人民的生活,它反映并解读着一座城市的文化。

海河上的桥梁,集中反映了包容与多元的城市文化。海河流经天津市区,历史上,漕运导致天津聚集了各地的文化,近代租界又引进了西方文化使得东西文化碰撞交融。天津自始就汇聚了不同的文化,包括传统的、创新的、本土的、外来的,五花八门,错综复杂。桥梁文化与海河文化、城市文化一样,都是如此,海河上这些桥梁的建筑形态中既有西洋古典主义、巴洛克艺术、后现代设计的感觉,也有中西混合的样式;既有历史性气息浓郁的桥梁,又有高科技创新的桥梁,这些桥梁的形态、艺术中,各种文化元素相互交融,海河上的桥梁延续、发展并创新着城市的文化,同时也展现了城市多元的文化形象。

3.2.2　海河桥梁利国利民

孙中山先生曾说:"交通是实业之母。"若想一个城市、一个区域经济发展,道路的畅通和交通设施的完善是其必备的条件。天津城市沿河而建,倚河而生,桥梁是打破河流两岸隔膜、连接两岸交往的重要工具,因此,经济发展的速度也会加速前进。

（1）海河桥梁的经济拉动作用。交通功能。海河的存在导致旧时的天津城市一分为二、有所隔阂,这使得河两岸的发展极度不平衡,同时,渡河过桥带来的堵塞也加大了天津城市的交通压力,车辆行人往来极其不便。现在,旧桥梁的修复和新桥梁的建成将一分为二的城市重新缝合在一起,鳞次栉比的桥梁缓解了海河两岸交通运输的压力,让河流不再成为城市发展和人民生活的阻碍,使河流两岸的交通更加便利、联系更加密切。

旅游功能。海河上的桥梁设计新颖、造型独特,桥梁的建设富有浓郁的艺术气息,这极大地推动了城市旅游业的发展。海河是天津的象征,是城市极具代表性的旅游区,桥梁接连不断、壮丽宏伟、造型奇特,它们的存在让外地游客感慨惊叹、流连忘返。在津城,游海河、坐游轮、看名桥、赏夜景已经成为天津独一无二的旅游线路,根据天津市旅游业的各种统计数据来看,桥梁、海河及周边的整体改造大大提升了天津旅游业的知名度和经济效益。

(2)海河桥梁的巨大经济成就。结合上述海河桥梁对经济的拉动作用以及经济价值来说,海河上的桥梁为城市带来的巨大经济成就是不容忽视的。

海河上的桥梁自修建、改建、重建以来更好地沟通了海河两岸的交通和交往,方便了市民出行、工作、游玩等日常生活,大大推动了两岸的经济交流与往来,是城市经济取得成就所必须的条件;更重要的一点是,近年来,海河上多座桥梁的建造和重修完美地展现出了桥梁自身的艺术美感和文化气息,吸引了越来越多的游客光临游览,旅游业的迅速发展在城市经济中贡献的成就是其他行业不能替代的。

(3)海河桥梁的利国利民信息。桥梁象征着一个城市的文化,它们承载着便民利民的信息,同时也维系着市民文化的情感。近些年,桥梁数量的增加、道路的翻修、造型设计的创新、两岸环境的改善、夜景工程的完善使整个海河焕然一新,这些变化方便了人们日常生活、美化了人们的生活环境,让人们看到了天津蒸蒸日上的发展趋势,加深了人们内心对家乡的认同感、自豪感和归属感。

第一,近年来,越来越多的桥梁屹立于海河上,这些桥梁的修复和兴建为天津人民带来了极大的便利,越来越多的车辆和行人通过桥梁往来于河流两岸。由于可通行的桥梁数量不断增加、交通愈发便利,公交车、私家车等交通工具日益增多,人们出门不用再像以前一样担心桥上道路的拥堵导致寸步难行,并且可以随心所欲地选择出行时间、目的地、交通方式,这就是桥梁的建设为市民生活带来的最大便捷之处。

第二,桥梁的建设带动了海河沿岸经济的进步和旅游业的发展,海河沿岸地区已经发展成为集娱乐、休闲、商贸、文化为一体的综合功能区域。经济的发展提高了该地区人们的生活水平和生活质量,餐饮娱乐、商业广场等设施应有尽有,极大地满足了市民的生活需求。

第三,由于旅游业的快速发展,为了使海河、桥梁、沿岸景观发展成为特色的水上观光旅游线路,海河沿岸景观的改造美化工作也在紧锣密鼓地进行。这项工作的进行让海河沿岸的道路更加宽阔平坦、改善了海河周边的绿化环境、增加了周边景观建筑的夜景装饰,使得海河沿岸景象焕然一新。夜景的装点和环境的改善在一定程度上美化了人们的生活环境,同时也丰富了人们空闲时间的生活,这极大地加强了海河人民心中的归属感和自豪感。

3.2.3 海河桥梁的文化价值

(1) 科技艺术含量。海河上的桥梁建设自身兼具美观与实用的双重特点,海河地区商业活动多、人口密集,桥梁联系着河两岸的交通,于是对它的通行等要求十分严格,所以可实施性与实用性在桥梁设计上是非常重要的。除此之外,"美学"也是城市桥梁建设的重要内容,是人视觉上的美感程度,包括桥梁的色彩、造型、外观,特别是桥梁与城市设计是否协调。[14]

结合海河桥梁实际情况,海河上的桥梁建设分别从海河桥梁的美学特色、海河桥梁的特殊造型、海河桥梁的灯光设计、海河桥梁的色彩选择、海河桥梁的装饰特征等方面重点突出了"美学"的特征,在确保实用性的同时增强了视觉上的美观。

(2) 流传人物事件。"金汤桥"是一座极具历史价值的桥梁,该桥记录着脍炙人口的历史事件,是人们缅怀解放天津的英烈们的地方。

平津战役作为三大战役之一,对解放战争具有重要意义。1948年9月,中央政治局召开会议,会议认为要在五年内从根本上打倒国民党反动政府。于是,毛主席掌握有利时机,在淮海战役胜利的时候提前发动平津战役。1948年12月,天津成为一座孤城,它与其他地方的联系被阻隔。面对这样的情况,1949年1月,东北野战军天津前线指挥部召开了作战会议,重新部署了作战方针。以金汤桥为中心的海河上下游地区被定为东西对进的会师地。1949年1月14日,人民解放军集中组成东西两个突击集团从东、西、南三个方向同时向国民党守军发起总攻击,解放天津的战役打响了。

战争开始后,可歌可泣的英雄事迹在天津多个战争点上演。经过29个小时的战斗,1949年1月15日凌晨,东西对进的人民解放军在金汤桥胜利会师,完成了既定的作战目标,阻隔了国民党军队间的联系,粉碎了敌人的信心,使敌军陷于混乱之中,一举歼灭敌军数万人。能够彻底歼灭敌人主要是由于人民解放军顺利在金汤桥会师,使得天津获得解放,进而和平解放北平,为平津战役的胜利奠定了基础。因此,金汤桥见证了天津重获新生,它是天津解放的象征性历史建筑。[15]

（3）彰显人文精神。海河两岸的历史和文化是天津城市不可缺少的组成部分,挖掘城市文化、体现城市脉络、展示城市人文精神是城市建设的重点,而桥梁建设作为城市建设的一部分,势必要体现出城市的历史文化特征、挖掘出其中蕴含的人文精神。

海河的桥梁建设在城市历史文化方面重点体现出了天津市的沧桑历史、重大历史事件、地方文化民俗、华洋杂处的文化特征以及现代国际大都市的风范,这些方面从一定程度展现出了天津城市的悠久历史和文化氛围。海河桥梁的建设在将这些历史和文化融入设计的情况下加以创新,改造修建出独具特色、精美而富有意义的桥梁,在方便人民生活的基础上进一步改善美化了人民生活的环境,从而彰显了海河上桥梁蕴含的浓郁而独特的人文精神。

3.3　海河的经典建筑景观

3.3.1　近现代海河沿岸建筑景观

(1)近代海河沿岸建筑景观。天津卫起起落落、反复经历了城市的衰败和繁荣。这几百年的时间里,由于城市临海依河的特殊地理位置,经过外国列强的侵入和西方文化的融入,天津除了带有自身传统历史文化气息的建筑外还修建了不少蕴含异域风格的建筑景观。

1860年天津开埠后,德、日、英、法等9个国家在天津设立了租界。西方各国的闯入将一些西方的思潮和文化带入了天津,给城市的文化和发展带来了巨大影响。在这里,中国传统文化与西方先进文化相结合,使天津卫自身的地域文化与外来西方文化慢慢融合,形成了崭新的文化特色。在天津的九国租界内,每个国家依照自己国家的特色建造出各种带有异国气息的建筑,加之租界外天津自己建造的带有民族特色的建筑,天津的近代建筑拥有了多种不同种类的形式。目前,天津市区海河沿岸汇集了众多如天后宫、马可·波罗广场、五大道、袁世凯故居等异国风情建筑和历史风貌建筑。[16]

天后宫:天后宫建于元泰定三年(1326),原名天妃宫,建筑面积约17平方米,是中国现存年代久远的妈祖庙之一。妈祖文化源于繁盛的河海漕运,而天后宫供奉的妈祖在海内外有很大的影响。天后宫由戏楼、山门、牌楼、前殿、正殿、藏经阁、钟鼓楼、张仙阁、配殿等建筑组成。天后宫作为市级文物保护单位,每年都会接待成千上万的游人来此参观。如图3.8所示。

图 3.8 天后宫

海河意式风情区：由于天津紧靠北京、临海依河的地理位置，八国联军于 1900 年攻占天津，使得境内狮子林、东站一带成为意、奥、俄租界。租界地收回以后，这里留下了大批风格造型独特的欧洲风格建筑，形成了今天的"天津海河意式风情区"，这片区域以其独特的建筑风格和人文历史景观使该地区具有宝贵的历史文化与经济价值。如图 3.9 所示。

五大道：五大道历史风貌建筑区始建于 20 世纪，位于原来的英租界内，该地原来只是一片坑塘，1902 年被扩充为英租界。1919 至 1926 年，英租界工部局利用疏浚海河的机会填洼修路，对这一地区进行开发利用，规划修建了一片高档住宅区，这片住宅区的规划合理、造型迥异、风格独特、环境舒适，有"万国建筑博览会"的美誉。该区域在 2006 年被国务院批准确认为重点保护"历史文化街区"，是街区保护最完好、历史风貌建筑最多、最具有旅游价值的历史风貌

图 3.9　海河意式风情区

建筑。[17]

（2）现代海河沿岸建筑景观。现代海河沿岸景观的建设记录着新中国的成立和发展，1949 年后，国家培育出的优秀建筑师为城市设计增添了不少新颖别致的建筑。这些建筑除了自身保持着简约大气的风格外，还吸取了外来的优秀建筑风格、建议，使得城市建筑风格层次更上一层楼，例如：天津市人民体育馆、天津市人民礼堂等。近十几年来，海河沿岸的建筑目不暇接，在海河的起点即海河三岔河口处就有一处高约 26 米的"引滦入津工程纪念碑"，这座碑的三角形碑座上耸立着白玉雕刻的妇女形象，在碑的背后的水泥围墙上嵌有记录引滦入津建设者丰功伟绩的碑文，邓小平于 1986 年 8月亲笔题写了"引滦入津工程纪念碑"。如图 3.10 所示。

近些年，天津市政府对海河沿岸景观带进行修复、重建，积极开展海河开发规划工作。时至今日，天津市对海河沿岸四块异国风貌

图 3.10　引滦入津工程纪念碑

区的修整任务已经完成,风貌区已经重现原貌,使其历史风貌和异国情趣展现于世人眼前,并因此吸引了越来越多的游客。[18]

(3)海河沿岸建筑景观特征。区位重要,地域整合复杂:历史上的天津海河沿岸一直都占据着重要位置,尤其到了近代,更是成为了列强争夺的租界地。现在,海河沿岸的地区基本上都是天津城市较发达的地区,沿岸的建筑相对也有较好的社会、经济、文化环境。海河沿岸的建筑景观在历史发展中与各种不同的文化景观交汇、融合、共生。于是,从古至今,海河沿岸的建筑体现出了南北交融的特色和浓郁的异国风情。

历史悠久,社会文化丰厚:目前,天津市依法确认了多幢历史风貌建筑,海河沿岸集中了大量历史风貌建筑,这些建筑都有着相当大的历史文化价值。相关专家认为,海河沿岸的历史风貌建筑是天津城市历史的载体,海河沿岸的建筑是代表一个时期、一个地域的风貌建筑。从某种意义上来说,海河沿岸的建筑是天津历史的重要代表。

类型多样,空间分布不均:从时期上看,海河沿岸汇聚着古代、近代、现代的大量建筑;从功能上看,海河沿岸的建筑可以分为住宅、金融、办公、娱乐、商贸等多种类型;从风格上看,海河沿岸建筑的风格多种多样,包括哥特式建筑、欧美现代式建筑、具有本土特色的民居建筑等。

3.3.2 海河建筑景观的游览价值

游览价值的大小和属性对旅游开发具有决定性作用,近年来,天津海河地区的旅游业发展速度迅猛,因此我们需要对天津海河地区建筑景观的游览价值进行深入的研究。

(1)历史价值。天津海河地区的建筑景观中,近代的历史街区占据了一席之地,这些近代历史街区是珍贵的历史文化遗产。历史街区的建筑经历了时间和风雨的打磨,具有鲜明的历史印记。这些街区是天津开埠后的租界遗迹,是西方列强侵略中国的证明,同时它也见证了知识分子、革命志士、实业家等为祖国奋战、建设、贡献的历史时刻。众多的名人政要在此留下了他们的痕迹,为了纪念这些伟大的人、为了留住这些历史,天津众多的名人故居经过翻修重建,至今仍屹立在这片土地上。除此之外,过去列强在租界内建造的具有不同国家风格的异国风貌建筑也保存完好。天津乃至中国社会发展的足迹被这些建筑和街道记录着,它们见证了城市甚至国家的近代史。

(2)艺术价值。天津海河地区经典建筑景观的独特迥异的造型风格令人赏心悦目,具有极大的艺术价值。海河地区建筑景观的类型分为两种：一种是中国元素占主要地位的民族风格建筑景观，这类建筑景观没有脱离中式传统建筑的影响，仍然具有中国传统民族风格，具有浓郁的古风古香古色气息，属于传统艺术风格；另一种是西方元素占主要地位的异国风格建筑景观，这类建筑多为天津开埠后列强进入天津的产物，他们在租界内建立带有不同国家风格的建筑，突出西方特色，极具西方艺术风格。这两种建筑景观的结合形成了天津建筑景观"中西合璧，杂糅并蓄"的风格特征，既拥有中国传统风格，又包含西方建筑的美感和突破，完美展现了传统艺术和西方艺术的交汇。

天津的建筑景观具有极高的历史、艺术价值，是天津独特的人文旅游资源，而正是这些建筑景观的游览价值才使得天津旅游业的发展走向了一个新的高度。

（3）文化价值。"建筑是物质的存在，但它是精神和物质共同的产物，是一种文化现象。一个城市的风土人情、市井百态和那里的建筑除了反映当地居民的心理世界与精神追求，还可以反映出当地的文化底蕴"[19]。

在中国进入近代时期后，单纯的文化环境被外来文化打破。天津开埠后，由于临海依河与紧邻北京的特殊地理位置，各国在这里建立租界地，因此，大量的西方文化随着海河的流通涌入天津，渗透到城市的生活中，这其中就包括西方的建筑。租界地的建设使得天津海河地区近代城市的建设受到西方文化的影响，租界地的西式建筑层出不穷，它们独特的建筑风格影响了海河地区原有的自身传统建筑风格。近代天津海河地区出现的西洋建筑是各个租界所属国家将自己的建筑文化特点、民族传统与天津地方文化特点融合在一起，从而形成近代天津海河地区独有的建筑风貌。这样一来，不仅海河地区的近代建筑产生了多种不同的形式，更在一定程度上丰富了该地区近代建筑的文化内涵。

天津海河地区建筑所呈现出的多元文化特点是其他地区所不具备的,海河地区吸取各种建筑文化的精华,具有包容性、多样性等特征,因而形成了独特的城市建筑文化。天津海河地区拥有鼓楼、天后宫、大悲院这样的传统建筑,也有望海楼、西开教堂、意式风情区等大量西式建筑,除此之外,还保留着近现代历史遗存,这些都体现着海河地区建筑文化的包容性和多样性。天津海河地区的建筑文化多元并存、兼容并蓄,它集传统建筑文化、西方建筑文化、历史建筑文化于一身,形成了独有的"海河建筑文化"。这样的文化形成了不同的建筑风格,成就了独具一格的近代建筑景观,突破了传统思想和传统建筑主宰的局面,促进了中国建筑文化的进步发展。

3.3.3 海河经典建筑的文化价值

(1)科技艺术含量。海河地区的经典建筑景观具有浓郁的历史气息和独特的造型风格,所以它们始终保持着将"历史"与"美观"融合于一身的特点。

在天津开埠后的 40 多年中,众多国家在天津海河两岸设立租界,现在海河地区众多景点建筑景观都是当时各国依照自己国家特色建造的产物,这些建筑承载着旧中国屈辱和痛苦的历史,除此之外,天津城市吸引着旧时众多名人在此定居,所以这些名人故居的存在也是历史的记录者。虽然租界内留存的建筑景观是痛苦历史的象征,但这些建筑独特美观的造型和形式是我们的建筑所没有的,所以这些兼具着历史性和美观性的建筑景观保留至今,是天津城市极具代表性的风景。

(2)流传人物事件。"五大道"最初即睦南道、马场道、重庆道、常德道、大理道五条道路,现在指的是一整片长方形区域,共二十二条道路,总面积约 1.3 平方公里。五大道有着极好的地理位置,周围是繁华的商业区。

　　天津开埠前,如今的五大道地区极度荒芜。清咸丰十年(1860),中英两国交换《天津条约》批准书,同时签订了《北京条约》。1860年11月,英租界开辟,位置在海河西岸,英租界划定后,该区域共扩张了三次,五大道正处于英租界的第三次扩充范围内,地处英租界西南地区。

　　20世纪初,英租界内各种服务设施样样俱全,银行、洋行等陆续建立分行,各个行业开始蓬勃发展。第三次扩充之际,建造高级住宅被英当局作为目标,1919年开始后的七年内,英租界工部局不断修建道路。最先建成的是马场道,全长超过三千米,是最早修筑也是长度最长的一条道路。1922年,重庆道建成。1929年,其他道路也陆续建成,且那时候的道路名称也都极具外国色彩。1925年到1930年是“五大道”建设的高潮期,英式、法式等各国民居建筑和古典式、现代主义等建筑风格的住宅拔地而起,特殊的住宅布局和道路格局为五大道奠定了宁静雅致的整体基调。

　　八十余年,是英国租界在天津存在的时间,抗日战争胜利后,天津英租界被中国国民政府正式收回。1949年以来,五大道在发展中也历经各种磨难,在天津被国家列入历史文化名城后,五大道才开始被重视、保护。2010年至2013年期间,五大道多次被评为“历史文化街区”及国家重点文物保护单位,它不仅仅是一个历史遗存,而且已经逐渐成为城市的标志和骄傲。[20]如图3.11所示。

　　(3)彰显人文精神。海河地区的建筑景观为天津城市的历史和人文精神带来了极大的影响。这些建筑景观记录着城市的历史和发展,它们的留存为天津人民认识历史、了解历史、熟悉历史创造了条件,它们在一定方面加深了天津人民对城市历史的认知和对城市的热爱。

图 3.11　五大道

除此之外,建筑景观的历史氛围和美观还吸引着天津城市以外的人民观赏游览,这有助于全国乃至世界对天津城市的历史有深入了解,利于城市历史和文化的保护、传承和发展。城市历史文化的保存和发展不仅对于国家十分重要,对人民来说更是一项宝贵的精神财富。

第四章　管水治水造福于民——制度水文化

制度水文化是关于水的治理形态和管理形态构成的外显文化，是水文化具体化实在化的表现,各种制度的变迁反映出水文化的变迁。在海河制度水文化中,主要包括与海河密切相关的治水行为、法律制度、管理制度等。由于天津地区相关法律制度有限,因此本章着重对整个海河水系乃至海河流域的制度水文化进行研究。

4.1　人类治水管水的经验教训

4.1.1　古代大禹治水及影响

"大禹治水的主要地域是在黄河中下游及南方的几个部族,大禹治水是以黄河中下游的洪潦为主要对象,通过实地勘察、测量,整体规划治水方案"[21]。

（1）大禹治水的背景。尧帝时,人们生活艰苦。由于发大水,多处庄稼、民房被冲毁,人们只能在山顶或树上躲避。于是,尧召集部落首领商议治水问题,立志治理水灾,禹的父亲鲧提出了治水方法并被采用,但结果却不尽如人意,所以治水运动持续了近十年都没有成功。

后来,舜帝即位,由于治水失败,他下令杀了鲧并让其子禹领导治水。鲧在治水过程中积累了丰富的经验和教训,虽然失败了,但是禹在总结父亲治水经验的基础上分析出失败原因,提出自己新的治水方法并领导治水。[22]

(2)大禹治水的方法。关于大禹治水的方法,古籍书中有很多说法,其中最接近历史事实的记载如下:

在我国原始社会末期,先民们在背山面水的地方或临河平原上聚居。在当时,"洪水猛兽"是他们生活中最大的威胁,一方面,他们要时刻提防野兽的侵袭,另一方面又要抵御洪水的危害,所以,为了保证安全,他们修建了堤坝和土墙。之后,为了抵御侵略,先民们又修筑了城墙。但是,鲧用"筑堤""作障"的旧方法治理洪水却始终无用。

禹吸取鲧的教训后,在治水过程中提出了"分疏治水"的方案。分疏治水,反映了先民原始的"顺势而为,天人合一"哲学思想。现在看来,虽然低下的生产力和简陋的工具不太可能使治水取得大规模成功,但禹提出的方法却将先民的哲学思维真实地反映出来了。从实际情况来看,在洪水难以排泄的时候,分疏的办法是可以排出洪水的,这完全可以让先民的生存问题得到解决。相较于简单的筑堤防水,大禹提出并运用的治水方法更能从根本层面上较少甚至解除洪水的威胁。[23]如图 4.1 所示。

(3)大禹治水的影响。大禹是中国古代历史传说中第一位杰出的治水专家。几千年来,中华儿女与水旱灾害斗智斗勇,有水的地方都有过我们祖先生存、生活的痕迹,同时,这个民族的文明和文化也是水所孕育出来的。由此可见,水不仅是民族之源,也是文化和文明之源。大禹治水的故事丰富、引领了中华民族的历史文化,具有鲜明的文化特色和深远的意义,同时,它的精神也为中国治水事业提供了精神指导、指明了前进的方向。[24]

图 4.1 大禹治水

大禹治水不仅在民族的统一、经济的发展、世袭制度的建立等方面起到了推动作用,同时在以下几方面也产生了积极的影响:

第一,治水成功疏通了大河、让洪水排入大海,使得原先被洪水侵害的河谷平原和沼泽地得到了开发利用,地势平坦的原野成为人们迁移的目的地,人们在那里生活并开垦土地。因此,人们农作的生产效率有了很大提高,农作物的产量越来越多,生产工具也得到了进步,耕地获得的收成比过去充裕不少。

第二,作物的品种得到扩充,生产经验被传播。当时,大禹根据各地的情况给民众分发稻种、让他们将稻种种植在低洼潮湿的土地上。这种做法推广了生产经验,扩大了种植范围,增加了物质财富。

第三,是中国水利文明的伟大开端。司马迁最早发掘中国水利文明,《史记·夏本纪》和《河渠书》中均有记录大禹的事迹。孔子在《论语·泰伯》中说大禹自己住的宫室很低矮、而致力于修治水利事宜。可见,大禹治水,不仅治理水利,也在客观上推动发展了农业灌溉。在农业发展史上,灌溉农业迈出了重要的一步,它恢复了华夏大地的生产,确保了社会生活的安稳,是走向文明社会不可缺少的条件。

4.1.2　黄河治泛和黄河治理

黄河是中华文明的创造者,它哺育着一代代的中华儿女,是名副其实的母亲河。然而,由于黄河存在水量小、含沙量高、雨量集中的问题,于是形成了其容易决堤和淤积泥沙的特征,对于中华民族而言,黄河是难以解决的心腹大患。

(1)黄河古代治理成就。自古黄河治理与利用就是国家的大事,尤其清代航运的发展使得黄河的治理愈发重要。所以,许多关于清代黄河治理与利用的内容在史书古籍与地理、河渠志中均有记载。关于清代黄河治理的成就,古书中的记载主要可以概括为以下几方面:

建堤束水,疏浚海口:清朝时期,河道总督靳辅全面治理黄河下游淤塞严重河段,共用时十一年。他修建了长堤、束水堤在黄河两岸,用堤约束河水以加大其冲沙能力,并疏浚海口。除此之外,靳辅还调查研究当地实际情况,向群众及专业人员收集经验,制定相关堤坝维修制度,增设人员保护堤坝,广泛种植树木,增加堤坝建造数量等来制约着洪水。

科学全面的治黄思想:据前人阐述以及自身经验,清代陈潢科学论述了水患出现的原因主要是由于黄河中上游的水土流失,并提出黄河上游的治理及水土保持是必须要注意的。

加强堤防管理,实施河兵制:清代在设立河道总督的基础上,又增设副总督一职,河务主要由河道两边分别设立的通判县丞、主簿等人进行分段管理。除此之外,还将河夫制改为河兵制,推行了军事化管理。平日里,河兵对于练习填筑之事十分热衷,所以他们拥有丰富的经验,每当遇到险情的时候,河兵的抢险井然有序、丝毫不混乱。[25]

(2)黄河近代治理技术。中国治理黄河的特殊及活跃时期非民国时期莫属,这个时期出现了许多科学的理论和治黄著作。但是,当时中国的政治、经济等因素导致这些理论没有付诸于实践。西方先进科学技术在民国时期被引入中国,传授给了当时中国的一些知识分子,除此以外,中国还吸引了一批西方的工程技术人员来施展才华。

民国时期,进步的知识分子在治理黄河和科学技术研究方面非常努力,他们不仅在方案和设想上提出了自己的建议,还参与了实际的治理工作。其中李仪祉、郑肇经、张含英等被人们所熟知,他们针对治理方案都提出了自己不同的见解和思路。但是因为当时各方面等因素的制约,这些治理黄河的想法都没有被实施。

虽然方案没有实际造福人民,但是这些方案的想法和思路与从前人们治理黄河时的思想差距很大,开始积极倡导引进西方先进科学技术,并让其结合传统治黄经验,这在一定程度上扩宽了黄河治理的途径,引领指导了后世的黄河治理工作。[26]

(3)黄河现代治理策略。1949年治理黄河至今六十多年来,我国取得了不小的成绩,但黄河流域问题众多,近年来,水资源、水土流失、泥沙淤积等问题又出现在黄河下游,所以我们必须抓紧时间解决黄河带来的危害并积极对水资源展开合理利用。针对这些问题并结合之前黄河治理的经验和教训,当代学者提出了如下建议:

第一,“拦、排、放、调、挖”综合解决泥沙问题。泥沙问题是黄河难以治理的主要原因,需要采取多种措施:“拦主要靠水土保持和干支流控制性骨干工程拦减泥沙;排就是通过各类河防工程的建设,利用现行河道尽可能多地将泥沙排入大海;放主要是在下游两岸处理和利用一部分泥沙;调是利用干流骨干工程调节水沙过程来减少下游河道淤积或节省输沙用水量;挖就是在局部淤积严重的河段和河口段挖沙疏浚,结合淤背固堤和滩区安全建设处理和利用泥沙,逐步形成'相对地下河',谋求长治久安"[27]。

第二,进一步保持水土,加强治理,防治结合。黄土高原地区水土流失的加剧对黄河上中下游带来的影响已经被人们所了解,因此要区分列出重点区域,并在此集中人力物力,加快治理。除此之外,还要因地制宜采取工程、生物和耕作措施,综合治理,建立水土保持工程体系。

第三,合理开发利用水资源,构建节水型社会。黄河流域水量有限,要动员全社会节水才能够从根本上解决水资源问题,缓解水资源危机。首先,要约束、减少用水量,充分发挥经济杠杆的调节作用,制定相关措施,提高管理水平,加强节水意识,完善法律法规。其次,污水进行处理,保护河水质量,改善保护水环境。最后,寻找并挖掘如海水淡化,雨水集流等可替代的水源。[28]

4.1.3　国外的治水管水案例

河流影响着一座城市的兴起与繁荣,是重要的自然资源、环境载体,它改变着城市风格和城市环境,关系着城市的生存和发展。[29]不止国内河流,国外的河流也不例外,例如巴黎的塞纳河、维也纳的多瑙河、莫斯科的莫斯科河等等,这些河流也曾出现洪涝频繁、污染加剧等情况,然而,在经过认真治理后,它们又恢复了往日清澈澄净、波光粼粼的面貌。

(1)塞纳河。塞纳河全长共 776 公里,发源于法国北部朗格尔高地,途经巴黎然后注入英吉利海峡。虽然在法国四大河流中它的长度最短,但却享有盛名。[30]

1910 年和 1923 年冬,塞纳河河水上涨,河水冲破堤防,淹没了整个巴黎市。在那之后,巴黎更加重视对塞纳河的治理,他们根据水文及地质条件在塞纳河上游建设了四座大型水库用以调节塞纳河的上游来水,能降低汛期水位并在短期内保证城市用水。同时,巴黎市用十九个双重水闸和船闸控制了塞纳河巴黎段在旱期的水位,以稳定塞纳河水态。另外,塞纳河还有建造堤坝、修建桥梁、美化建筑和绿地以及清理水面垃圾等整治工作。除了以上措施,巴黎还鼓励民众一起保持河流清洁,并制定多部法律法规。[31]现在,塞纳河的治理不仅颇有成效,爱护塞纳河的观念也已经深深植根于巴黎人民心中。

(2)多瑙河。多瑙河是欧洲的第二条长河,它是很多人心中的浪漫圣地,但它其实也是一条多灾多难的河流。19 世纪,多次洪水侵袭导致河流沿岸地区大面积耕地和城镇被吞没。1954 年,多瑙河大洪灾又给沿岸人民和他们的生活带来了巨大损失。多次灾难的发生使得依水而居的人们开始探索治水的方法。

在多瑙河的左岸,人们开辟了一条泄洪河道,洪水袭来时通过打开泄洪河道的阀门以减轻主河道的负荷。维也纳人民通过与洪水进行斗争制定出了一系列治理方案,并已经完成了多条河道规划方案。在维也纳,联邦、州和市政府拨出了专项资金用来防治洪水,用于拓宽河道、加固沿岸居民区防洪堤坝、完善洪水预报体系等。[32]多年来,多瑙河地区制定的河流治理方案数不胜数,也基本都已实施,不过多瑙河的洪患一直难以根除,看来多瑙河地区人民和多瑙河之间的矛盾还需要很长时间来解决。

(3)莫斯科河。莫斯科城市的象征就是莫斯科河。城市的用水量因为人口数量增加、城市经济进步和工农业发展而加大,河流的水量入不敷出,水位下降,航运运行困难,淤泥严重堆积。对此,莫斯科开始了治理工作,首先,疏浚市区内河段,清理河床上的污泥,然后再把从外面运来的沙砾填铺到河底,这样的做法对水质的滤清起到了很大作用。

满足城市的用水需求的前提是莫斯科河必须保持充裕的水量,1937年,为了将伏尔加河的水引入莫斯科河,前苏联政府开凿了一条人工运河,并在莫斯科河上游修建多个水库,用以在旱季放水汛期防洪。除此之外,莫斯科河还面临积雪融化的威胁。俄罗斯天气极度寒冷、积雪厚重,积雪融化后的水会对河流的生态环境造成污染。对此,市政府提出了一系列规定,并为了保护莫斯科河水使用环保型融雪剂应对积雪。[33]

4.2　海河治理过程和巨大成就

4.2.1　海河的“功过”经历

(1)海河的“功”。海河作为华北地区最大的水系流经了多个省市、与渤海相接,它独特的地理位置优势注定它会为沿河城市带来一定利益。从古至今,海河的存在推动了沿河地区与国内其他地区乃至中国与国外的商品流通和商贸业发展,为沿岸城市的经济带来不小的收益,这在一定程度上提高了沿岸人民的生活水平和质量。除此之外,一些外来文化通过海河传入,尤其在1860年天津开埠后,西方列强进入中国,并将一些西方的思潮和文化带入了中国,使得西方现代文化在这里与中国传统文化相互结合、碰撞、交流,丰富了中国文化。

总结来说,海河的“功”不仅在于促进了经济的发展、提高了人民生活水平,更在于丰富创新了中国文化,开阔了人们的眼界,沟通了中国与世界的联系,在外国的文化、思想、事物传入中国的同时也向世界显示了中国独特的魅力。

(2)海河的“过”。海河的“功”固然重要,但它自身的“过”也为沿河地区城市和人民生活带来了很大的冲击。由于海河上游支流数量众多、错综复杂,坡度陡,源短流急,河道上宽下窄,排泄不顺畅,再加上汛期时候暴雨多且集中,排洪排涝不畅,导致河水上涨情况严重。除此之外,积水情况经常在海河下游低洼地区发生,且土地碱化严重。海河地区每年春季降水少,河道干涸,导致旱灾频频发生。很多时候,海河都是干旱和洪涝接连反复,频繁不断,故海河还有另一个名称——"害河"。

(3)"功过"对比。总结上述对海河的"功过"分析,我们可以看出,虽然海河的出现和发展为国家及流经城市带来了利益,但同时它的危害更是不能忽视的。对于危害,我们要将它放大了看,并及时作出处理,才能让人民的安全和国家的利益得到保障。所以,无论海河为我们带来了多大的利益,对于危害我们都要重视起来,并从根本上着手进行解决,于是,就出现了下面的"根治海河"运动。

4.2.2 "根治海河"运动的兴起

(1)"根治海河"运动背景。新中国成立后,洪水灾害仍然得不到治理。在 1949 年至 1963 年的十五年间,洪水带来的损失仍然无法阻止,海河流域城市的受灾情况依旧很严重。因此,全力根治海河是全海河流域人民和领导的愿望。

由于海河流域频繁遭受洪水侵袭,党和国家对此越来越重视,1963 年发生特大洪水后,中央召开救灾会议将海河列入河流治理范围内。[34]11 月 17 日,毛泽东提出了"一定要根治海河"的号召,刘少奇、周恩来、朱德、邓小平等众多中央领导人也为海河抗洪抢险斗争展览题词,这充分表明根治海河已经成为所有国家领导人的"心上事"。同年,刘少奇针对海河治理提出了一系列治水方针,并成为根治海河的总方针,这为根治海河指明了正确的方向。"根治海河"表明了以毛泽东为代表的第一代中央领导集体对于治理海河的巨大决心,治理海河不仅是治理现实中的水灾水患,更重要的是要从根本上彻底消除海河流域的水害,保证人民能够平安正常地生活。

（2）"根治海河"运动过程。"根治海河"运动的实施阶段是 1965 年至 1979 年,共持续十四年,这期间,每年都有几十万人对中下游行洪河道和除涝河道有条不紊地分阶段实施治理:

第一阶段,1965 年—1968 年。率先对海河流域南部的老盐河、老漳河、徒骇河、马颊河、南排河等河道进行治理,新挖子牙、溢阳两条新河,扩挖滹沱河、溢阳河中游河道等排洪河道。

第二阶段,1968 年—1975 年。对永定新河、大清河、独流减河、潮白新河、蓟运河、北运河等排洪河道进行治理,加固滹沱河北堤和南堤,治理卫河、卫运河、漳卫新河等河道。

第三阶段,1976 年—1979 年。扩挖老沙河、溢东排河和北排河,对被地震破坏的河道和输水干渠进行治理,疏浚清凉江,进行一些支流的除涝配套工程。

除此之外,还巩固、扩建了大跃进时期建成的二十一座大型水库,提高了水库的防洪标准和库容、发电量、灌溉等综合效益。与此同时,还增建了三个新水库,并对白洋淀等众多滞洪洼淀区进行了整修。[35]

（3）"根治海河"运动经验。"根治海河"运动历经十几年,在这期间,这项运动为以后的治水问题提供了不少可以借鉴的经验:第一,要成立稳定、综合性的组织机构,这对保证根治海河取得成功有重要意义;第二,军事化管理民工,运动进行时在民工管理上向军队管理模式看齐、确保建立的军事建制实际有效,并在治水工程方面充分借鉴军队的相关规章制度,做出积极的尝试、探索;第三,指挥部要制定合理的出工政策,这些政策极大地调动了农民出工的积极性和劳动积极性;第四,要做到勤俭治水、自食其力,国家正处于经济困难时期,因此需要最大程度地减少运动的资金投入,所以自力更生、勤俭治水贯穿了根治海河运动的全过程并保障了根治海河工程的成功;第五,工程要精心设计、科学施工,这样既可以提高功效、加快进度,又节省了投资、多建了工程。

4.2.3 "根治海河"运动的成就

"根治海河"运动开展的这些年来,国家为了治理流域水系加大了人力、财力、物力和时间的投入,建设了众多根治海河的工程,在各级政府和人民群众的共同努力下,海河流域的面貌发生了翻天覆地的变化。这项运动在河流治理的历史上占据了重要的位置,具体取得的成就包括如下几个方面:

(1)工程方面的成就。"根治海河"运动在实施阶段进行了大规模的根治海河工程建设,根治海河的工程建设共分为两个时期:第一时期是从 1965 年开始,该时期内先后开挖疏浚了子牙新河、大清河、潮白新河、永定新河、漳卫新河、北运河等 31 条主要河道,修建了两千多公里的防洪大堤,在主要河道上修建了众多桥梁等建筑物,开挖疏浚了二百多条支流河道,于上游地区新建、重修了十几座大型水库;第二时期是从 1974 年开始,该时期内的主要工程包括陡河、沙河、清凉河、永定河、漳卫河、卫河、滦河等多条河道的治理工程,兴建和续建大黑汀、朱庄、王快、岗南、西大洋等大型水库工程,白洋淀污水治理工程。

(2)初步控制住洪水给城市和人民带来的危害。根治海河工程的建设尽可能地提高了海河流域的防洪能力,让洪水可以安全下泄,维系了河水三十余年的平静状态,保证了京、津等沿岸城市的安全,确保了国家各路交通、通信干线等方面的安全,为沿岸人民的人身财产安全提供了保护,极大地减少了洪水侵害为地方工农业带来的损失。

（3）提升了中国水利建设在世界的影响力。根治海河工程虽然是一项以海河流域地区为主体的治水工程,但它对全国乃至世界来说都具有重要的影响作用。根治海河工程是 20 世纪六七十年代中国水利部门与外界交流的重要通道,它吸引了众多国外水利专家的参观考察,提升了中国水利在世界的影响力,彰显了根治海河工程的历史地位。来自不同国家的专家学者分别对各项工程进行参观并给予了高度评价,他们认为中国政府在治理海河的问题上取得了巨大的成绩。除此之外,根治海河指挥部还按照水利部的安排对国外水利工程建设进行援助,这不仅加深了根治海河工程在世界的影响力度,更是在一定程度上增进了国与国之间的友谊。

（4）恢复促进了沿岸地区的农业生产。根治海河运动的实施使得海河流域内地区易涝面积和成灾面积逐渐减少,大部分盐碱地得到治理,碱化严重的地区已经可以种植庄稼,粮食产量大幅度增加。除此之外,根治海河工程中修建的大中小型水库得到充分利用,流域内地区的灌溉水源大大、增加,直接导致了粮食和大部分经济作物产量提升。根治海河的运动改变了流域内地区原先的农业生产面貌,不断推动着农业生产迅速发展。

4.2.4　海河治水的文化价值

（1）科技艺术含量。"根治海河"运动在海河治水活动中是极其重要、极具代表性的,它是一项规模较大的治水工程,对中国水利史有重要影响,具有鲜明的政治色彩和群众性治水运动的特点。

由于有不少人投身于根治海河运动,再加上完善成熟的治水机构,这在新中国成立后的多次治水活动中都是数一数二的。[36]十几年的根治海河工程建设无论对于当时的经济和社会发展,还是对于几百万海河地区人民的生活、安全,都产生了重要影响。这项治水运动对海河地区城市的经济和社会发展,尤其对于当代的水利事业具有一定的意义和历史借鉴作用。

(2) 流传人物事件。历史上的海河地区经历了多次河流治理，在治水的过程中，涌现出的治水人物和事迹数不胜数。下文分别从古代、近代、当代三个时代的治水人物中各选取一名进行研究：

王安石，宋代抚州临川人，北宋政治家、文学家、思想家。仁宗嘉祐三年(1058)上万言书，主张政治改革。神宗熙宁二年(1069)任参知政事，次年任宰相。此间，他积极推行新法，在《农田水利法》中，他提出对民间自修水利，国家可贷给钱粮的办法，鼓励地方官吏、中小地主和自耕农兴修水利。此时，海河流域在以前的基础上又得到了进一步的兴修完善，使之发展成为了沟通各河流、淀泊的屯田防线。在推行新法的过程中，还大规模开展了引浊淤灌(集中于滹沱河、滏阳河、漳河沿岸)，对海河流域的一些大河进行了修治。

李仪祉，陕西蒲城人，近代水利专家。他 1904 年入京师大学堂深造，1909 年留学德国，学土木工程，于辛亥革命时回国。1913 年他再次出国，途中考查了欧洲水利工程，1915 年回国，在南京河海工程学校任教。1928 年，华北水利委员会成立，李仪祉为主席，第二年任北大港工程筹备处主任。在任职期间，他先后制定了各河治本计划，在北平、天津的学术机关合办大规模的水工试验所，同时兴办海河放淤工程，规划开挖独流减河入海河道，筹建永定河官厅水库等工程。

吕俊彦，天津市人，1937 年毕业于青岛山东大学土木系。1949 年底参加工作，历任十三陵水库、密云水库指挥部副总工程师，北京市三家店水库、京密引水工程指挥部总工程师，北京市水利局副总工程师及北京市市政设计院副总工程师。1956 年，吕俊彦参加了永定河引水工程建设，以粘土衬砌河槽的方法解决了渗漏问题，成效显著。1958 年，他参加了十三陵水库和密云水库的建设。1960 年，他参加京密引水一期工程，在处理京津冀三省边界排水问题上作出了贡献。

（3）彰显奋斗精神。从古至今，海河流域涌现出了众多的治水名人及治水事迹。古时，大禹在治水过程中先总结先父治水的教训，后在今海河流域采用"以疏导为主，疏通江河，兴修沟渠，利用河水自然流势"的治水思想，历经十三年，走遍全国，三过家门而不入，终于排除了水患。他的治水思想和精神在近现代被后人所继承，创造了更多的治水传奇，这些治水人物在治水过程中表现出的机智勇敢、不畏艰险、艰苦奋斗的治水精神为海河儿女树立了良好的榜样，逐渐发展成为对海河儿女有着深远影响的"奋斗精神"。在近代抗战时期，海河儿女在奋斗精神的带领下，面对敌人不退缩、奋勇抗争；当代生活中，海河儿女在奋斗精神的影响下形成了吃苦耐劳、积极乐观的心理。这种精神在丰富海河水文化的同时为人民生活带来了正能量，更是为海河儿女提供了积极强大的精神力量。

4.3　海河管水制度和精神文化

4.3.1　海河管水的水利法规

1988 年，标志着我国全面步入依法治水和依法管水的中国第一部水事活动的基本法《中华人民共和国水法》正式实行。[37] 在此基础上，海河流域制定规划了一系列相关的法律法规完善河流的管理体制：

（1）《海河独流减河永定新河河口管理办法》。"为了加强和规范海河、永定新河河口、独流减河（以下简称"三河口"）的管理，2006年海河水利委员会启动《海河独流减河永定新河河口管理办法》立法工作，开展了立法研究和起草工作。2009 年，陈雷部长签署水利部令，颁布《海河独流减河永定新河河口管理办法》自 2009 年 7 月 1 日起施行"[38]。如图 4.3 所示。

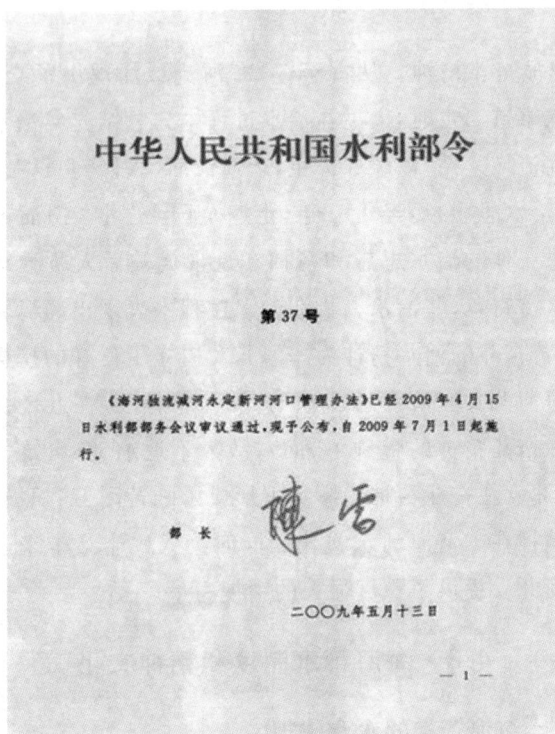

中华人民共和国水利部令

第 37 号

《海河独流减河永定新河河口管理办法》已经 2009 年 4 月 15 日水利部部务会议审议通过,现予公布,自 2009 年 7 月 1 日起施行.

部　长　陈雷

二○○九年五月十三日

— 1 —

图 4.3　水利部令

作为流域内第一部水利法规,该办法进一步规范了海河、独流减河、永定新河河口的管理,对三河口的治理管理、开发保护进行了强化,确保天津市以及海河流域上中游地区的防洪安全,促进流域内特别是发达区域社会、经济的发展。

(2)《海河流域综合规划》。该规划共经历了三次变革,最终形成是在改革开放以后。1986 年,海委组织完成了《海河流域综合规划》,1993 年,国务院批复。这次的内容较之前更加完整,"统筹考虑流域供水、水资源保护、防洪、水利管理等领域,强调工程措施与非工程措施相结合,注重发挥工程效益。特别重视水资源管理工作,提出了'全面节流、适当开源、加强保护、强化管理'对策措施。同时,防洪方面重点放在现有工程体系防洪能力的恢复、配套和优化调度上"[39]。

（3）《海河流域节水型社会建设"十一五"规划》。2006年,规划编制完成。"规划通过对流域的水资源状况、节水形势、水平和潜力进行研究分析,明确了流域'十一五'期间节水型社会建设的目标和任务,提出了工业、农业、城镇生活节水和非常规水资源利用等对策措施。该规划的编制为'十一五'期间海河流域的节水型社会建设提供了指导,对全面推进节水型社会建设、以水资源的可持续利用支持流域经济社会的可持续发展具有重要意义"[40]。

除了以上列出的管理办法法规外,还有很多办法法规已经颁布或正在编制完善中,例如:《取水许可管理办法》《海河流域水资源综合规划》《海河流域防洪规划》《海河流域水污染防治规划》《永定河官厅水库上游水量调度管理办法》等。

4.3.2　海河管水的文化成就

海河的管理制度日益成熟,国家及海河水利委员会对海河的规划和管理大致从水利管理、水资源管理等几方面着手,并分别在这些方面取得了一定的成就。

（1）重视规划,科学管理。海河水利委员会建立初期在组织编制海河流域综合规划的同时还陆续做出了一系列其他专业规划,流域开发利用的总布局被正式确立下来。1998年以后,国家设计实施了第三次水利规划,同时,海河水利委员会对流域综合规划进行修编,完成了十几项编制水利规划的工作,形成了水利规划体系,进一步保障了流域供水、防洪和生态安全,促进了水资源的可持续利用。

多年来,海河水利委员会为了确保国家投资资金的流向、效益和安全,分别从以下方面遵从国家规定:"一是不断健全水利建设投资管理制度,加强前期工作经费和委属基础设施建设项目资金的管理,先后出台多项规章制度;二是对水利投资实行管理、监控,实施项目计划到位通知、责任单位计划申请制度,保障专款专用,进一步规范细化工作程序;三是严格基本建设程序,加强对投资计划执行情况的监督检查"[39]。这有效地确保了国家资金的利用,极大程度地保障并改善了流域内城市及人民的生活,促进了海河水利事业的迅猛发展。

(2)依法治水,完善机制。海河流域水资源管理体制不断地变革创新与完善为流域水资源管理和经济社会的发展奠定了坚实的基础。完善具体表现在三个方面:一是《水法》的诞生为理顺各部门之间的关系、加强合作、推进水资源统一管理奠定了基础,之后经过修订再次颁布的《水法》建立了新的水资源管理体制,进一步强化、推动了水资源的统一管理;二是海河水利委员会对如何使水资源流域管理与行政区域管理有机结合进行了深入探索,并于2003年签署了《海河流域水协作宣言》,创新性地融合了流域管理和行政区域管理,是水资源管理机制上的新发展;三是为了给区域经济社会发展提供强有力的支撑、提高水资源管理效率,流域内省级行政区域水资源实行新的管理体制,流域内不断改革创新区域水务一体化的管理体制。

水资源管理队伍建设逐渐展现强大力量,呈现出了良好的发展局面。此外,海河水利委员会水资源管理工作得到充分肯定,并多次被授予荣誉称号,这与全体管理人员团结一心、共同努力是分不开的。

(3)严密监察,严格执法。1990年至2004年,海河水利委员会用14年的时间完成了水政监察队伍的组建工作,并不断制定完善水政监察制度,为规范水行政执法工作、提高水政监察工作水平发挥了积极作用。除此之外,海河水利委员会还对水政监察队伍进行基础设施建设投资,使各级队伍基本达到建设目标,海河水利委员会水行政执法能力得到提升,保障了水工程、水库以及河道的安全,维系了流域内水事活动的稳定。

多年来,水行政执法有很好的成绩。1990 年以来,各级海委监察队伍在漳卫河、南运河、海河下游等河段和各个水库共查处了多起水事违法案件。由于近几年来执法力度的加大,年发案数量大幅度下降。除了普通水事违法案件,各级执法队伍还先后查处了多起重大水事违法案件,维护了海河流域正常的水事秩序,为人民稳定的生活提供了有力保障。

4.3.3　海河管水的文化价值

(1)科技艺术含量。自海河水利委员会成立及新水法实施以来,委员会不断推进水法的立法工作,使流域具备完善的水法制体系;积极配合实行新水法及相关法规,加速提升水行政执法水平;重点落实水资源管理制度,让人们看到管理与保护工作带来的成绩;加强教育与宣传工作的进行,营造浓郁和谐的社会氛围。

海河治理管理制度带来了丰硕的成果,这有力鞭策了海河水利事业的继续稳步发展,并积极促进了经济发展方式的转变以及流域经济社会又好又快地发展。

(2)流传人物事件。海河水利委员会的成立是对海河地区水利管理影响最大的事件。1980 年 4 月,经国务院批准,海河水利委员会在天津正式成立。它的成立标志着海河流域有了流域性的统一管理机构。

国家授权海河水利委员会在海河流域和鲁北地区内行使水行政管理职能。主要职能包括:按照统一管理和分级管理的原则,统一管理流域内的水资源和河道;负责流域的综合治理,开发管理具有控制性的重要水工程;做好管理、规划、服务、监督工作,合理保护、开发利用水资源以及治理河流。

（3）彰显法制精神。《中华人民共和国水法》是新中国规范水事活动的第一部法律文件，于1988年7月正式执行，它是我国开始依法治水、依法管水的重要标志。新水法实施以后，海河水利委员会积极推进流域水法制体系建设和水行政执法工作。一系列水利法规如《海河独流减河永定新河河口管理办法》《引滦水量分配与供水调度管理办法》《海河流域基本水权制度建设工作方案》的制定、修订和颁布，组织开展河流规划编制工作，组建水政监察队伍查处水事违法案件等做法从根本上对流域内的水利工作提供了法律约束和制度保障。

海河管理法律法规的存在凸显了海河水利事业的法制精神，今后，海河流域在其管理下要加强依法行政、依法治水，制定并落实严格成熟的水资源管理制度，加大水法制体系建设力度，积极管理、保护流域内的水资源，让海河流域的水利事业发展迈上一个新台阶。

第五章 海河水土造就民韵——精神水文化

精神水文化实质上是人类在水利活动中创造的精神财富,也就是水文化精神的非物质载体的形式。精神水文化是水文化的灵魂,它反映出了水文化对人们思想、价值取向和生活方式的影响。海河精神水文化主要包括海河地区的民风习俗、民间信仰以及孕育的民间艺术等,由于天津是在海河流域内受海河影响最大的城市之一,所以在这一章的研究中,我们主要探索天津地区在海河影响下形成的民间信仰、民风习俗和民俗艺术。

5.1 海河流传民间信仰

5.1.1 妈祖信仰传入天津

天津是一个沿海依河的城市,虽然城市中流传的民间信仰不少,但其中最具代表性、最有研究价值的当然要数"妈祖文化"形成的"妈祖信仰"。

(1)妈祖的由来。妈祖是福建话娘娘的意思,妈祖本名林默,也就是后来朝廷敕封的天后娘娘。历史上确实存在妈祖这个人,这在不少古籍书中是有记载的:妈祖本名林默,在世 28 年(960 年—987年),传说她是母亲在梦中被观音菩萨赏赐后怀孕而生。幼时起,林默就机智聪慧,她潜心学习《金刚经》,希望以后可以多行善事救人济世。传说她在 12 岁时得到了玄妙秘术,15 岁的时候掌握了深奥的医学和海上救难的本领,后来又掌握了洞察海妖作祟的秘诀。28 岁那年,林默为了救人,不幸在海上遇难。人们不相信她已经死去,于是称她于这一天羽化升天。后来,人们在林默升天的湄峰上建造了一座庙宇,为了感激她生前所做的善事以及升天后对人们的庇佑,这座庙宇被称为"妈祖庙"。[41]

妈祖这个名字最早出现在北宋宣和五年(1123),但是当时妈祖的传说只是刚刚形成和传播阶段,所以并没有具体提到妈祖的姓名和身世。四十多年后,南宋高宗绍兴末年,洪迈的著作《夷坚志》中提到了妈祖,此时已经知道妈祖姓"林"。洪迈当时通过搜集民间传说、到访早期的庙宇以及研究早期的石刻碑文知道了妈祖姓林,同时他还将搜集到的两篇妈祖的传说故事收录在他的著作中。

宋宁宗嘉定七年(1214),福建人李俊甫在著作中说到了妈祖,他对妈祖事迹的记录是自宋代以来开拓性的发掘。著作中不仅说到妈祖姓林,而且描述了宣和五年出使高丽妈祖显圣一事,还提到她多次被皇家敕封。通过"生而神灵,能言人休咎",点明妈祖生前巫女的身份,并以"服朱衣",提到妈祖死后多次显圣的形象。

妈祖的传说于宋度宗咸淳四年(1268)最早见诸成书,书中有丁伯桂所作《顺济圣妃庙记》。在文中,宋代的妈祖传说被丁伯桂系统地进行了阐述,涉及多方面内容,这为妈祖形象和妈祖精神奠定了基础。[42]元代初期,妈祖更是被皇帝敕封为神,奠定了她在民间的地位。如图 5.1 所示。

(2)妈祖信仰传入天津的原因。天津特殊的地理位置是妈祖信仰传入的原因,金、元时期,天津的河运、海运迅速发展,奠定了它重要的经济地位和水路交通枢纽地位。在这之后,都城迁至今北京,大

图 5.1　妈祖像

批的粮食和生活物资都需要经由现在的南运河、潘阳河、子牙河、大清河等汇集到天津，再转至都城。河运漕粮的起点和转输点位于旧三岔口一带，这里的地势使之成为理想的天然码头，随着漕运和制盐业的不断发展而成为航运的重要枢纽。

　　天津是元代时期重要的粮食中转站，具有重要地位。当时漕运的船工等大多来自南方地区，他们世代与水为伴，经常在危险的环境中工作生活，这使得他们有一种独特的习俗——"不拜神仙不上船"，在他们心中，妈祖就是保护神。妈祖是这些水手、船工心中不可替代的信仰，妈祖信仰就是通过他们带入天津的，他们每次到达天津后都会祈祷妈祖保佑平安。之后，越来越多的粮食需要运向北方，这一工程规模的加大导致妈祖信仰的传播范围也愈发广阔，大量的天津本地居民也自发加入到这些江南船工之中。[43]

（3）妈祖信仰在天津的发展演变。元代,天津直沽地区出现了天妃庙,这使得妈祖信仰在天津得到了进一步发展。妈祖信仰在元代漂洋过海,来到海运终点站,又是输粮中转站的直沽,这就是在大直沽立庙的直接原因。由于政治因素和经济因素,元朝政府对妈祖庙相当重视,该庙在泰定帝时曾失火烧毁,后来重建时不但官方出了大部分钱,甚至在大直沽的海运机构的官员也拿出了俸禄。

元代诸帝出于统治上的需要对佛教十分推崇,出于海运需要也对妈祖崇尚有加,元朝包容的宗教政策为妈祖文化传入直沽并与佛教融合创造了条件。相传妈祖从出生开始就与佛教结下了不解之缘,并且传说遇到危难的人们念到观音的名字,她就会现身来救,而妈祖在海上救难也与其相似,且妈祖和观音一样都具有万相,能变化成各种物,所以妈祖在信众心目中和观音是并驾齐驱的。妈祖文化与佛教文化的融合,对妈祖文化自身产生了巨大的影响。

5.1.2　天津妈祖信仰的特点

（1）妈祖信仰影响人民生活。天津妈祖信仰起源于河海漕运,天津卫是漕运航线上的重要枢纽,来往商船数量众多,而船户们则都对天后娘娘保佑其航行的安全表示感恩。先后有 20 座天妃宫在津沽地区建成。天津民风淳朴,为了拉近妈祖和民众的关系,百姓亲切的称其为“娘娘”或“老娘娘”表示尊重。由此,“娘娘庙”一词也沿用至今。

天津人都具有热心肠。在具有码头文化的地方,往来的商船、渔船的性命都与水息息相关,这就使人们的心连在了一起,人们之间都是无私的相互帮助。妈祖的美德影响了一代又一代天津人。船户们生死相依,平安上岸后纷纷拜祭妈祖,感念其保护平安,这样也就铸造了天津人讲义气、对人真诚相待、乐意帮助别人的性格特征。

（2）妈祖信仰形成了独特的民俗。在天津悠久的文化历史中，百姓对天后娘娘的崇拜是一种独特的情感，天津人不断地扩充她的职能，颇具人情味，这是天津地域文化独有的特点。举例来说，"娘娘庙拴娃娃求子"就是其中之一。

老天津卫过去有很多的求子方式，其中民间最流行的求子方式就是拴娃娃。旧时候天津不少庙宇都有拴娃娃求子，但是论知名度，那就都不及天后宫。从前，老天津卫的人崇尚多子多福，天后宫的道教为了迎合这个观念，聚敛香资，在天后娘娘之外另塑出百子娘娘、千子娘娘、送生娘娘等神灵，说她们可以满足人们求子的愿望。许多人听闻此事便纷至沓来到天后宫烧香祈福，拜过天后娘娘后带走一个小泥娃娃，代表天后赐给的孩子，久而久之，就在民间形成了拴娃娃的风俗。

天津卫拴娃娃的风俗最晚形成于清康熙年间，天津百姓很信这一风俗，它在天津深得民心。但是拴娃娃的风俗是天津妈祖信仰所独有的，在闽台妈祖信仰中是没有这种风俗的。

（3）妈祖信仰独特形式——皇会。天津皇会从清代康乾盛世时期开始一直延续到 1936 年，期间它在天津社会生活历史中断断续续的表演了近 300 年，影响深远。

皇会是天津特有的民间祭拜天后娘娘诞辰所举行的盛大庆祝活动。它不仅是迎神会，也是大型的庙会，它有着内容丰富的表演艺术活动，展现了天津民众对天后的崇敬，而且它还对天津的历史文化和经济产生了深远的影响，因此其在天津发展史中起着不可替代的作用。

最早的皇会起源于天后宫为海神天后祝寿。天后圣诞在农历三月二十三日，起初天津民间为庆贺天后诞辰，圣诞前以香会和歌舞会为班底组成"娘娘会"，边演出边行进，向圣驾的所在地点进发，隔日再返回天后宫。后来,它逐渐演变成了一种具有深刻文化内涵的社会活动。皇会具有浓郁的天津地域特色的民俗活动,它包含了天津的历史、民风、宗教信仰、民间艺术、道德伦理,体现了人们对生活的美好追求,起到了抚慰心灵、凝聚民心的作用,在一定程度上反映了天津社会文化发展的历史脉络。

5.1.3　妈祖信仰在天津的影响

天津妈祖信仰在天津这座古城传播扩散,从各个方面影响了天津人民的物质精神文化生活,它早已和天津独特的民俗融合为一体,妈祖信仰在天津和在其他地方有着明显不同的特征。

(1)物质方面。天津人对节令习俗很重视,尤其是春节,家家户户在腊月二十五后都会置办年货,而且年味很浓,腊月二十九那天,每家每户会贴春联、窗花、福字等,而这与天后宫商业有很大关联。

天后宫庙会是最重要的市集,正月的初一和十五市民都会去天后宫上香许愿,天后诞辰时举办的皇会,也是人山人海,天后宫前挤满了市民和小商小贩。天后宫的集市每逢吉日或庆典都会举办,它的繁华程度不是天津其他集市可以比拟的。

几百年来,妈祖信仰影响着天津城市的发展,同时也影响了生活在天津的一代又一代的人。老天津卫有句俗话"腊月十五上全街",上全街就是商户摆出全部年货供市民采购,天后宫前的年货市场里吃穿玩用一应俱全。天后宫一度盛行买卖金鱼,代表吉庆有余,取个好兆头,说明了对来年美好的向往。

(2)精神方面。天津人豁达乐观,光明磊落,讲义气。天津是一座移民城市,早期移民来到天津的都是普通的穷苦百姓,衣食住行、生老病死、官府盘剥,各种困难使得这些流落异乡的人们只能守望相助,这才是生存之道。而妈祖那种不顾艰险、救苦救难的精神恰好与这种百姓的性格相似,容易让人产生共鸣,所以妈祖信仰理所当然地成为了这些人们的精神寄托。

妈祖信仰在最初在天津是海神,保护着漕运和海上的航行安全,后来发展为影响天津的各项生活、民间习俗,它从多层面、多角度影响着天津人的思想精神和天津城市的发展。

（3）文化方面。天津是一个文化气息浓郁的城市,妈祖信仰在传播过程中也在不断地演变、发展,衍生出了民俗文化、民间文化艺术等更多样化的艺术样式,代表了天津民俗文化,是其重要的组成部分。妈祖信仰的出现和发展丰富了天津城市文化的内涵,为城市文化的发展起到了重要的推动作用。

5.2 海河孕育民风习俗

5.2.1 天津地区的丧葬习俗

（1）丧葬习俗的成因。丧葬在天津被称为"白事",高寿而终叫做"喜丧"。由于天津独特的地理位置,对外开放早,经济发展较快,所以吸引了不少当时的名人、政客、军阀等定居于此,他们故去后办丧事的时候喜欢大张旗鼓、肆意挥霍,所以给天津留下"出大殡"的遗俗。

（2）丧葬习俗的讲究。人死后在门前贴榜,提示邻居亲朋,叫贴"门报"。一般平民只写"恕报不周"四个字,然后用白柬通知亲友,叫"讣闻",发殡时再通知亲友叫"告期"。人咽气后,除了写"讣告",还要尽快搭灵棚和做孝服。棺材不能见天,所以要搭棚遮荫。门口还要用竹竿搭建牌坊,雇吹鼓手。如果有人来吊唁,有执事人在门前"喝道",通知丧主迎接,然后跪伏在灵旁,陪灵哭泣。

"开吊"是出殡的前奏,就是出殡前亲朋好友前来吊丧。开吊的第三天是"送三"。因为这一天要招待晚饭,所以来的人会很多。下葬的日子叫"出殡"。抬棺材的时候,孝子要摔丧盆,叫"起杠"。出殡的队伍很长,抬棺的杠夫人数从 8 人到 64 人不等,排场很大。

（3）丧葬习俗的发展。20 世纪初,天津作为通商口岸城市受西方文化的影响,开始破除迷信,改革丧仪。1905 年,李叔同为母亲所办的追悼会取代繁文缛节的旧式丧礼,别开生面,影响了天津的丧葬风气。这样的追悼会避免了铺张浪费和封建迷信,让很多人感到新奇,也使更多人对此表示赞同。近代著名学者、教育家严范孙对丧葬主张排除不合理的旧俗,从简办事,他逝世后,其家人遵照遗嘱一切从简,不收任何礼物,只收挽联,这些做法代表近代以来天津丧葬习俗的新气象,是社会风气的文明进步。

这种丧葬改良之风为天津繁杂的丧葬活动带来一丝革新的气象,尤其在一些有知识的开明阶层推广。但是在天津传统的"出大殡"社会风习影响下,一些人仍然沉溺于显示权势、夸耀财富的丧事大办。一方面是近代丧礼改革新风,另一方面是旧式丧礼顽固不化,20 世纪初,天津丧葬领域产生了新旧两种风习的碰撞。现在的天津,旧时的丧葬风气已经基本被替代,一切从简的丧葬活动越来越多的出现在城市中。

5.2.2　天津地区的庙会习俗

（1）庙会习俗的由来。元明以来,漕运使得各地人口向天津汇聚,同时各地的文化习俗也在这里交汇,其中表现最明显的就是修建庙宇数量的增加。据书中统计,天津庙宇多时达到 500 多处,而旧时的庙会主要是围绕寺庙开展的。庙会主要有三个功能:一是满足人们酬神祀鬼的心理需求,进行烧香、礼拜、祈祷、巡游、超度等宗教活动,以使宗教情感和宗教理念得到某种程度的实现;二是满足人们购买各种物品的需求,旧时的庙会往往与农贸集市同时举行,很多人逛庙会并不烧香磕头,而是来购买生活必需品;三是庙会的娱乐功能,庙会上举行很多娱乐活动,例如高跷、花鼓等,来满足人们的娱乐需要。

（2）庙会习俗的讲究。二月中旬，天津有小圣庙庙会，妇女们都戴着通草制作的七色花来参加庙会。进了四月，一个个庙会络绎不绝，从初一到十五分别是天津府、县的城隍庙会，香火纷繁。城隍庙会的陈设十分讲究，很多大户人家拿出自己的字画和器皿借给庙里摆设，以显示自己的富足。晚上，这里有大乐在县庙戏台演奏鼓乐，然后是昆曲。正会前日，在府庙后楼戏台，有为神祝寿会，演戏一天。出会正日，排场很大，热闹非凡。

四月二十日是药王庙会，而且分时分地。二十四、五日分别在河北、河东，二十六日在杨柳青，二十七日在城西，二十八日在城南，其中城南三十里的峰山庙（俗称蜂窝庙）香火最盛。在将近一个月的庙会期间，蜂窝庙四周遍布售卖各种吃喝用的摊贩，特别吸引人的是当地农民用麦茎编织的扇子、草帽、盆碗等用品和小型动物玩具。除此之外还有一些说相声、拉洋片和练武卖艺的，也都有人围观。

（3）庙会习俗的代表。元朝时大直沽就有娘娘庙，俗称"天妃宫"，后改为"天后宫"，它正式修建于元代延祐年间。该庙经过明、清两朝修建扩大后，庙域从大直沽前街开始，通过大直沽中街一直到大直沽后街。庙前有空场，有戏楼，供出会和唱戏用，另外还临时搭建戏台，庙会过后再拆除。娘娘庙会日期是农历五月初一至初五，善男信女到这里焚香，很热闹。五月初二是正会，一大早会有车停在药王庙下坡，然后步行至娘娘庙焚香。大直沽的四条大街都在有店铺的地方搭棚子，棚内摆放着桌凳、点心茶水、绿豆汤等。同时，庙会中会有很多表演。

娘娘庙只有一重大殿，里边塑三位娘娘，中间的是天后娘娘，两侧的分别是子孙娘娘和眼光娘娘。庙里焚香的善男信女们祈祷的各不相同，有的到子孙娘娘香案前烧香磕头求子，有的到眼光娘娘案前

"治"眼病。娘娘庙前各种买卖很是热闹,杂货摊上有各种小孩喜欢的小玩意,庙会上家长都会给孩子们买上几件。

5.2.3 天津地区的商业习俗

(1)商业习俗的由来。天津地理位置独特,开埠时间早,导致该地区的商业发展迅速,于是形成了其独有的商业习俗。所谓商业习俗,就是指地方的商业习惯,其中"夜市"习俗和"鬼市"习俗就是其中的两种。夜市、鬼市的形成、运作和沿革有其历史和社会的原因,同时也具有深刻的社会习俗的因素。尽管夜市和鬼市的经营手段特殊,但是仍然属于商业经营行为,与天津这个商业城市属性一致。近代以来,天津商业发展迅速,吸引了大批外来人口涌入,再加上社会动荡导致的一些逃荒人口流入,这些人的存在和需要使天津夜市、鬼市这样的非正常市场的存在成为可能,并且形成了天津特殊的商业习俗。

(2)夜市习俗的讲究。天津早年的夜市是指南市夜市,专门在夜间营业。它的历史最悠久,同时也是最繁华的。这个夜市的形成和南市的形成历史是分不开的。上世纪三四十年代的南市是"三不管"的一带,影剧院、茶园林立,饭馆集群,间杂绸缎、服装、鞋帽店及各种旅馆。每当夜幕降临,街道里巷灯火通明、十分喧闹。"逛夜市"的人多且杂,一些文物收藏家也经常光顾,影剧院散场后,有兴致的人也会在此停留。这里的"夜市"有一个特点,就是明"三多"、暗"三多"。所谓明"三多",一是商业店铺多,这里各种店铺经营的商品五花八门,从绸缎鞋帽到寿衣,从五金土产到杂货,一应俱全;二是娱乐及服务场所多,这里几乎汇集了占据当时天津一半的影剧院和服务业;三是摆地摊卖杂物的多,每到夜幕降临的时候,摆地摊的小贩都会挤满街道两侧。至于暗"三多"是指在"夜市"阴暗里巷中的畸形场所多,即妓院、赌场烟馆集中建在这里。早年天津称南市地区为"三不管"，因为这里除了少数几排平房外，空场地方较多，所以卖艺人或卖风味小吃的多聚在这里，成了棚架林立的热闹场所，直至深夜。

（4）鬼市习俗的讲究。天津早年还有"鬼市"。鬼市形成于清末民初，盛于20世纪三四十年代，一直延续至天津解放前。它地处现在的南开公园西南，是一个自发形成的市场。大约凌晨三点钟的时候，买者卖者都来到这里，街上没有灯，一片漆黑，不少摊位都靠油灯照亮。穿梭往来的人们手里拿着手电筒，借助微弱的光亮辨别物品，拥挤的人流和闪烁的灯光缓缓移动，远远看去就像坟墓中的鬼火，"鬼市"的名字由此而来。鬼市中所卖的杂物无所不有，其中也有名贵的钟表首饰、古玩字画，但是真假难辨，当然，这里的买主也是形形色色，什么人都有，卖家可以漫天要价，买家也可以落地还价。还有一种人，他们既是买家又是卖家，买了再卖，俗称"抓货的"。鬼市里骗人的把戏很多，所以1949年天津解放后，人民政府明令取缔了这个黑集市，改在白天经营，取名"天明市场"。

5.3　海河塑造海河精神

5.3.1　天津的民俗娱乐

（1）天津曲艺。天津是中国著名的曲艺之乡。天津开埠以后，随着城市的扩大、商业的繁荣和市民队伍的扩大，各种适应市民欣赏需求的市俗文化日益增多。辛亥革命以后，北京和外地的说唱艺人纷纷来到天津演唱，天津成为曲艺名角汇集的地方，并引起不少业余爱好者参加票演，成为曲艺界名票。二十世纪二三十年代，天津的曲艺进入成熟阶段，可以说是家喻户晓，这一时期，天津的曲艺行当最全，并形成了各种流派和风格。

无论河运还是海运，天津都是水路运输的必经之地，海河成为连接河运、海运的唯一通道，是重要的中转码头，因此天津被誉为北方地区重要的港口城市。随着天津地位和作用的提升,当地的经济也在不断繁荣发展。天津的漕运十分兴盛,漕运的繁忙促进了河道两岸的发展,劳动力和搬运工的数量越来越多,沿河凡是船工休息的地方都有许多曲艺艺人到此演出,形成了较繁华的明地,这些搬运工、船工工作之余就喜欢去听听曲艺来打发时间,逐渐他们就成为忠实的曲艺观众。除了这些明地,一些茶楼也沿河而兴起,许多来到天津的艺人都是在这里演出的。

漕运沟通了南北地域、促进了两地的文化交流,南方的文化逐渐传入天津,使天津的文化变得多元化起来,与此同时,随着漕运传入天津的曲调也有很多,并且有了新的发展。举例来说,原先在江浙地区的荡调是一种人们在水乡游船上唱的歌舞小调,随着漕运的发展而流入天津,由于受到天津地域文化的影响,在天津的发展中发生了改变,不仅在语音和曲调方面有了北方化的趋向,并且在伴奏乐器上也有了变化,于是形成了独具天津特色的曲艺文化。

由此可见,海河漕运文化对天津曲艺产生了不小的影响,不仅推动了天津曲艺的交流与发展,还使得曲艺的形式和内容得到了丰富。

(2)天津相声。天津地处九河下梢,濒临渤海,沿海河而建,连接多条河流,水路船运自古时起就十分发达,所以天津受码头文化影响颇深,有其独特的好斗侠勇的风气;除此之外,天津拥有来自河南、山东、河北等地的大批移民,导致城市充满了市井风气。仗义执言、性格豪爽是天津人的特性,天津本土文化具有浓郁的移民文化、市井文化和码头文化特质,这主要是由码头、市井两种风气相互交融而造成的。

近年来,有专家学者把天津相声定义为:"天津本土演员表演的且带有一定天津地域文化特征、使用一定天津话的传统相声"[44]。天津相声代表着天津地方民俗的文化和艺术,它以方言为载体,向世人展现了天津人独有的的"精神气"。天津人的语气、心态、性情、举手投足、处世方法都透露着豪迈直爽的"天津味"。

天津最早出现相声演出是在清末民初,主要集中在城市贫民出没聚居的地方,节目非常不正规,后来发展到席棚演出,节目稍微正规、定型。大约二十年代前后,天津出现了茶社、书场,并且逐渐接纳了相声演员的演出,这可以说是相声走进剧场登上舞台的前奏。在天津相声的初兴时期,相声艺术的基本形式就已经具备了。再后来,相声进入中型乃至大型的剧场,这是二三十年代天津相声日益成熟的时期。由于受到正规化剧场的气氛限制,演员更注重艺术质量和舞台特色,于是逐渐形成了不同的艺术风格和流派。

天津的相声界出现了许多耳熟能详的名人,马三立、常宝昆、侯宝林等,他们的相声艺术有着自己的特色,且在相声界有着很高的地位。除了他们,其他相声演员如戴少甫、郭荣启、苏文茂等人,在继承前人成就的基础上,自然而然地形成了天津相声的风格和传统,并且默默地追求着以说为主的艺术特色。

5.3.2　天津的民俗工艺

(1)泥人张彩塑。天津作为我国北方地区重要的贸易港口城市,它的发展得益于海河以及大运河的通航。那时水运是重要的能够保障四方货物流畅交换的运输方式,而码头就成为承载转运工作的阵地,大量的人口在码头上汇聚,码头文化孕育而生。码头是一个很现实且很混杂的地方,来自四面八方的人都想在这里谋生,然而没有真本事和胜人一筹的技能是很难在这里立足的。冯骥才在《俗世奇人》中描述了三位身怀绝技的人物,分别是泥人张、苏七块和江在棠。泥人张捏泥人的功夫无人能比,捏什么像什么,它能够把戏台上的人物捏的惟妙惟肖。

"泥人张"彩塑是第一批国家级非物质文化遗产,起源于清道光年间。从泥人张第一代张明山算起,到现在的第六代传人再加上非血缘传人,泥人张彩塑艺术在他们的努力下得以继续传承发展,成为远近闻名的民间艺术种类之一。

在题材选择上,泥人张彩塑将目光集中于民间,选择方向偏向民间的名著古籍、经典故事传说和民俗风情,将故事情节与艺术融为一体;在形式特征上,泥人张彩塑注重以形写神,把表现对象的情感精神巧妙地融入生动的形体之中;在色彩构建上,泥人张彩塑不仅保留着传统的民间色彩特色,还尽可能地塑造更具艺术表现张力的艺术形象。

泥人张彩塑对造型、色彩等方面的要求使其成功塑造了众多生动形象、独具气韵的民间艺术品,并深受人们喜爱。泥人张彩塑艺术在发展中不断发扬光大,是北方泥塑艺术的重要代表。[45]

(2)杨柳青年画。杨柳青年画产自杨柳青镇,这个古镇具有千年的历史,依水而生、因河而繁荣。杨柳青镇的兴起和发展与流经于此的大运河和子牙河是分不开的,运河文化由于其特殊优越的自然环境和浓郁的历史气息而兴起,而因它出现的年画文化亦是杨柳青文化的特殊存在。

年画艺术于明代中后期开始在杨柳青出现,并出现了最早的画铺。明永乐三年(1415),南方优质的水彩、纸张通过大运河运输至杨柳青,推动了当地绘画艺术的发展进步。清代乾隆年间是杨柳青年画的鼎盛时期,那个时候,一个镇子有数百家年画作坊,画坊争先出现在杨柳青古镇的大街上,有条不紊地排列着,有手工画艺的人多达三千人,每年会出产上百万幅画作来满足市场需求。

虽然杨柳青年画出现时间早,但是新中国成立初期才开始真正对它进行保护。在杨柳青年画濒临灭绝的时候,政府开始大力扶持并成立了相关画社,使其被国家以专业性经营单位的方式保护起来。

这样的情况一直持续至文革时期,在那期间,民间艺术遭到了禁锢,当然杨柳青年画也没有逃脱厄运。令人欣慰的是,杨柳青年画在近年又重新焕发了生机,很多手绘年画作品作为艺术品被买走收藏,于是,杨柳青年画恢复了原先的的产量,又走入了繁荣发展的新时期。[46]

5.3.3　海河民俗的文化价值

（1）科技艺术含量。鲁迅有一句名言——"只有民族的,才是世界的"。在科学技术快速发展的今天,我们应该加强传承保护并发扬那些具有地方特色、民族特色的代表性文化。天津的民俗文化有其独特的特色,表现在生产生活、民间艺术、精神信仰等方面。

"每个地区的民俗文化发展和当地的历史是分不开的,天津民俗文化艺术的形成按照天津的历史文化发展可以分为三个时期进行探究：开埠前民俗文化形成时期;近代通商文化融合时期;现当代民俗文化艺术形式传承发展的新时期"[47]。天津在开埠前的地理位置优越,对各行各业的发展和经济有着积极影响,这些经济文化不仅改变了人们的审美风格,还推动着民俗文化的发展;近代,八国联军入侵带来的租界文化与码头文化相互影响、互相融合,丰富扩展了天津的民俗文化;纵观现当代的天津,已经拥有发展为国际化大都市的实力,所以民俗文化也发展得越发高雅。

（2）流传人物事件。1914年,相声大师马三立出生,3岁时跟随父亲到天津居住生活,16岁正式开始说相声。1947年,马三立搭档侯一尘出演他最早创作的以天津方言为主体的相声——《高跷会》。1949年以后,马三立创作并演出了大批新相声,这些相声以贴近天津民俗民风为特点。1978年,马三立又创新了相声形式,改编了以天津方言为主体的新相声,这种新相声加上天津化的表演,吸引了越来越多的观众。马三立巧妙地运用天津方言,使他的相声取得了良好的效果。

马三立把用天津方言表演视为对天津多年来养育自己的一种回报，他认为用天津话说相声拉近了自己与天津观众的距离。马三立虽然不是土生土长的天津人，但是他对天津和天津观众的热爱一点都不少，他希望自己的相声可以为每个天津观众带来欢乐。马三立已经成为天津民俗文化的典型代表人物，他值得受到天津人民的尊敬和爱戴。

（3）彰显人文精神。每个城市都有属于自己不同于其他城市的文化特色，民俗文化和码头文化最能代表天津的文化特色。幽默是天津民俗文化里一种特殊的情结，它展现了天津人豁达、开朗、乐观的性格，再艰辛的生活和困难的情况都可以让天津人轻易化解、一笑而过。天津人的性格中有热情、正义、胸襟开阔的品质，这些品质在天津人和天津城市的血液中流淌，向世人展现了这座城市的包容和温情。[48]

在天津独特的民俗文化影响下，天津人民形成了一种特殊的"天津城市性格"。一个城市一旦形成了一种城市性格，这座城市就会极具个性、显扬灵气、魅力无穷。一代代天津人，在这种独特而浓郁的地域文化气息中生活，耳濡目染，这种民俗基因是城市母亲赠予的，它几乎体现在全部天津人身上。

进入新世纪，天津已经发展成为现代国际化大都市。在科学发展的新时代，天津人民身上热情豪爽、重情重义、富有正义感、幽默乐观的优秀品质势必会得到更好地保护和发展。

第六章 海河水文化的当代价值与传承

在倡导发展文化产业的今天,海河水文化作为城市文化和水文化的重要组成部分,对天津城市的社会经济发展、京津冀地区协同发展乃至流域的综合发展都具有重要影响。海河水文化对人、对城市、对社会、对经济的价值值得我们研究,同时对它的保护、传承和发展工作的开展更是刻不容缓。

6.1 海河水文化蕴含人本意蕴

6.1.1 人本思想与海河水文化

人本即"以人为本",就是突出人本身的全面发展。想要做到这一点,就必须深入认识了解人的本性,认清经济社会发展的主体是广大人民群众,明确经济社会发展的核心目标是尊重人、解放人、发展人。"唯物史观认为,人民群众是推动社会历史进步的绝大多数社会成员的总和。他们既是社会历史进步的推动者,又是先进社会形态的维护者,既是社会文明的创造者,又是社会文明成果的保卫者,既是不合理社会关系的变革者,又是各种合理社会制度的创造者。人民群众是社会历史的主体,是推动社会历史发展的根本动力"[49]。

"以人为本"是科学发展观的核心,它结合了中国传统人本思想、西方人本思想,是对马克思主义、毛泽东思想、邓小平理论和"三个代表"重要思想价值观的继承、丰富和发展。在对海河水文化进行研究的过程中我们不难发现,"以人为本"始终贯穿其中,它真正做到了便民、利民、造福于民。

6.1.2 海河影响天津人民

坐落于海河岸边的天津自诞生之日起就不是一个封闭型的城市,南北文化在此交汇,东西文化在此碰撞,这赋予了海河和天津这座城市一种独特的魅力,不仅如此,它也对天津人民产生了深刻的影响。

海河的存在使得天津成为了一个开放的城市,先进的文化、西方的思潮、与外界的交流、贸易往来的增加和经济的进步开阔了天津人民的眼界、扩宽了人民的思想、丰富和改善了人民的生活,让人民的生活水平步入了一个新阶段。

6.1.3 海河水文化的利民成就

在海河水文化成为一项研究的今天,它的存在更直观、全面地反映了海河的利民成就。海河物质水文化是天津人民的"物质保障",水利工程的建设有效阻止了海河水旱灾害的频发,为人民带来了安全稳定的生活;桥梁和建筑景观的修建不仅为人民的生活提供了便利,同时还美化改善了人民的生活环境。海河制度水文化是天津人民的"制度保障",法律制度的制定和实施对海河的水资源、水环境等方面问题做出了有效治理管理,并对一些违法水事活动进行查处,维护了海河的水事秩序,用以保证人民在无忧的环境下生活。海河精神水文化是天津人民的"精神保障",天津人民在这种信仰和风俗下形成的性格、习惯和生活方式是人民生活幸福的基础,正是这样的环境为人民提供了一个无忧无虑、乐观幸福的生活;除此之外,天津独特的民间艺术丰富了人民的生活,为他们空闲的时候提供了一个消磨时间、改善心情的好去处。

水文化不是每个城市都有的文化,而海河水文化却是天津城市的核心。天津人民是天津这座城市的主人,海河水文化用它独特的文化特色实践着"以人为本"的思想,它全面系统地从各项细节展示了海河为天津人民带来的利益和成就,希望人们可以通过对海河水文化进行研究看到海河水文化中蕴含的利民信息。

6.2 海河水文化对天津发展的作用

6.2.1 海河在城市发展中的作用

海河是天津的"母亲河"。纵观天津城市的发展历程,海河对城市的形成和发展产生了积极的推动作用。海河决定了天津城市的形成和发展规模,同时也制约着它的发展方向和进程。

天津城市的起源与河流运输息息相关,所以海河的空间形态和漕运的方式决定了天津城址的选择。明代时,运河被定为运输漕粮的主要通道,所以南、北运河的交汇处就是天津城的城址所在。

明代中叶后,大运河开通、漕运迅速发展,导致天津的商品流通愈发繁荣。当时的三岔河口是南北运河和海河交汇处,所以有大批商船、漕船在此交易,络绎不绝、十分活跃。从此时开始,天津便开始形成了"以海河水系为轴线,由西向东逐步展开"的独特城市空间形态。

天津开埠后,列强进入天津设立租界,并在海河两岸设立了轮船码头。渐渐地,海运开始兴起,运河运输逐渐衰退,于是天津的经济中心发生了转移,从运河码头移至海河下游岸边的轮船码头。开埠前,天津城以运河运输为中心,运河码头是城市的经济中心。开埠后,租界决定了将城市的经济中心转移到海河沿岸,尤其是最先划分的英租界,选择了比较笔直的一条海河河岸作为租界的经济中心。

由此可见,海河在整个天津城市的发展中起到了不可替代的作用。

6.2.2　海河水文化促进城市经济发展

通过上文可以看出,天津的存在、形成、发展都离不开水,离不开海河。从古时起,海河的存在就推动着天津城市的形成、建立、商贸业的发展和经济的进步,而近现代逐渐诞生的水文化更是对天津经济的发展产生了积极的影响。

在前面的章节中我们提到过,海河水文化从内涵上分成了海河物质水文化、海河制度水文化以及海河精神水文化三个方面,现在我们分别从这三方面论述海河水文化对天津经济发展的作用:

(1)海河物质水文化。海河物质水文化中包括海河上的水利工程、桥梁建设以及周边的建筑景观。海河上水利工程的建设从根本上解决了海河灾难频发这一严重问题,在水利工程修建之前,海河地区灾难频发,天津城市地处海河下游,所以受灾情况和影响更加严重,直接影响了城市的经济和人民生活,水利工程的建设为城市安全和发展提供了保障,保证了天津经济可以安全平稳的发展。海河上的桥梁建设和建筑景观的修建结合在一起形成了天津城市独一无二的旅游风景,它们充满异域风情的建筑特色和充满历史气息的文化氛围吸引着外地游客参观游览,这极大地推动了天津城市的旅游业,促进了城市经济的迅速发展。

(2)海河制度水文化。海河制度水文化中包括与海河密切相关的治水行为、法律制度、管理制度。海河水系面积广阔,虽然水旱灾害在水利工程建设后得到了解决,但海河自身还是存在水资源、水环境等方面的问题,所以针对这一问题,政府制定了相关法律法规、管理制度进行规范管理,以期在制度上为天津等一些海河地区的城市提供保障。在法律制度的监管下,海河的问题得到最大程度的治理给天津城市和人民提供了安定的生活,在此基础上,天津城市的经济也得到了相应发展。

（3）海河精神水文化。海河精神水文化中包括海河地区的民风习俗、民间信仰以及孕育的民间艺术。精神是一个城市以及城市中人民的灵魂，它在影响人民思想信仰的基础上也会改变城市的面貌。天津城市受海河影响形成的习俗和信仰从根本上影响着一代又一代天津人，影响了他们的思想、性格、行为乃至生活方式。人民是城市的主体，天津人性格爽朗乐观、风趣幽默，他们热情好客、待人真诚，在生活上也是宽容随性、不斤斤计较，这使得越来越多的人喜欢到天津做客、驻足乃至定居、做生意，这不仅沟通了天津与其他城市、其他国家的交流，拓宽了天津人的视野，更为天津的商贸等行业带来了机遇，推动了天津城市经济更好更快地发展。

6.2.3　海河水文化推动城市文化发展

"城市文化的范围很广，从内容上讲，它是生活在城市这个区域内人们的思想感情和意识形态经过扬弃而沉淀形成的心理状态、文化行为、价值观念、社会规范以及由此形成的各种文化形式。从时空上讲，它包含各种不同时期、不同地区、不同类型的城市文化"[50]。而城市水文化，顾名思义，是每座城市的文化中与水有关的文化。

城市水文化不仅分别是城市文化、水文化中不可缺少的部分，同时也是中华民族文化的重要组成部分。结合天津实际情况来看，海河水文化不仅是水文化中的组成部分，更是天津的城市文化中有着不可缺少的位置。在文化发展十分受到重视的今天，海河水文化对天津城市文化的发展起到了重要的推动作用，它不仅丰富了天津城市文化的内涵，更是让天津的城市文化有了创新性的进步。因此，我们要积极对海河水文化进行深入探索，在推动其发展的基础上保证天津城市文化的繁荣进步。

6.3 海河水文化促进京津冀协同发展

6.3.1 海河工程建设统筹京津冀发展

北京、天津的全部地区,河北省的大部分地区均属于海河流域范围内,海河水系与京津冀有着密切的关系。从水利事业开展至今,海河流域修建了众多与水利相关的工程,而这些工程大部分均位于京津冀地区。

海河上修建的调水工程和水库工程,构建成了"引得进、蓄得住、排得出、可调度"的水网体系,是依据流域及区域水资源综合规划与防洪规划统筹设计而成,确保了京津冀地区的水使用和水安全问题。流域内的非常规水源利用工程加快了再生水、海水淡化利用等设施建设,提高了非常规水源利用量,扩大了津、冀两地在城市生活、工业生产等方面的再生水用量以及北京用于城市景观建设的再生水规模。流域内地下水保护与修复工程是京津冀共同开展的华北平原地下水压采和地下水回补工程,主要目的是为了保护、修复区域内的地下水。[51]除了以上列举的工程,海河流域内还有很多大中小型水利工程为京津冀地区的发展提供服务。

由此可见,京津冀地区的海河水利工程除了保证区域内水环境的稳定和人民生活的安全以外还促进了京津冀地区工农业、经济和社会的发展,为京津冀的整体发展提供了条件。

6.3.2 海河水利管治统筹京津冀发展

京津冀协同发展是发挥京津冀整体优势的出路所在,而水资源作为地区内基础性自然资源和战略性经济资源在经济社会发展中具有重要作用。是否拥有充裕而优质的水资源、能否保证良好的水环境、能否营造持续协调的水资源保护与利用是影响京津冀地区经济社会发展的重要决定因素。海河流域在新中国成立后制定的一系列

管理规章制度为上述京津冀地区水资源、水环境的问题提供了制度
保障,《海河流域节水型社会建设"十一五"规划》《海河流域水资源综
合规划》《海河流域水污染防治规划》等法律文件的提出和实施说明
了社会对水资源和水环境问题的重视并确保了问题的改善。

　　除此之外,京津冀边界地区的水事纠纷也会对省界地区社会的
稳定和经济的发展造成影响。针对这一问题,海河流域有以下解决
方法:第一,建立流域基本水权制度,确保有效防御、调节省际水事
纠纷;第二,加大力度建设流域水法制度,保证在行政、治水的时候有
法可依;第三,落实《海河流域水协作宣言》,在治水问题上做到团结
一心;第四,实施重点省际河流水量统一调度。想要建设京津冀和谐
社会、加快京津冀地区经济社会发展,就必须大力排除、解决省际水
事纠纷。[52]

　　通过上述水资源、水环境以及水事纠纷的问题我们不难看出,海
河流域的水利管治对京津冀地区的协同发展具有积极的推动作用。

6.3.3　弘扬海河精神促进京津冀发展

　　纵观海河流域古时的治水传说、近代的治水事迹和当代的管水
经历,如果没有团结、没有坚持、没有创新,我们就没有办法战胜自
然、治水成功,并将河流管理得井井有条,所以我们将这种融合了机
智、团结、坚持、勇敢、创新的治水精神总结为"海河精神"。

　　当今社会的京津冀协同发展是一个新型国家战略,"这既是解决
北京城市病和区域环境问题、推进区域和城乡统筹协调发展的战略
需要,也是我国在加快转变发展方式、建设创新型国家、加快新型城
镇化关键时期做出的一项重大战略部署,同时也是实现京津冀区域
优势互补、打造以创新为特征的中国经济第三增长极和世界级城市
群的战略需要"[53]。对于这样的协同发展战略,我们必须弘扬海河
精神,在发展的核心与关键问题上发扬创新精神、实现战略突破,在

遭遇挑战的时候团结一致、坚持找寻解决方案，在遇到困难的时候要做到勇于面对、不放弃。

海河流域的水利建设和规章制度的实施为京津冀地区的协同发展提供了物态和制度上的保障，而海河精神是灵魂，它从内在对协同发展产生了积极的影响。所以，弘扬海河精神、发挥海河精神的作用对于促进当今京津冀地区的协同发展是十分必要的。

6.4 海河水文化的保护和传承

6.4.1 保护和传承海河水文化的原因

目前海河水文化的建设相较以前有了一定提升，人们对海河水的认识和治理也有了很大程度的改善，但是人们在水的开发利用上仍然有些错误的思想观念导致人与水之间存在很多不和谐的现象。

（1）人类依赖环境，海河水污染严重。海河和其他城市河道一样，都具有防洪、排涝、生态环境景观等综合功能。河道两岸的土地由于城市经济的飞速发展和人们生活水平的提升被大幅度地开发，在一定程度上破坏了城市的河道，具体表现为：在没有被处理的情况下，大量工厂产生的废水和人们生活中制造的污水直接排入河道，污染河水环境。

天津城市的防洪主要依靠海河，城市汛期的降水和生活产生的污水通常是经过排水口排放至海河。目前，在影响海河环境的多个因素中，工业污染已经基本被控制，但是由于海河所具有的防洪、排涝功能，城市降水后留下的雨水还是会全数原封不动地排到海河里。由于很多雨水收集井位于环境脏乱的地方所以很多生活中产生的污水、垃圾会一同进入雨水井排入海河，对海河水造成严重污染。

从当前情况来看，造成海河水污染的主要原因是人们的生活污水以及降水后积留的雨水，海河的水质因为这些污染物的排入而遭到破坏。[54]海河的水污染不仅给沿岸居民的身体健康造成严重影响,也在一定程度上影响了海河整体环境的美观和城市的发展。

(2)水是生命之源,海河水资源短缺。多年来,对于海河流域的水资源问题,有如下数据:平均水资源总量为 370 亿立方米,其中地下、地表水资源量基本一致,都约 220 亿立方米,流域人均占有水资源量仅 293 立方米。综上所述,海河流域的水资源短缺问题十分严峻,是严重缺水区域,水资源紧缺问题已经成为海河流域社会经济发展的重要制约因素。

新中国成立以后,由于天津城市人口数量增加、经济稳步发展,人们对水的需求量越来越大,加之海河上游各支流流经区域地下水超采、水土流失加剧等原因,使下游干流水量逐渐减少,导致海河干流丰水期水量减小、枯水期断流,水质下降,这给天津市工农业用水和人们生活带来很大的困难。为了缓解缺水严重现象,天津分别开启了引黄济津、引滦入津工程,但是水资源短缺现象仍然存在,并没有得到根本改善。

(3)文化支撑社会,水文化保护不力。天津地区的建筑景观和民俗信仰将海河水文化和城市文化融合在一起,是海河水文化的物态和精神表现。文化在当今社会的位置越来越重要,虽然海河水文化保护工作已经小有成就,但保护力度仍然不够,还是存在如下问题:第一,海河沿岸有大批历史文化遗存和风貌建筑,包括漕运文化、名人故居、异国建筑和特色桥梁等,它们在被保护的同时还是会遭到不同程度的破坏。这些建筑景观和文化遗存是海河水文化在城市中的特殊表现形式,同时它们也是旅游文化的重要组成部分,对天津城市旅游业具有不可替代的作用,所以众多外来游客被吸引至此参观。但是,游客游览的过程中或多或少会对建筑及周边环境造成损害,这极大地影响了建筑和历史文化的保存。第二,海河地区的民俗信仰不仅是海河水文化的精神表现,同时也是城市的精神支撑。在物质生活逐渐占据重心的今天,我们同样不能忽视精神生活的影响。但是,越来越多的人看不到民俗和信仰的重要性,认为这是没有实际意义的东西,于是他们开始忽略对民俗和信仰的认识和传承,最终导致天津城市民俗和信仰的减少和衰退,这不仅是城市文化的损失,同时也对海河水文化造成了影响。

6.4.2 保护和传承海河水文化的意义

文化的影响力深深植根于国家、民族之间,水文化是与水有关的人文、科学等方面的物质与精神的文化成果,对推动文化、经济、政治的发展有着至关重要的作用。深入开展海河水文化研究是保护海河、传承海河精神,从深层次保护、利用和发展海河的重要工作。

开展海河水文化研究、做好海河水文化传承与保护工作的意义尤为重要。根据海河水文化内涵及海河地区当前实际情况来看,海河水文化的保护和传承主要对治理海河水污染、保护海河水资源以及继承海河精神三个方面有突出意义。

(1)治理水污染,保护人类生存环境。目前,海河水污染问题严重,这既是天津城市乃至流域地区农业、工业、生态建设的经济问题,也是关乎社会安定、人民幸福的重大政治问题。

生活污水的排放使藻类植物生长速度加快、影响水中各种气体流通、溶解氧下降,并存在河水出现异味、水中动植物死亡等现象,这种现象也称作水的富营养化,影响河流生态环境;水被污染以后,工厂在处理排放前的废水的时候需要更加注意,所以会花费更多资金进行废水处理,造成浪费,加工食品的工厂影响更严重,由于食物方面的用水需要更加严格谨慎,所以水质稍有问题就会导致食品工业停产;农作物灌溉需要大量用水,水质污染情况严重会导致作物减产、影响作物质量,除此之外还会破坏农田土壤结构甚至威胁人畜的健康;水分在人体中占据 4/5 的比例,若经常饮用不良水质或食用不良水质做出的食物会使体质变差,从而引发生身体疾病,危害到民众的生命安全。[55]

　　针对上述问题,我们必须重视海河水文化的保护和传承工作。保护和传承海河水文化有助于水污染治理工作的开展,从而有利于改善海河水质和海河周边环境、提高城市人民生活质量,有利于促进天津及其他流经城市的农业、工业发展和生态建设,有利于形成一个和谐稳定的社会环境和安全健康的生活环境。

　　(2) 保护水资源,保证社会持续发展。海河水资源缺失现象日益严峻,它和水污染问题一样,对城市工农业生产、人民生活、社会发展及海河水文化发展带来了不利的影响。首先,海河水资源的缺失会使农田灌溉及林牧渔业用水量减少,从而减少农业总用水量,进而带来海河地区的农业生产危机;其次,水资源的缺失同样会减少工业用水量,对城市工业生产形成阻碍;最后,水资源对海河地区城镇人民的生活用水意义重大,人们饮用水及生活用水都会随着水资源的缺失而减少,这极大地影响了人民的生活和社会的发展。针对上述问题,我们要积极开展保护和传承海河水文化的工作,加大水文化的保护力度,这有助于引起对海河水资源问题的重视,从而有利于改善工农业用水量短缺的现状、工农业正常有序地生产,有利于增加海河地区人民生活用水量、保障人民生活安稳和社会稳定发展。

　　(3) 传承水文化,继承治理海河精神。海河在治理过程中出现了许多治水传奇人物和伟大事迹,这些人物和事迹见证了海河治理的成功,同时也向人们展现了独特的“海河精神”。治水是一项耗时长、困难大、危险且繁重的任务,历代治水人物用他们身上不怕苦不怕累、不畏艰险、团结一致、机智勇敢的海河精神积极治水,为人民创造了一个稳定安全的生活环境。这种珍贵的精神在当今社会需要得到保护和继承,它可以影响一个人的精神和内心,从而影响一个城市、一个地区乃至一个国家。

当今社会需要"海河精神",而海河精神是海河水文化的组成部分,所以,海河水文化的保护和传承工作极其重要。传承水文化有助于海河精神的继承和发扬,从而有利于对人民的精神、内心和举止造成积极影响,有利于形成和谐进步的生活环境,有利于促进社会的进步和城市乃至国家的繁荣发展。

6.4.3　保护和传承海河水文化的措施

通过前文对海河水文化的内容及保护的意义进行研究分析可知,在我国大力发展文化产业、加强文化建设的时代背景下,传承和保护海河水文化的行动刻不容缓。我们重点从以下几方面着手,全方位推进海河水文化建设,实现传承和保护海河水文化的目的:

(1)提高环保意识,加强海河水污染治理。海河水环境是海河自身基本问题,同时也是水文化的组成部分,因此,对海河水污染进行治理是保护和传承水文化的重点内容之一,具体治理措施如下:

第一,注重生活污水处理。生活中产生的污水是水污染的重要因素,所以必须要制定合理的管理制度以及具有针对性的处理措施,采用类似建立相关收费标准的经济手段有效控制水污染,与此同时,还需要政府发挥作用,对一些污水处理企业提供政策、资金上的支持。除此之外,要积极采用市场竞争来处理污水,以促使在污水处理过程中降低资金成本,确保污水处理企业健康快速发展。[56]

第二,严管工业废水排放。城市水污染的部分来源是工业废水,针对这种情况,政府需要插手进行强制管理,投入大量资金,加强处理污水的基础设施建设。政府部门要积极彻查违规排放废水的工厂、企业,依照规章制度办事,废水处理不达标不准排放,确保这些企业、工厂改进完善自身污水处理技术和处理污水的设备,降低工业废水对河水的污染率,推动水污染治理工作大步向前迈进。[57]

第三,保证法律法规实施。相比于一些发达国家来说,目前我国环境保护法律法规数目并不少,但贯彻实施的效果却不明显,从法律执行来说,行政部门执法时程序不严格,缺少硬性规定,所以我们要保证法律的贯彻实施,不能再沦为"纸上谈兵"。对此,我们需要完善政府行政执法部门的执法程序,加大监察力度,成立监察队,对海河地区进行定期或不定期检查,依法对违反水事法律相关规定条款的行为做出相应的惩罚;除此之外,我们还要及时依法对水污染事件进行处理,以保证安全的水环境。

第四,加强公众环保意识。城市的水污染治理不是单方面的战斗,而是需要全社会一起努力、团结一心才能完成,所以加强公众的环保意识和水污染治理意识是必不可少的工作。政府要加强对治理水污染工作的宣传、不断增强公众的环保意识,将水污染治理思想植根于人们的脑海中,真正在日常生活中做到正常排放污水、注意垃圾废物的丢弃,节约用水、珍惜水资源,拒绝污水大量任意排放等,从而帮助城市在水污染治理工作上再创佳绩。

(2)确立资源理念,加强海河水资源保护。海河水资源短缺问题和海河水污染问题一样,对海河地区城市发展及水文化发展产生了阻碍作用,所以为了更好地保护和传承海河水文化,我们必须对海河水资源着手进行保护,具体措施如下:

第一,加强水资源的管理,建立节水型经济。提高用水率、建立节水型经济可以有效缓解海河水资源紧缺情况,而节水型经济是什么? 它主要包括以下方面:"发展素质好、产值高、用水少和排污少的产业,并形成合理的产业结构;工业布局要适应水资源条件;要提高农业用水效率,发展用水少的作物;要使工农业产品用水定额与排水定额达到国内外先进水平;普及先进的生活节水设备;加强水的多次重复利用,发展污水资源化等。搞好工业节水,既减少了新水取用量,自然也减少了工业废水量"[58]。

第二,实施废水回收方案,缓解水危机影响。海河水资源问题日益严重,废水回用是应对水危机的一种新型措施,一箭双雕、两全其美,这个方案既缓解了缺水问题,又在一定程度上保护了水环境。人们普遍认为废水就是垃圾,其实不然,它还可以转化为一种资源,这就需要我们辩证地思考问题。实施废水回收就是"变废为宝",回收并提取废水中有用的物质及水资源本身用以解决燃眉之急。

第三,加大投资力度,加强水资源保护建设。为了提高水资源的保护和综合管理能力,必须加强力度投资保护水资源。针对这一问题,政府需要加大投入的资金数目、积极提高水资源保护机构的能力,完善加强水环境监测系统的各项机能;加强水资源检测能力,提升用于各项测试的仪器设备;为了提高水资源保护队伍的素质和水平,对从事水资源保护工作的各级人员展开相关的工作培训。

第四,加强宣传监督,提高公众的节水意识。在一些发达国家,向公众做好宣传普及对于水资源的管理和保护工作的进行是十分必要的。所以我们要有效地运用报纸杂志、电视广播、广告等手段推广关于"节水"的宣传工作,让公众意识到水资源的宝贵及重要性,加强公众对"节水"工作开展的责任感和自觉性。舆论宣传是最好的武器,为了成功保护水资源,我们必须让全社会重视这个问题,积极宣传、加强监督,从实处做到"节水、护水、惜水"。[59]

(3)发展海河文化,助推京津冀协同发展。京津冀协同发展是当前国家的重大发展战略,海河流经京津冀地区,为京津冀的发展提供水源保障。所以,为了推动京津冀协同发展,对海河水文化的保护和传承是必不可少的。海河水文化是海河文化与水文化有机结合而成,根据海河文化与海河水文化的内容,我们可以从以下几点措施展开对水文化的保护传承：

第一，加强水利工程管理。加强水利工程管理，可以使水利工程的整体质量和整体管理水平得以提高，发挥其积极作用，促进水文化的发展。为此，我们需要做到明确管理权责，促进规范管理；加强水利工程的安全管理，突出以人为本；重视队伍能力建设，全面实现可持续发展；确保运行管理经费充足；改进运营机制和管理方式，提高管理人员的素质。

第二，保护发展景观文化。在对海河景观文化进行开发时，要注意对文化的保护和发展，重视文化建设，合理开发并积极推广宣传海河景观文化，更好地发挥海河景观文化在城市文化、水文化和旅游经济等方面的作用。[60]对此，我们要把握文化传承的脉搏，坚持文化创新的方向；开发海河景观文化资源，打造旅游文化精品；大力宣传和推广海河景观文化；建立海河景观文化产业基地，培养文化产业人才；建立海河景观文化建设机制，扩大参与主体等方面进行海河景观文化的保护和发展。

第三，加强依法治理管理。依法对海河水进行治理管理是对海河水文化提供有利的法律保障，结合海河地区实际情况，政府需要做到：大力推进立法工作，争取在海河地区的立法工作上推陈出新，为水事活动提供强劲有力的法律保障；严格执行监管制度，在规范执法活动的同时进行监督，提高执法水平；整顿执法力量、了解执法体制、提高执法效率，加强管理水政监察设施建设、提升队伍的执法装备、加大执法装备管理力度；打击水事违法行为，做好各种违法行为的执法工作；加强法制宣传，采用报刊杂志、广播影视、网络等载体对社会进行广泛深入的法制宣传教育。这些措施可以保证治水管水制度的进一步实施，对水文化的保护传承起到了积极的推动作用。

第四，继承发扬海河精神。海河精神是海河水文化的重要组成部分,对海河水文化的传承发展有直接影响。我们要从多方面着手对海河精神进行继承和弘扬,以期促进水文化的传承发展。首先,要通过各种渠道认识海河精神的形成原因、过程等,对其有充分了解;其次,要以社会实践为载体,引导海河精神的弘扬;然后,要以大众传媒为依托,打造网络教育平台,弘扬主旋律,传递正能量;最后,要深入挖掘从古至今可以体现海河精神的榜样,加强榜样教育,提高榜样教育实效,弘扬海河精神。

第七章　结论

海河水文化有着悠久的历史,自海河形成开始,海河水文化的内涵就在不断发展、变化、更新、扩充着。古往今来,海河地区的人们从事着各项水事活动,积极开展水利工程建设、建筑景观建设和法律制度规划,让海河水文化在发展丰富的同时,为后人留下了宝贵的精神、文化财富,吸引我们不断对其进行研究探索。

时至今日,我们的水利建设和经济文化建设已经小有成就,但是同时,水资源短缺、水环境污染、生态环境破坏等问题也逐渐出现在我们眼前。产生这些问题的原因主要是人们的水文化意识和水文化建设的缺失。

在社会急速发展的今天,海河水文化的建设对于天津地区社会经济的发展、京津冀地区的协同发展、海河流域城市的全面发展都具有重要意义,我们必须加大力度保护、宣传和传承海河水文化。现在,我国正在积极倡导发展文化产业,所以,保护和传承海河水文化、保护海河水文化遗产势在必行,刻不容缓。我们现在对海河水文化进行研究不单单是为了挖掘其中蕴含的价值,更是为了满足新时期社会发展对水文化的需要,让它更好地服务于社会、服务于人民!

参考文献

［1］李川.辽宁环渤海地区重点产业发展水资源承载力研究［D］.东北大学,2012.

［2］魏帅.大汶河水文化的历史与传承探究［D］.中国海洋大学,2013.

［3］方璐.基于水文化的靖港古镇水景营造研究［D］.中南林业科技大学,2012.

［4］卢路、于赢东、刘家宏、秦大庸.海河流域的水文特性分析［J］.海河水利,2011,06：1—4.

［5］李红有.人类活动对海河水系变迁影响的探讨［J］.中国水利,2004,09：66—68.

［6］杜建明、陈金成、赵拥军.水文化解读和水文化工程建设［J］.河北水利,2008,12：46—47.

［7］中国水利文学艺术协会.中华水文化概论［M］.郑州：黄河水利出版社,2008：95.

［8］杨红利.水利工程的影响与可持续发展［J］.企业改革与管理,2014,06：155.

［9］杨学新、刘洪升.周恩来与建国初期海河水利建设［J］.河北大学学报(哲学社会科学版),2013,01：8—15.

［10］刘光辉.水利工程建设的社会经济功能及生态影响［J］.河南水利与南水北调,2009,09：43—44.

［11］买买提江·阿布都艾尼.水利工程建设对生态环境的影响［J］.黑龙江水利科技,2013,12：205—207.

［12］吕少英、慕春暖.海河桥建设发展的历史轨迹和文化寻绎［J］.城乡建设,2009,02：52—53.

［13］李中伟.使用桥梁景观设计理论在天津市海河桥梁景观设计中的思考［D］.天津大学,2008.

［14］严定中、韩振勇.天津市海河桥梁建设综述［A］.中国土木工程学会桥梁及结构工程分会、天津市建设管理委员会.第十八届全国桥梁学术会议论文集(上册)［C］.中国土木工程学会桥梁及结构工程分会、天津市建设管理委员会：2008：12.

［15］天津经济课题组,孟力、刘雯凤、闫威、虞冬青、张丽恒、曲宁、仲成春.解放天津会师纪念地——百年金汤桥［J］.天津经济,2014,11：73—76.

［16］李莹.海河及其功能变迁对天津旅游形象的影响研究［D］.天津商业大学,2012.

［17］杨颖.天津近代历史街区保护与旅游开发研究［D］.天津师范大学,2010.

［18］王庆生、李莹、王丹蕾.从巴黎塞纳河景观带开发看天津海河旅游形象定位［J］.城市,2012,04：12—16.

［19］刘鸿尧.九河入海·建筑沉浮——天津的建筑与文化［J］.工程建设与设计,2013,03：26—31.

［20］王沙.天津五大道历史文化街区保护性旅游开发研究［D］.陕西师范大学,2013.

［21］李亚光.对大禹治水的再认识［J］.社会科学辑刊,2008,04：114—118.

［22］刘晓霞.大禹治水的历史功绩与影响［J］.兰台世界,2013,30：78—79.

［23］李可可、范颖、刘刚.大禹治水的文化探寻［J］.中国农村水利水电,2004,06：42—44.

［24］胡金星.从大禹治水精神浅谈水文化与民族精神和时代精神［A］.水利部精神文明建设指导委员会办公室、中国水利文学艺术协会、中国水利学会.首届中国水文化论坛优秀论文集［C］.水利部精神文明建设指导委员会办公室、中国水利文学艺术协会、中国水利学会：2009：5.

［25］王伟.当代和清代黄河治理比较研究［J］.安阳师范学院学报,2006,02：128—130.

［26］田秀斌.科学技术推动黄河综合治理问题研究［D］.渤海大学,2013.

［27］张红武.黄河治理开发成就与展望［J］.治黄科技信息,1999,05：4—5.

［28］张秀勇、王春迎、丰土根.关于黄河治理策略的探讨［J］.人民黄河,2005,01：5—6,15.

［29］王景波.流动的历史——那些城市中的河［J］.旅游时代,2009,05：38—41.

［30］JiuBin Chen, Julien Bouchez, Jérôme Gaillardet, Pascale Louvat. Behaviors of Major and Trace Elements During Single Flood Event in the Seine River, France ［J］. *Procedia Earth and Planetary Science*, 2014,10.

［31］Stéphanie Even, Jean-Marie Mouchel, Pierre Servais, Nicolas Flipo, Michel Poulin, Stéphanie Blanc, Matthieu Chabanel, Catherine Paffoni. Modelling the impacts of Combined Sewer Overflows on the river Seine water quality ［J］. *Science of the Total Environment*, 2006,3751.

[32] Gerhard Nagl. New infrastructure projects and a biodiversity strategy in the Danube River Basin [J]. *River Systems*, 2012, 201 - 2.

[33] 李双武.国外河流治理比较研究[J].海河水利,2007,03：66—68.

[34] 刘洪升.根治海河运动述论[J].燕山大学学报(哲学社会科学版),2005,03：15—19.

[35] 董一林、王克非.根治海河十四年[J].文史精华,1994,03：4—13.

[36] 张学礼."一定要根治海河"决策形成的历史略述[J].党史博采(理论版),2005,05：9—10.

[37] 梁凤刚、刘洪、唐肖岗.全面推进依法治水和依法管水,为海河水利事业保驾护航[J].海河水利,2010,02：8—11.

[38] 任宪韶.大力推进流域水利法治建设,为海河水利改革发展保驾护航[J].中国水利,2012,16：18—20.

[39] 郭书英.加强规划计划管理,推进海河水利事业发展[J].海河水利,2010,02：4—7,11.

[40] 梁凤刚、阎战友、邹洁玉.实行最严格的水资源管理制度,促进海河流域水资源可持续利用[J].海河水利,2010,02：12—15＋19.

[41] 陈洁.天津妈祖文化研究[D].天津师范大学,2012.

[42] 吴梅芳."陆上女神"与"海上女神"文化之比较[J].宁德师范学院学报(哲学社会科学版),2014,02：2—7.

[43] 邵蕊.从"宫庙"和"皇会"看天津妈祖信仰的变迁[D].中央民族大学,2013.

[44] 袁玉梅.北方说唱艺术与地域文化特征研究——以天津相声为例[J].河南社会科学,2012,09：76—78.

[45] 滕明堂.天津四大民间艺术形式的梳理与特征分析[J].大舞台,2013,10：247—248.

[46] 李思思.从古一张画店作坊看杨柳青年画的传承[D].中央民族大学,2011.

[47] 刘雪涛.天津民俗文化与大型文体表演融合途径的研究[J].大舞台,2015,08：214—215.

[48] 谭汝为.天津方言与民俗文化[J].文化学刊,2014,01：68—81.

[49] 郭豫欣.科学发展观的以人为本思想[D].河南大学,2013.

[50] 李铭.城市水文化在天津的传承和发展[A].水利部精神文明建设指导委

员会办公室、中国水利文学艺术协会、中国水利学会.首届中国水文化论
坛优秀论文集[C].水利部精神文明建设指导委员会办公室、中国水利文
学艺术协会、中国水利学会,2009：5.

[51] 王一文、李伟、王亦宁、付健.推进京津冀水资源保护一体化的思考[J].中
国水利,2015,01：1—4,37.

[52] 刘洪、安鹏.积极协调省际水事纠纷,促进京津冀都市圈和谐发展[J].海河
水利,2007,02：14—16.

[53] 赵弘.京津冀协同发展的核心和关键问题[J].中国流通经济,2014,12：
20—24.

[54] 于伟.天津海河沿岸景观的生态化建设研究[D].天津大学,2007.

[55] 王丽、王彬、胡娜.浅谈水污染的影响与防治[J].科技信息,2013,19：
439,468.

[56] 王世军.水污染现状及其治理措施[J].资源节约与环保,2015,02：29.

[57] 孟茹.城市水污染状况及治理措施研究[J].商,2015,14：85.

[58] 王桂清.浅谈可持续发展的水资源保护措施[J].黑龙江科技信息,2010,
05：74.

[59] 李青山.中国水资源保护问题及其对策措施[J].水资源保护,1999,02：
28—31,45.

[60] 梁浩、张芳燕.天津海河景观文化保护与开发研究[J].艺术与设计(理论),
2009,11：158—159.

后　记

　　自 2010 年以来,冯石岗教授、贾建梅教授、李洪卫研究员、魏进平研究员、张慧芝教授、王宝林博士、贾万森老师等多名专家学者投入京津冀文化研究中来,培养指导了 20 多名硕士研究生和思想政治教育本科生,相继发表了数十篇相关学术论文。本著作是冯石岗教授和贾建梅教授指导马克思主义理论学科研究生近几年重点研究的部分成果。

　　第一编《和合统一思想之源,重智善谋韬略先河——京津冀古代军事文化》是河北工业大学马克思主义理论学科 2014 级硕士研究生王静涛同学在冯石岗教授指导下完成的;

　　第二编《法制德治相携相容,华夏民族夷汉并用——京津冀古代法律文化》是河北工业大学马克思主义理论学科 2012 级硕士研究生贺智佳同学在冯石岗教授指导下完成的;

　　第三编《宗教文化源远流长,世代传承多元包容——京津冀古代宗教文化》是河北工业大学马克思主义理论学科 2014 级硕士研究生袁媛同学在贾建梅教授指导下完成的;

　　第四编《综合治水利国利民,协同发展保护利用——冀域津门古代水文化》是河北工业大学马克思主义理论学科 2013 级硕士研究生杨哲同学在冯石岗教授指导下完成的。

全书由冯石岗、贾建梅总体设计、文字修改完成。

2017 年 3 月

图书在版编目（CIP）数据

和合统一多元包容：京津冀文化基因探索/冯石岗，贾建梅主编．—上海：上海三联书店，2017.9
ISBN 978－7－5426－5929－3

Ⅰ.①和… Ⅱ.①冯…②贾… Ⅲ.①区域文化－文化研究－华北地区 Ⅳ.G127.2

中国版本图书馆 CIP 数据核字（2017）第 119288 号

和合统一 多元包容——京津冀文化基因探索

主 编 / 冯石岗 贾建梅

责任编辑 / 郑秀艳
装帧设计 / 一本好书
监 制 / 姚 军
责任校对 / 张大伟

出版发行 / 上海三联书店
　　　　　（201199）中国上海市都市路 4855 号 2 座 10 楼
邮购电话 / 021－22895557
印 刷 / 昆山市亭林印刷有限责任公司

版 次 / 2017 年 9 月第 1 版
印 次 / 2017 年 9 月第 1 次印刷
开 本 / 890×1240 1/32
字 数 / 250 千字
印 张 / 11
书 号 / ISBN 978－7－5426－5929－3/G·1458
定 价 / 42.00 元

敬启读者，如发现本书有印装质量问题，请与印刷厂联系 0512－57751097